JOAQUÍN BOCHACA

LA FINANCE, LE POUVOIR
et
L'ÉNIGME CAPITALISTE

OMNIA VERITAS®

Joaquín BOCHACA
(1931–2022)

Joaquín Bochaca fut un intellectuel espagnol brillant, écrivain, journaliste, traducteur et historien. Doté d'une vaste culture, il étudia l'histoire, le droit et le commerce. Après avoir vécu en Angleterre et en France, il revint en Espagne où il développa une œuvre riche et originale. Auteur de plus de 20 livres et de centaines d'articles, il est reconnu pour son érudition exceptionnelle et sa capacité à aborder des sujets variés : histoire, économie, finance, psychologie et critique de la société moderne. Il traduisit également une trentaine d'ouvrages d'auteurs majeurs en espagnol et catalan. Jusqu'à la fin de sa vie, à 91 ans, il resta un penseur actif, ironique et rigoureux, apprécié pour son indépendance d'esprit et sa profonde connaissance du XXe siècle. Une figure cultivée et prolifique de la pensée hispanique contemporaine.

La finanza y el poder y El enigma Capitalista
1975-1977

La finance, le pouvoir et l'énigme capitaliste

Traduit et publié par Omnia Veritas Limited
OMNIA VERITAS®
www.omnia-veritas.com

LA FINANCE ET LE POUVOIR

Couverture : Le symbolisme du dollar est clairement visible. Observez l'étoile formée à son tour d'étoiles qui se trouve au-dessus du blason des États-Unis, ainsi que le symbolisme à gauche, pyramide et triangle avec l'inscription suggestive « Nouvel Ordre des Siècles »

* * *

LE VOL DES SIÈCLES

« Donnez-moi le pouvoir de créer et de contrôler la monnaie d'une nation, et peu m'importe qui en sera le dirigeant. »

Meyer Amschel Rothschild

« Je crains que l'homme de la rue n'apprécie pas de savoir que les banques peuvent créer et créent effectivement de l'argent. La masse monétaire en circulation varie uniquement en fonction de l'action des banques qui augmentent ou réduisent leurs prêts. Chaque prêt ou découvert crée de l'argent. Et ceux qui contrôlent le crédit d'une nation dirigent la politique de son gouvernement et tiennent entre leurs mains le destin du peuple. »

Reginald McKenna, membre de la Chambre des communes ; discours à la Midland Bank, janvier 1924.

« Un pouvoir immense et une domination économique despotique sont concentrés entre les mains d'une poignée d'individus. Ce pouvoir devient particulièrement irrésistible lorsqu'il est exercé par ceux qui, contrôlant l'argent, régissent le crédit et en déterminent l'octroi. Ils fournissent, pour ainsi dire, le sang de tout le corps économique, et le retirent quand cela leur convient : comme si l'âme de la production était entre leurs mains, de sorte que personne n'ose respirer contre leur volonté »

S.S. Pie XI, « Quadragesimo Anno ».

Dans le monde civilisé, il y a suffisamment de matières premières, de travail, de machines, de main-d'œuvre spécialisée, de connaissances scientifiques et technologiques et, en général, de richesse suffisante pour nourrir – voire suralimenter – ses habitants. Pourtant, dans ce monde civilisé, se produisent régulièrement, de manière cyclique, des crises « économiques », le chômage des ouvriers et son corollaire : la faim. La science économique orthodoxe explique ce phénomène des cycles de prospérité et de crise en nous parlant de prospérité fictive et de surproduction, et parvient à la conclusion insolite qu'il est logique et naturel que des gens meurent d', de faim et de misère à côté de stocks débordants. Pour ma part, j'en suis venu à la conclusion que la soi-disant science économique moderne représente un phénomène similaire à celui de la peinture que les intellectuels « hippies » barbus qualifient d'ultramoderne et que les archéologues qualifient d'antiquissime. Autrement dit, il s'agit d'un gigantesque « bluff » que presque personne n'ose dénoncer par crainte de passer pour un ignorant, un rétrograde, etc., aux yeux de la masse conformiste qui vénère les idées établies.

Car, quoi qu'on en dise, il n'est pas naturel – et donc pas possible – que des gens meurent de faim et de misère pour avoir produit trop de biens de consommation.

Le Code pénal espagnol – et, avec lui, tous les codes pénaux du monde – punit les faussaires de monnaie de peines pouvant aller jusqu'à la réclusion à perpétuité. Nous osons supposer qu'une sanction aussi drastique n'est pas imposée par les législateurs pour punir le faussaire qui, en introduisant ses faux billets sur le marché, obtient en échange des biens et des services sans travailler ; mais surtout parce qu'en augmentant artificiellement la masse monétaire en circulation, il vole, indirectement, chacun de ses compatriotes. La raison est simple : plus il y a d'argent, dans une situation donnée, moins il a de valeur. Si une organisation de faussaires à grande échelle parvenait, par exemple, à imprimer autant de faux billets qu'il y a de billets légaux sur le marché, chaque personne constaterait que son argent ne vaut plus que la moitié de ce qu'il valait avant que l'organisation de faussaires en question ne commence ses activités. Les faussaires sont de véritables voleurs, car en mettant en circulation de la monnaie nouvelle, censée être légale, ils s'approprient une partie de la valeur de l'argent de leurs compatriotes, qui sont contraints de payer les biens et services que ces faussaires achètent.

En réalité, toute mise en circulation de nouvelle monnaie – quel qu'en soit l'auteur – diminue la valeur de la monnaie en circulation. Les détenteurs de la monnaie en circulation avant la mise en circulation ou l'émission de nouvelle monnaie subissent une perte évidente ; et ils prennent conscience de cette perte lorsqu'ils constatent que les prix ont augmenté et que, par conséquent, leur argent vaut moins.

Quand a-t-on lieu à une mise en circulation de nouvelle monnaie ? Autrefois, la monnaie était émise exclusivement par les États, et sa création se faisait au fur et à mesure que les besoins se faisaient sentir ;

comme la fonction de la monnaie n'est autre que de faciliter le paiement ou l'échange de biens et de services, la masse monétaire en circulation était relativement stable dans une situation économique donnée. Parfois, l'État procédait à une émission de monnaie, qui servait à payer les travaux et services publics, l'instruction populaire, les institutions sanitaires publiques, l'hygiène publique, l'armée et la police, la fonction publique, etc. Avec la création de cette nouvelle monnaie par l'État, le public – les détenteurs de la monnaie – subissait une perte de valeur de celle-ci (rappelons que plus il y a de monnaie sur le marché, moins elle a de valeur et plus les prix augmentent), mais cette perte était compensée, du moins en grande partie, par les bénéfices directs ou indirects apportés à la communauté par les services et travaux publics réalisés par l'État.

C'était autrefois… car, aujourd'hui, pratiquement tous les États ont renoncé à leur pouvoir souverain de créer ou d'émettre de la monnaie, au profit d'individus ou d'institutions privées qui émettent « légalement » la grande majorité de la masse monétaire en circulation, au point de pouvoir affirmer, sans exagération, que pas moins de neuf dixièmes de la monnaie actuellement en circulation dans n'importe quel État est de la fausse monnaie. Si ce qualificatif choque trop, on peut dire qu'il s'agit d'argent « abstrait ». Avec deux aggravantes : les faussaires à l'ancienne devaient être des imitateurs dignes d'artistes, et couraient de grands risques personnels ; les faussaires modernes créent de l'argent d'un simple trait de plume, par une écriture dans un livre comptable, prélèvent un intérêt sur cet « argent », et tout cela sans aucun risque ; qui plus est, avec le respect et la considération distinguée de la part du troupeau de citoyens destinés à être anéantis.

Les banquiers opéraient déjà en Europe au début du XVIIe siècle, avant même que n'existe ce qu'on appelle, par euphémisme, le « système bancaire ». Les détenteurs d'or et d'argent les confiaient pour leur garde à un banquier qui les conservait dans un coffre-fort. Le banquier n'était que le gardien des économies de ses concitoyens et, en échange de la sécurité qu'il offrait en tant que dépositaire de l'or et de l'argent d'autrui, il prélevait un petit intérêt. Le banquier remettait naturellement à ses clients un reçu pour leur argent. Si un homme déposait mille réaux d'or dans un coffre-fort de la banque, le banquier lui remettait un reçu de mille réaux. Si le déposant venait plus tard récupérer son argent à la banque, celle-ci le lui rendait (après déduction de l'intérêt légal de l'époque en tant que gardien de l'or) et le reçu était détruit. Ce reçu – document irréprochable sur lequel allait se construire la plus grande escroquerie que les siècles aient vue et verront – n'était, en réalité, rien d'autre qu'une promesse de payer, signée par le propriétaire d'un coffre-fort. Ces « promesses de payer » étaient transférables et devinrent, de fait, de l'argent. Cela était parfaitement logique et pratique, car il était bien plus commode et facile d'utiliser un bout de papier que de transporter en permanence sur soi des sacs d'or et d'argent. Ces bouts de papier, ces « promesses de payer », étaient en effet utilisés comme de l'argent, partant du principe que l'argent est tout ce par quoi on remet des marchandises, on rend des services ou on paie des dettes.

L'expérience quotidienne a enseigné aux banquiers un fait curieux. Ils se sont aperçus que très rarement leurs déposants leur rendaient leurs reçus (leurs « promesses de payer ») en demandant en échange leur or. En règle générale – qui est restée inchangée jusqu'à nos jours –, les déposants retiraient, en moyenne, dix pour cent du montant total de leurs dépôts. Un homme qui déposait par exemple dans une banque mille réaux d'or ou tout autre métal ayant cours légal, comme l'argent, retirait en moyenne cent réaux pour sa subsistance et ses dépenses courantes, et laissait les neuf cents autres à la banque. En d'autres termes, si un banquier qui détenait des dépôts d'une valeur d'un million de réaux perdait, se faisait voler ou dépensait neuf cent mille réaux, il lui restait encore les cent mille réaux nécessaires pour faire face aux demandes normales de ses déposants.

En conséquence, les banquiers ont commencé à mettre en circulation, en les décuplant, plus de reçus, plus de « promesses de payer » en or qu'ils n'en possédaient réellement ; c'est-à-dire qu'ils ont prêté ces « promesses » en percevant un intérêt en contrepartie. Il ne faut pas oublier, pas même un instant, que les banquiers prêtaient, et continuent de prêter, quelque chose qu'ils ne possèdent pas, ni en tant que propriétaires, ni en tant que détenteurs ; ou, tout au plus, dans cette seconde qualité, à hauteur de dix pour cent du total qu'ils ont « prêté ». De plus, pour garantir la bonne foi des propriétaires, les banquiers exigeaient, en contrepartie de leurs prêts, les titres de propriété de leurs maisons, usines, fermes et récoltes ; de sorte que si un prêt (majoré des intérêts courus) n'était pas remboursé dans un délai déterminé, le banquier en prenait possession.

Ici, une parenthèse. Nous attirons l'attention sur le fait que le banquier ne prêtait pas, et ne prête pas, d'argent, mais simplement une promesse de le payer. Le fait que, grâce à ces promesses, des biens et des services aient été fournis, c'est-à-dire qu'elles aient été utilisées comme de l'argent, ne changeait en rien le fait qu'il ne s'agissait pas d'argent, mais simplement d'une promesse de payer de l'argent et rien de plus ; avec l'aggravante que ces promesses n'avaient aucun fondement légal en or et en argent. Des promesses créées « ex nihilo » (Note de l'éditeur : à partir de rien) et rapportant un intérêt juteux.

Le prêt a été défini comme un échange de dettes. Le prêteur – le banquier – prend la garantie (des titres de propriété d'une maison ou d'une usine, par exemple) et en est redevable à l'emprunteur. Ce dernier, à son tour, prend les « promesses de paiement », ou le crédit, comme on l'appelle, et doit cette somme d'argent, majorée des intérêts, au prêteur. En réalité, ce qui s'est produit est un échange de promesses. La promesse du banquier de payer son client, contre la promesse de ce dernier de rembourser l'argent avec ses intérêts. Le client donne, en garantie, les titres de propriété de sa maison ou de son usine. Le banquier ne donne rien. On objectera que le banquier prête de l'argent et que celui-ci constitue sa propre garantie. Ce n'est pas vrai. Le banquier ne prête pas d'argent, il a mis en circulation des « promesses de payer de l'argent » – ce qu'il a en réalité prêté –, représentant dix fois plus d'argent qu'il n'en possède, et celui qui en possède dix ne peut pas, et ne pourra jamais, en prêter cent. En d'autres termes, alors que les banques disposent, vis-à-vis de la communauté, de garanties représentant une richesse réelle, telles que des maisons, des usines, des propriétés foncières, des récoltes, etc., la communauté ne dispose, vis-à-vis des banques, d'aucune garantie. La moindre tentative des créanciers d'une banque pour faire valoir leurs « garanties » à son encontre montre que celles-ci n'ont, en fait, aucune substance. Si ces créanciers « serrent trop la vis » à la banque, ils sont punis en perdant toutes leurs économies. La banque ferme ses portes, révélant que ses « promesses de paiement » sont de fausses promesses... à moins que le gouvernement ne vienne à son secours avec un moratoire... moratoire dont les conséquences, en fin de compte, feront que la communauté dans son ensemble devra payer pour couvrir les fausses promesses du banquier.

Mais c'est là aller trop vite en besogne. Revenons à la période pendant laquelle le banquier accorde son crédit (ses « promesses de payer ») à ses concitoyens. Supposons que ses déposants aient déposé cent millions de pesetas dans sa banque. Le banquier a ouvert des crédits pour un milliard, en remettant des carnets de chèques à ses clients. Ces chèques, qui seront utilisés pour de futures transactions, représentent de l'argent créé d'un simple trait de plume dans les livres de la banque ; ils jouent exactement le même rôle que la fausse monnaie, car ils augmentent le pouvoir d'achat et, par conséquent, font monter les prix et dévaluent l'argent qui existait avant que le banquier ne commence ses opérations. En d'autres termes : en créant de l'argent neuf, le banquier, à l'instar d'un vulgaire faussaire, a volé un peu à chacun de ses concitoyens et a perçu des intérêts sur l'« argent » volé.

Pour l'instant, le système semble fonctionner. L'euphorie générale masque le vol collectif qui s'est produit. Les emprunteurs ont pu créer de nouvelles richesses, le commerce est à son apogée et le plein emploi est atteint. Chaque fois qu'un prêt est remboursé – avec ses intérêts cumulés –, la banque s'empresse de le prêter à nouveau. Le milliard de « monnaie » injecté sur le marché a provoqué le « boom » classique. Les prix montent en flèche, tandis que toutes sortes de produits sont proposés à la vente. Mais cette hausse des prix ne se poursuit que si les prêts se poursuivent. Chaque fois que le banquier cesse d'accorder des prêts – c'est-à-dire de créer de la « monnaie » –, les prix cessent de monter. Et lorsque les prix cessent de monter, les affaires s'effondrent. La possibilité de continuer à réaliser des bénéfices toujours plus importants sur un marché haussier a disparu, car le banquier commence désormais à se trouver en difficulté. En effet, il a prêté ses « promesses de paiement » – ou, si l'on préfère, il a ouvert des crédits – pour un milliard de pesetas. Avec l'argent liquide dont il dispose en caisse, il lui en reste juste assez pour répondre aux demandes normales de ses clients. Toute demande extraordinaire de fonds peut le mettre à découvert. Chaque crédit qu'il a ouvert, représenté par des chèques, ainsi que chaque reçu qu'il a délivré à ses déposants, constituent des promesses de payer de l'or et de l'argent (aujourd'hui, de la monnaie fiduciaire de l'État). Par conséquent, tant ses déposants que ses emprunteurs – débiteurs et créanciers – peuvent exiger de l'or et de l'argent (ou des billets de banque) en échange de leurs reçus. Tous sont persuadés que ce que le banquier leur « prête » est de l'or et de l'argent (ou des billets émis par l'État) et que les chéquiers ne sont utilisés que pour des raisons de commodité et de rapidité. Mais le banquier sait, mieux que quiconque, qu'il n'en est rien. Il sait parfaitement qu'il a prêté quelque chose qu'il ne possède pas, et que son curieux commerce repose sur la confiance que ses clients lui accordent ; c'est-à-dire la confiance dans l'apparente interchangeabilité du métal et du papier (aujourd'hui, d'un chèque et de l'argent qu'il représente). Son commerce repose donc sur un abus de confiance, sur une fiction qui doit être maintenue à tout prix.

Dans la situation actuelle, le banquier ayant créé toutes les « promesses de paiement » que ses réserves peuvent couvrir – c'est-à-dire dix fois leur montant total –, il doit refuser de nouveaux prêts. Le marché s'y oppose. Ceux qui ont acheté des marchandises dans l'espoir de les revendre plus cher, ou ceux qui ont produit des biens pour les vendre à des prix élevés, commencent à leur tour à se retrouver dans une situation délicate. Un nouveau phénomène d' s s'ajoute à la situation difficile qui se crée : tandis que le banquier « inventait » de plus en plus d'argent – insistons sur le fait que l'argent est tout ce qui sert de moyen de paiement – et que, par conséquent, les prix augmentaient, l'argent changeait facilement de mains. Tant l'argent authentique (les billets ou les pièces) que, surtout, les fameuses « promesses de paiement » du banquier (les chèques) passent rapidement du vendeur au banquier, puis de celui-ci à la banque, d'où une partie est à nouveau retirée pour payer les salaires, les factures, etc. Supposons que la Banque X accorde un crédit de dix millions de pesetas à M. Pérez, qui s'empresse de l'utiliser pour monter une usine et commence à lancer des produits sur un marché haussier. M. Pérez paie, par chèques, le constructeur, le forgeron, le chaudronnier et le menuisier qui ont monté son usine. Ces spécialistes ont, à leur tour, un compte courant ouvert à la Banque X, sur lequel ils encaissent les chèques en question. Une partie de la valeur représentée par ces chèques a été retirée pour payer les salaires des ouvriers du constructeur, du menuisier, du chaudronnier, etc. Cet argent a été dépensé dans les commerces locaux : au supermarché, chez le boucher, au magasin de confection, etc. et ces détaillants se sont empressés de le déposer sur leurs comptes à la Banque X, où il reste jusqu'à ce qu'il soit retiré plus tard pour payer leurs créanciers (leurs fournisseurs) : agriculteurs, meuniers, fabricants de textiles, etc. Toutes ces personnes ouvrent des comptes courants à la Banque X et tous ces comptes ne représentent en réalité rien de plus qu'une simple déclaration de la valeur des chèques en possession du titulaire. La direction de la Banque X sait parfaitement que les chèques d'une valeur de dix millions qui ont été prêtés à M. Pérez ont été dépensés par ce dernier pour payer le constructeur, le chaudronnier, le menuisier et le forgeron. Les comptes de ces messieurs affichent des soldes créditeurs, mais ce qu'ils possèdent en réalité, ce sont les chèques de la banque X elle-même, que celle-ci avait prêtés à M. Pérez.

Imaginons maintenant que la baisse générale des prix inquiète ces messieurs, qui se présentent un beau jour au guichet des paiements et exigent d'être payés en argent… mais en argent authentique, du vrai, en billets officiels, émis par l'État. Et supposons que l'inquiétude se propage, et que, comme cela s'est produit des milliers de fois au cours de l'aventure bancaire, une armée de clients se présente à la banque avec les mêmes prétentions...

En se livrant à ces réflexions aussi simples qu'inévitables, le banquier se rend compte qu'il ne suffit pas de cesser de prêter ; il doit commencer à faire pression sur ses emprunteurs pour qu'ils se mettent à jour au. La direction de la banque X appelle M. Pérez et l'invite à rembourser tout, ou une partie substantielle, du prêt qu'il a reçu. M. Pérez, en faisant pression sur ses débiteurs – ou en bradant son stock – , parvient à obtenir l'argent nécessaire pour rembourser le prêt bancaire. Ses débiteurs (clients, détaillants, grossistes, etc.) se présentent à la banque et retirent leur argent – sous forme de chèques – et, avec cet argent, ils paient M. Pérez qui rembourse son prêt à la banque X, laquelle fait disparaître ses « promesses de paiement » d'un simple trait de plume dans ses livres.

M. Frederick Soddy, économiste anglais, lauréat du prix Nobel en 1921, a écrit, dans son ouvrage « Citadel of Chaos » :

> « La caractéristique la plus sinistre et antisociale de la monnaie scripturale est qu'elle n'existe pas. Les banques doivent au public une somme totale d'argent qui n'existe pas. En achetant et en vendant au moyen de chèques, il ne se produit qu'un changement dans la personne à qui l'argent est dû par la banque. Alors que le compte d'un client est débité, celui d'un autre client est crédité, et les banques peuvent continuer à devoir cette somme indéfiniment.
>
> Le profit tiré de l'émission monétaire a constitué le capital du grand système bancaire tel qu'il existe aujourd'hui. Ayant commencé sans rien posséder, les banquiers ont mis le monde entier en dette envers eux, de manière irrémédiable, par le biais d'un piège.
>
> Cet argent naît chaque fois que les banques « prêtent » et disparaît chaque fois que le prêt leur est remboursé. Ainsi, si l'industrie tente de payer, l'argent de la nation disparaît. C'est ce qui rend la prospérité si dangereuse, car elle détruit l'argent précisément au moment où il est le plus nécessaire, et précipite la crise.

Il est évident que, lorsque le banquier a commencé à distribuer ses prêts et, par conséquent, a fait monter les prix, chaque acheteur s'est vu contraint, en fait, de lui verser une sorte de tribut, mais que lorsqu'il a resserré ses prêts, provoquant ainsi la baisse des prix, ce sont les vendeurs qui ont dû lui verser ce tribut. C'est un cas typique de « pile, je gagne ; face, tu perds ».[1] Un cas, en outre, d'immoralité flagrante, découlant du fait qu'un homme qui a commencé ses activités avec l'argent des autres est devenu, grâce à la gestion de « l'argent abstrait », le plus grand propriétaire de domaines, d' 'usines, de terrains et d'argent... mais d'argent concret, authentique, de toute la ville et, à long terme, de tout le pays.

Avec le système bancaire actuel, les banquiers peuvent, grâce à leurs chèques, fournir du « pouvoir d'achat » à leurs concitoyens, puis le leur retirer au moment où ils en ont le plus besoin. L'inondation soudaine d'un marché par de l'argent « abstrait » – une véritable inflation – fait grimper les prix et suscite un intérêt général pour l'augmentation de la production. Les marchés sont submergés de toutes sortes de produits et, par conséquent, il faut énormément d'argent pour les distribuer. (Il est très important de garder à l'esprit que la seule fonction de l'argent est celle-ci : distribuer des biens et des services). Le retrait soudain de l'argent, dans de telles circonstances, provoque nécessairement une chute générale des prix et, en même temps, une vague de faillites... ainsi que le chômage et la famine.

Ce système, qui fera l'objet de la dérision des générations futures, donne au banquier le contrôle du niveau des prix et, en conséquence logique, des salaires. Le banquier dispose, pratiquement, d'un pouvoir absolu sur ses concitoyens ; un pouvoir que le plus tyrannique des autocrates n'aurait jamais pu imaginer. Le pouvoir de soumettre à ses exigences quiconque ose s'y opposer, par la menace latente de la ruine. Le banquier moderne, ou plus exactement le système financier, est en mesure de ruiner ses débiteurs et de leur arracher « légalement » leurs biens. A. N. Field donne l'exemple suivant :

« Supposons que je sois banquier et que je prête mille dollars à John Smith, avec sa fabrique en garantie. Je retire ensuite une partie de mes autres prêts, réduisant ainsi le pouvoir d'achat dans la région où John Smith exerce son activité. En raison de cette contraction du pouvoir d'achat, de la « demande », les prix baisseront et John Smith cessera de

---

[1] R. McNair Wilson. « *Promise to* pay », Omnia Veritas Ltd, www.omnia-veritas.com

gagner de l'argent. Comme il doit me payer les intérêts de mon prêt, il commence à réduire ses effectifs et à installer des machines qui lui permettent d'économiser de la main-d'œuvre. Mais je continue à réduire mes prêts. Les prix continuent de baisser et, finalement, John Smith se retrouve sans ressources. Il me dit qu'il ne peut plus continuer à me payer les intérêts. Je saisis alors son usine et la mets en vente. La meilleure offre s'élève à huit cents dollars, je la garde donc en paiement de mon prêt. Un peu plus tard, je recommence à prêter, et les prix remontent. L'usine de John Smith a désormais beaucoup de valeur, car j'ai de nouveau augmenté – en fournissant du pouvoir d'achat – la soi-disant « demande » pour ce qu'il fabriquait. Je vends donc son entreprise pour cinq mille dollars et j'empoche, « en toute légalité », quatre mille.[2]

Cet exemple peut être qualifié d'exagéré. En réalité, tout exemple, pour être instructif, doit être une caricature ; penser, c'est exagérer, disait Goethe. Mais il illustre un fait qui s'est produit à maintes reprises dans la pratique. Ainsi, en 1930, les États-Unis d'Amérique avaient des stocks pleins, mais il leur manquait la quantité d'argent nécessaire pour développer le commerce, c'est-à-dire pour faire parvenir ces produits aux consommateurs. Les banquiers avaient délibérément retiré de la circulation dix-huit milliards de dollars, en refusant d'accorder des prêts aux agriculteurs, commerçants et industriels prospères, et en annulant la plupart de ceux qui existaient déjà. Il s'ensuivit le célèbre « krach » du « Black Friday », des milliers d'entreprises firent faillite, et trente pour cent des ouvriers se retrouvèrent sans emploi[3]. Les marchandises abondaient, les greniers débordaient – il fallait même brûler des récoltes –, la main-d'œuvre – tant qualifiée qu'non qualifiée – était disponible pour travailler, mais il manquait de « l'argent ». Les banques se sont emparées de dizaines de milliers d'industries, d'entreprises et

[2] A. N. Field. « *The Truth about the Slump* ».

[3] Le 16 mai 1963, le tribunal correctionnel de Nivelles (Belgique) juge l'affaire (de faillite) de la société SOCOGA. M. Paul Marie de Launoy a fait la déclaration suivante devant le juge : « La Banque Belge d'Afrique, dont j'étais administrateur délégué du conseil d'administration, a accordé un crédit de 61 millions de francs belges à SOCOGA ». Le président : « C'est beaucoup pour une banque dont le capital s'élève à 100 millions ». Le témoin : « De 144 millions… et la banque disposait à ce moment-là de mille trois cent cinquante millions de crédits utilisés sous toutes leurs formes ». Plus loin, le témoin a ajouté : « Tout entrepreneur peut se retrouver au bord de la faillite quand on lui retire ses crédits ». Cité par le journal « *Brisons le piège* », organe du Syndicom, 12 rue Henri Maubel, Bruxelles-10 (n° 1, juin 1963).

d'exploitations agricoles. Il manquait de l'argent… il manquait quelque chose qui, bien que difficile à gagner, est en revanche la chose la plus facile à « faire »… il suffit de l'imprimerie de l'État, qui garantit et contrôle la quantité émise, de manière à ce qu'elle soit proportionnelle à la richesse RÉELLE produite… Cependant, le gouvernement américain n'a pas imprimé l'argent nécessaire.

Pourquoi ?... Parce qu'il ne pouvait pas, légalement, le faire. Car dix-sept ans auparavant, en 1913, le gouvernement de l'époque avait permis, par une fraude parlementaire, que le pouvoir d'émettre la monnaie du pays lui soit arraché. Non plus la monnaie de crédit, mais la monnaie fiduciaire.

La Constitution des États-Unis conférait au Congrès le droit de créer et de contrôler la monnaie du pays. Mais, en décembre 1913, alors que la plupart des membres du Congrès passaient les vacances de Noël chez eux, une loi connue sous le nom de « Federal Reserve Act » a été votée, de manière presque subreptice. En gros, cette loi autorisait la création d'une Société de la Réserve fédérale, dotée d'un Conseil d'administration (le « Federal Reserve Board »). Cette loi retirait au Congrès le droit de créer et de contrôler la monnaie, et le confiait à la « Federal Reserve Corporation ». Le prétexte invoqué pour l'adoption de cette loi insolite était de « séparer la politique et la monnaie ». La réalité était que – dans une grande démocratie souvent présentée comme le prototype idéal de cette forme de gouvernement – le pouvoir de créer et de contrôler la monnaie a été retiré aux soi-disant « représentants » du peuple pour être confié à « UNE ENTREPRISE PRIVÉE ». Et nous ne pensons pas commettre un jugement hâtif en affirmant qu'une entreprise privée aura, par définition, tendance à rechercher son propre profit, que celui-ci coïncide ou non avec l'intérêt général de la nation.

Le plus grave, d'un point de vue juridique, dans ce « Federal Reserve Act » de 1913, c'est que la décision a été prise par une minorité de députés, qui, selon toute vraisemblance, avaient été soumis à des pressions ou soudoyés ; le quorum nécessaire n'était pas atteint… de sorte que, même d'un point de vue strictement démocratique, cette loi ne pouvait se justifier… mais le fait est qu'elle a été adoptée, et que depuis lors, une entreprise privée émet la monnaie du pays le plus « démocratique » – et le plus puissant – de la planète. Depuis ce Noël 1913, un nombre relativement restreint de personnes – environ huit mille – contrôle, émet, crée et détruit à sa guise la monnaie du pays censé être le porte-drapeau de l'Occident. Ces personnes, dans leur immense majorité, ne sont même pas d'origine américaine. Le « deus ex machina » de cette funeste « loi » était un banquier de Hambourg, nommé Paul M. Warburg.[4]

Le « Federal Reserve Board » émet la monnaie du pays, puis la prête au gouvernement « légal » des États-Unis, avec intérêts. Si, par exemple, le gouvernement de Washington a besoin d'un milliard de dollars pour financer des travaux publics, renouveler son armement ou quoi que ce soit d'autre, il doit s'adresser au « Board » et lui demander cet argent. Alors, l'omnipotent « Board » donne son accord à condition que le gouvernement lui verse des intérêts. Le Congrès autorise donc le département de l' u Trésor à imprimer un milliard de dollars en bons qui sont remis au « Federal Reserve Board ». Le « Federal Reserve Board » paie les frais d'impression (qui s'élèvent à environ cinq cents dollars) et procède à l'échange. Le gouvernement peut alors disposer de l'argent pour couvrir ses besoins.[5]

Quels sont les résultats de cette transaction invraisemblable ? Eh bien, tout simplement que le gouvernement des États-Unis a endetté ses citoyens auprès du « Federal Reserve Board » d'un milliard de dollars, plus les intérêts, jusqu'à ce que la dette soit remboursée. Le résultat de cette politique financière démente (?) est que, en moins de soixante ans – de 1913 à aujourd'hui –, le peuple des États-Unis est endetté auprès des banquiers du « Federal Reserve Board » pour un total de 350 millions de dollars, avec un intérêt d'un billion et demi chaque mois, sans aucun espoir de pouvoir jamais rembourser ni le principal de la dette, ni même ses intérêts, car les deux ne cessent d'augmenter. Cent quatre-vingt-quinze millions d'Américains sont irrémédiablement endettés auprès de quelque huit mille autres Américains ; et le montant de cette dette est supérieur à la valeur totale de toutes les richesses du pays.[6]

Mais ce n'est pas tout : avec ce système de « monnaie-dette », les

---

[4] Un frère de ce Warburg a été impliqué, et officiellement accusé par les services secrets américains, d'avoir partiellement financé les révolutionnaires soviétiques de 1917. Un autre Warburg s'est vu déchu de sa nationalité allemande, à la suite des lois raciales du Reich en 1933.

[5] Sheldon Emry. « *Billions for the Bankers. Debts for the People* ».

[6] Sheldon Emry. Op. cit.

bons dont nous avons parlé plus haut se transforment en titres bancaires, sur la base desquels les banques peuvent accorder des prêts à des clients privés. Comme la législation bancaire américaine n'exige qu'une réserve de 20%, les banques du « Federal Reserve Board » peuvent accorder des prêts jusqu'à cinq fois la valeur des bons qu'elles détiennent[7]. Autrement dit, pour revenir à la transaction d'un milliard de dollars que nous avons prise comme exemple, le droit à l'intérêt de six milliards... POUR UN COÛT INITIAL DE 500 dollars en frais d'impression.[8] Et comme le Congrès a abdiqué – dans cette sublime démocratie – le droit d'émettre de la monnaie, le seul moyen qui reste aux industriels, aux exploitants agricoles et aux commerçants des États-Unis d'obtenir de l'argent pour développer les richesses du pays est de l'« emprunter » au Consortium bancaire de la Réserve fédérale, et de se mettre entre ses mains.

Les terribles conséquences de ce « système » insensé sautent aux yeux. Étant omnipotentes – et donc irresponsables –, les banques peuvent disposer d'un pouvoir de vie ou de mort sur n'importe quelle entreprise, aussi solide soit-elle. La dégénérescence financière que cela implique conduit à des situations extrêmes : à la suite du refus d'un prêt, à un moment donné, une entreprise, aussi solide soit-elle, peut se voir contrainte de vendre ses actions à n'importe quel prix – voire à perte – pour faire face à ses échéances et à ses obligations urgentes. Après avoir déprécié la marchandise, les agents de l'oligarchie bancaire achètent de grandes quantités de ce stock déprécié ; après quoi, le prêt est approuvé, le stock prend de la valeur et est vendu par la suite avec des bénéfices fantastiques. Cette pratique de vol légal a atteint aujourd'hui un tel degré de sophistication que le « Federal Reserve Board » n'a qu'à annoncer dans les journaux une hausse ou une baisse de son taux d'escompte pour faire monter ou descendre la valeur des actions à sa guise.[9]

Grâce à ces méthodes, les membres de la « Federal Reserve » et leurs satellites bancaires ont pris le contrôle de pratiquement toutes les grandes industries américaines… et, à partir de là, ils ont entamé leur

---

[7] James C. Oliver. « *A Treatise on Money* ».

[8] Sheldon Emry. Op. cit. Eustace Clarence Mullins. « *On the Federal Reserve* », Omnia Veritas Ltd.

[9] Frederick Soddy. « *Citadel of Chaos* ».

« coca-colonisation » du reste du monde.

Pour résumer, nous dirons que ce qu'on appelle le crédit consiste en la fausse promesse des banquiers de payer dix fois plus d'argent qu'ils n'en possèdent, provenant de leurs déposants. Le crédit n'est pas de l'argent authentique, légal, mais comme il en tient lieu – il sert à payer des biens et des services et à régler des dettes –, il est, en fait, impossible de le distinguer de la monnaie légale. Ces « promesses de payer », émises par le banquier au moyen d'un chéquier, naissent sous forme de « prêts », qui doivent être remboursés avec intérêts. Les banquiers se réservent le « droit » de retirer leurs « promesses » – leur crédit – pouvant ainsi, à leur gré, retirer 90% du pouvoir d'achat – la « demande » – d'un pays. En fait, selon McNair[10], ils se contentent de fluctuations bien plus faibles, car « même de très faibles fluctuations suffisent à modifier le niveau des prix dans un sens ou dans l'autre »... des modifications dont ils tirent leur subsistance.

Nul autre que Sir Josiah Stamp, alors deuxième fortune d'Angleterre et président des chemins de fer britanniques, s'est adressé en ces termes à 150 professeurs de l'université du Texas :

« Le système bancaire a été conçu dans l'iniquité et est né dans le péché. Les banquiers internationaux possèdent la terre. Enlevez-leur tout ce qu'ils ont, mais laissez-leur le pouvoir de créer des dépôts[11], et

---

[10] R. McNair Wilson. « *Promise to* pay », Omnia Veritas Ltd, www.omnia-veritas.com

[11] Dans la terminologie bancaire délibérément confuse, le mot « dépôt » ne désigne pas, comme la plupart le croient, l'argent déposé à la banque par un déposant. Les dépôts bancaires sont, en réalité, des « prêts sous forme de promesses de payer de la monnaie légale », et dépassent souvent jusqu'à dix fois les dépôts des clients, présentés dans les bilans des banques comme « argent en caisse ». Le terme « Deposit », en anglais, signifie, en matière bancaire, en Angleterre, aux États-Unis, en Australie, au Canada et en Nouvelle-Zélande, « prêt ». Il est consacré par l'expression : « A loan creates a Deposit » (Un prêt crée un dépôt). À tel point que la monnaie scripturale est appelée dans les pays anglo-saxons « Bank Deposit Money ». En Belgique, en revanche, le mot « dépôt » désigne, en termes bancaires, l'argent que les déposants ont effectivement déposé dans les banques pour qu'il y soit conservé et fructifié. Il en va de même en France. Quant à l'Espagne, après consultation de certains bilans bancaires, on observe : 1 : Parfois, la rubrique « Dépôts » représente six fois la rubrique « Comptes courants » (périodes de crise) et parfois neuf fois (périodes d'expansion). 2 : Parfois, il n'y a aucun rapport (sans doute parce que des montants correspondant à d'AUTRES rubriques sont regroupés dans l'une de ces deux rubriques, dans le but de simplifier les chroniques financières des journaux). 3 : Parfois, la rubrique « Dépôts » représente, respectivement, en période de crise ou d'expansion, la sixième partie ou la neuvième

d'un simple coup de plume, ils créeront suffisamment de dépôts pour tout récupérer à nouveau. Mais si vous leur retirez le pouvoir de créer de l'argent, toutes les grandes fortunes disparaîtront, y compris la mienne, et ce sera un monde bien plus heureux. Mais si vous voulez continuer à être les esclaves des banques et à payer le prix de votre propre esclavage, laissez-les continuer à créer des dépôts »[12].

Ce qui est incroyablement drôle dans cette déclaration on ne peut plus claire, c'est que celui qui l'a formulée, Sir Josiah Stamp, cumulait, en plus de son poste de président des « British Railways », celui de... président de la Banque d'Angleterre, une entité qui, malgré son apparence officielle, est, tout comme le « Federal Reserve Board », une entreprise privée qui, depuis sa fondation, a presque toujours été dirigée par des individus de la même origine que ceux qui ont dirigé et dirigent la « Federal Reserve ».

Il apparaît donc clairement que les prétendues crises économiques sont, en réalité, des crises financières, souvent délibérément provoquées[13]. Thomas Jefferson a dit, en une occasion : « Je crois que les institutions bancaires sont plus dangereuses pour nos libertés que les armées ennemies. Ils ont déjà réussi à ériger une aristocratie de l'argent qui défie le gouvernement. Le pouvoir d'émettre de la monnaie devrait leur être retiré (Jefferson faisait bien sûr référence à la monnaie de crédit) et rendu au peuple à qui elle appartient réellement ».

En réalité, le pouvoir de créer de la monnaie – tant la monnaie fiduciaire que la monnaie de crédit – devrait être réservé à l'État, qui la mettrait en circulation au fur et à mesure que les besoins l'exigeraient.

Il faut en finir une bonne fois pour toutes avec ce cycle apparemment inévitable, « prospérité-crise » ou « inflation-déflation », ou « boom-slump », ou quel que soit le nom qu'on lui donne. Ce cycle fatal a, pour

---

partie de celle des « comptes courants ». En reliant les première et troisième observations, on arrive à la conclusion logique que, jeux de mots mis à part, ce que les banques prêtent – ou, plus exactement, ce qu'elles prétendent prêter – représente six à neuf fois la somme totale de ce qu'elles possèdent.

[12] Cité par « *Common sense* », New Jersey, 1.4.70.

[13] En vertu du « Federal Reserve Act », les paniques sont créées artificiellement, avec la rigueur et la précision d'un problème mathématique, comme cela vient de se produire (1920). Charles Lindbergh, Sr.

l'économie d'un pays, les mêmes effets qu'une transfusion sanguine suivie d'une saignée alors que le patient commence à se rétablir. Le principal résultat de ce « cycle » est la course « prix-salaires »... dans laquelle les premiers l'emportent toujours.

La circulation de la monnaie dans un pays donné devrait refléter exclusivement sa capacité à produire de la richesse, son potentiel de développement et le besoin d'employer de la main-d'œuvre. Seul l'État – un État souverain et libre – dont les serviteurs n'ont pas dû « acheter » les votes de leurs électeurs à l'aide d'une propagande coûteuse financée par ceux qui les commandent... car celui qui paie commande. Un État libre de l'influence gélatineuse, invisible et omniprésente du pouvoir de l'argent peut mener une politique économique saine, affranchie des chaînes de l'« argent-dette » et de l'usure. Les banques ont une fonction économique et sociale à remplir ; en contrepartie de cette fonction, elles ont droit à des bénéfices justes et normaux, mais on ne peut pas permettre que l'économie d'une nation dépende des banques ; les banques doivent servir le pays, et non l'inverse.

L'État doit être non seulement l'émetteur de la monnaie courante, mais aussi le dispensateur du crédit. Le prêt sans intérêt accordé aux entreprises solvables a été le « deus ex machina » du bond colossal réalisé par l'économie allemande entre 1933 et 1939 ; ce n'est pas, comme on l'a prétendu de manièr t absurde, la grande capacité de travail du peuple allemand. Cette capacité de travail – incontestable – n'a pas été inventée par le régime national-socialiste, mais sa décision d'arracher aux banques le pouvoir de la « créer » a sans aucun doute été la raison essentielle. On pourra objecter que les États peuvent se tromper, peuvent commettre des abus, quelle que soit leur couleur... rouges, blancs ou bleus, que leurs dirigeants aillent ou non à la messe... mais ce que personne ne pourra contester, c'est que si un État PEUT se tromper ou PEUT aller à l'encontre du bien commun en matière financière, une banque, ou, plus encore, un système bancaire, DOIT nécessairement aller à l'encontre dudit bien commun. Et cela par définition : un État est une institution publique et sa fonction est le bien public ; une banque est une entreprise privée et sa fonction est son propre bien privé, et il est naturel qu'il en soit ainsi. Ce qui n'est pas naturel, c'est que, par le biais d'une escroquerie séculaire, la fonction publique consistant à faciliter et à rendre possible l'échange de biens, telle que l'émission de monnaie (monnaie fiduciaire ou crédit), se soit transformée en un fabuleux et immoral monopole privé.

Il est incontestable que si la première obligation d'un État est de protéger ses sujets, et, dans le problème qui nous occupe, de les protéger contre la monnaie-dette et l'usure financière, la première mesure que cet État doit adopter doit viser à se libérer lui-même de la tutelle de ce qu'on appelle communément le « pouvoir de l'argent ». Juan Beneyto affirme[14] que « tout l'énorme problème que la question de la dette publique a posé à l'économie de l'État est lié à la fausse conception du besoin d'argent pour l'État. Cette idée découle du fait que l'État agit comme un particulier. L'État ne doit pas agir comme un particulier. L'État dispose de trois possibilités pour couvrir ses besoins financiers : 1. La souveraineté sur les services publics. 2. La souveraineté sur la monnaie. 3. La souveraineté sur les finances. Il faut partir de la distinction entre le public et le privé, car sinon… la seule voie qui reste est celle de l'endettement de l'État. Le remède ne peut venir que d'un État, tel que l'État national-socialiste, qui soit maître de l'argent. Ce n'est qu'ainsi qu'une finance publique forte est viable ».

Un État sans dette n'a pas besoin d'imposer brutalement ses sujets pour la rembourser, comme c'est le cas actuellement en Amérique du Nord. L'Allemagne de 1933 à 1939 était l'un des pays où la pression fiscale était la plus faible, et « l'objectif ultime de notre État – disait Gottfried Feder – est l'instauration d'un État sans impôts »[15], citant comme exemple l'État de Bavière – qui n'est pas, précisément, l'un des plus riches d'Allemagne –, dont le budget public était constitué sans un seul pfenning d'impôt. Ce que la Bavière tirait de l'exploitation des forêts et des jardins publics, des chemins de fer, des services des postes et télégraphes, compensait ses dépenses en matière de culture et d'éducation, de services publics et d'administration de la justice. L'intégralité des recettes fiscales était affectée au remboursement de la dette bavaroise et de la part correspondante de la dette nationale.

L'État – quelle que soit sa couleur politique – est, par nature, un mauvais commerçant. D'où l'échec retentissant du marxisme. La fonction de l'État n'est pas de faire du commerce, mais – dans le cadre de sa politique intérieure – de maintenir l'ordre public, de développer la richesse et d'empêcher les abus. En particulier, nous sommes opposés à la nationalisation des entreprises et, par conséquent, également à la

---

[14] Juan Beneyto, « *Nacional-Socialismo* ». Citant Gottfried Feder.

[15] Juan Beneyto. Op. cit. Ibid. Id.

nationalisation des banques, « solution » qui ne résoudrait rien et transformerait l'État en un commerçant d'argent alors que – comme nous espérons l'avoir déjà démontré – l'argent n'est pas une marchandise, mais un moyen d'échange, et la catastrophe des « cycles économiques » trouve précisément son origine dans l'altération artificielle de la valeur de quelque chose qui devrait être fondamentalement stable. Lorsque nous disons que le crédit doit être réservé à l'État, nous tenons à souligner – nous le répétons – que ce crédit doit être sans intérêt. Platon qualifiait déjà d'« aberration contre nature » la prétention de faire produire de l'argent à l'argent.

Et pour mettre en œuvre la réforme financière nécessaire et indispensable – qui est la seule alternative à la catastrophe des « cycles » –, la seule chose dont les États ont besoin est d'appliquer leur Code pénal, qui réprime le délit de contrefaçon de monnaie, car c'est bien cela, et rien d'autre, que le « crédit-monnaie » et la « dette-monnaie ».

C'est cela, ou la perpétuation indéfinie du vol du siècle.

LE SIÈCLE DES VOLS

« Il y a deux histoires : l'histoire officielle, mensongère, qui s'enseigne « ad usum Delphini » ; et l'histoire secrète, dans laquelle se trouvent les véritables causes des événements : une histoire honteuse ».

Honoré de Balzac

« Le capitalisme ressemble à la propriété comme le sophisme ressemble à un raisonnement, comme Caïn, peut-être, ressemblait à Abel. »

Édouard Drumont

La banque, qui a acquis un pouvoir déterminant au XIXe siècle, est parvenue, à l'heure actuelle, à la domination absolue de la vie économique, tant dans l'Occident de la « libre entreprise » que dans l'Orient « communiste ». Aujourd'hui, lorsqu'on envisage de créer une entreprise, qu'elle soit à but lucratif ou non, la première chose que l'on évalue est l'attitude probable du secteur bancaire – local ou national, selon la nature de ses activités – envers l'entreprise en question. De nos jours, on ne peut presque rien faire, et pratiquement rien ne peut perdurer sans le soutien des banques. De simples exécutants d'un service censé faciliter l'échange des marchandises, les banquiers sont devenus, successivement, les régulateurs, puis les contrôleurs, et enfin, pratiquement les maîtres de toute la richesse mondiale. Et, s'appuyant sur celle-ci, du pouvoir politique.

Shylock et ses coreligionnaires du Moyen Âge étaient de naïfs enfants de chœur comparés aux magiciens de la finance moderne. Après tout, les usuriers de cette époque percevaient jusqu'à trente et quarante pour cent d'intérêt mensuel… mais il ne faut pas oublier que cet intérêt exorbitant, aussi abusif fût-il, était prélevé sur une somme d'argent existante, réelle, tangible, et appartenant à l'usurier, lequel courait, de surcroît, d'immenses risques personnels, se traduisant souvent par des peines de prison, quand ce n'était pas par des « pogroms », des expropriations et des expulsions. Au contraire, les banquiers modernes pratiquent, grosso modo, l'opération suivante : ils empruntent de l'argent, celui de leurs déposants, pour lequel ils paient un intérêt de 0,5%. Cet argent, ils le prêtent à leur tour à 9%, ce qui représente un bénéfice de 1800 pour% ; bénéfice qu'aucune activité n'a jamais rapporté ni ne rapportera jamais. Il est étonnant de constater qu'aucun État, aucun juge, aucune commission du type de la Fiscalía de Tasas qui existait il y a des années en Espagne, n'a jamais pris de mesures, pour profits abusifs, contre ces marchands d'argent – et marchands monopolistes, ne l'oublions pas – alors que pour un simple 30%, des établissements ont parfois été fermés et leurs propriétaires ont fini en prison. Mais l'abus bancaire ne s'arrête pas là : les banques ne gagnent pas « seulement » 1800%, mais, comme nous l'avons déjà vu[16], en multipliant par neuf leurs prêts, en créant de la monnaie scripturale – de la fausse monnaie, nous ne nous lasserons pas de le répéter –, leurs bénéfices, une fois ce véritable délit contre le Code pénal et contre l'humanité consommé, se multiplient également par neuf. Pour chaque cent deniers[17] reçus de ses déposants, la banque leur verse un intérêt annuel d'un demi-denier, et perçoit, en « prêtant » neuf cents deniers, un intérêt de 9%, soit 81 deniers, ce qui équivaut à un bénéfice de 16 200%[18]. Et le ciel ne s'effondre pas !

... Pendant ce temps, les monstres froids de l'État s'acharnent sur les petits et moyens entrepreneurs qui dissimulent leurs bénéfices pour pouvoir survivre. Et les évêques, mètre à la main, mesurent la longueur des minijupes, après quoi ils rédigent laborieusement un sage texte en latin… et tous les détenteurs du pouvoir – du pouvoir « officiel », du moins – gardent un silence assourdissant face à cet outrage séculaire à l'humanité.

* * *

---

[16] Dans la première partie intitulée « *Le vol des siècles* » et écrite en 1971.

[17] Nous évitons de mentionner les unités monétaires en vigueur pour deux raisons : parce que les seigneurs de la finance, aussi grotesque que cela puisse paraître, ont coutume de poursuivre leurs détracteurs en invoquant des raisons patriotiques ; ainsi, par exemple, certains assimilent la santé du dollar à la civilisation « chrétienne-occidentale ». La deuxième raison – celle qui nous a incités à privilégier le denier – tient au fait que c'est cette unité monétaire qui a servi à payer les services de l'illustre financier, M. Iscariote (Don Judas), à qui l'on a érigé une statue à Moscou, et une autre dans le Bronx new-yorkais, capitale de la finance internationale.

[18] Une fois déduits les frais de gestion, de personnel, etc., ce pourcentage devrait baisser, mais compte tenu d'autres opérations où la malversation bancaire atteint des sommets, il n'est pas hasardeux de supposer que cette affaire sans précédent rapporte un bénéfice de 20 000%.

Dans « Le vol des siècles », nous avons esquissé, très sommairement, un schéma des activités du banquier « national » ; de l'homme, ou de l'établissement bancaire, qui « invente » une monnaie inexistante, dont il tire un intérêt qu'il fait payer à ses concitoyens. Observons maintenant l' e autre facette des activités bancaires. Celui que l'on pourrait appeler le banquier « international » prête son argent (en réalité, comme nous le savons, il ne prête pas et ce n'est pas son argent) à des entreprises qui se consacrent au commerce avec des pays étrangers. Ce banquier a avant tout intérêt à ce que le volume du commerce extérieur se maintienne à un bon niveau, afin de préserver la demande impérieuse de ses « prêts ». Il n'a pas manqué de remarquer que lorsque ses collègues, les banquiers « nationaux », accordent trop de crédits, le volume des exportations a tendance à diminuer, car les gens peuvent acheter les marchandises produites dans le pays et n'exportent que ce qui leur reste. Dans ce cas, le banquier « international » a intérêt à ce que les « nationaux » réduisent leurs prêts. En réalité, il fait la même chose que le « national » : il accorde des crédits – d'un montant multipliant par neuf environ le total des dépôts de ses titulaires de comptes courants – à des armateurs, des compagnies d'assurance, des sociétés de transport international, des entreprises exportatrices, etc.

Il était logique, cela relevait de la nature même des choses, que le banquier « national » et le banquier « international » parviennent à une coopération totale et absolue, dans la mesure où leurs opérations obéissent à un même modus operandi et, de surcroît, se complètent admirablement. Par conséquent, lorsque, pour employer le jargon bancaire, un « boom » se produit sur le marché intérieur, le banquier « national » bénéficie du soutien, du « crédit », de son collègue « international ». Et lorsque cette « prospérité » laisse place à l'inévitable, la « crise » cyclique, le banquier « national », qui a annulé ses crédits, les ouvre à nouveau en faveur de son collègue qui finance les exportations, très souvent à des prix dérisoires, et soutenues même par des primes d'État, pour écouler une production que personne ne peut acheter dans le pays même – car les gens sont à court de moyens de paiement – mais qu'il est indispensable de « placer » n'importe où, ne serait-ce que pour donner du travail aux ouvriers et aux employés et éviter le chaos social. En fait, en fin de compte, les banquiers « nationaux » et « internationaux » en sont venus à ne plus faire qu'un, tant sur le plan personnel que sur celui de leurs activités.

* * *

Le secret du métier bancaire réside dans l'obtention d'un niveau de prix variable, ce qui se répercute, logiquement, sur un niveau de salaires variable.

Si un État était suffisamment fort et suffisamment juste – ces deux attributs devant être complémentaires en politique – pour fixer, pour imposer, un niveau stable de prix et de salaires, les industriels, les agriculteurs, les commerçants, etc., pourraient savoir, pourraient prévoir à long terme ce qu'ils obtiendraient de leurs produits. Ils pourraient gérer leurs affaires de manière rationnelle et parviendraient très vite à se passer des « crédits » bancaires, échappant ainsi aux griffes de la dette. Les banquiers ne sauraient que faire de leurs « crédits ». Leur arme défaitiste classique, consistant à faire baisser les prix par le retrait soudain des crédits, serait rendue inefficace par l'intervention du gouvernement qui, par la création adéquate de nouvelle monnaie légale, ferait remonter immédiatement les prix à leur niveau antérieur. Et si les banques exagéraient dans la création de crédits, et que les prix, par conséquent, augmentaient, le gouvernement interviendrait à nouveau et, par l'application, par exemple, de taxes sur les biens et les activités non vitales, ou l'émission d'obligations d'État pour le financement de travaux publics, retirerait de l'argent des marchés, et les prix se stabiliseraient à nouveau. La stabilité, cette stabilité tant rêvée que tous les gouvernements actuels recherchent sans y parvenir parce qu'ils ne savent pas – ou ne veulent pas – s'attaquer de front au problème, serait alors atteinte. Les producteurs pourraient avoir confiance en leurs marchés, et la seule chose dont ils devraient se soucier pour survivre serait une noble concurrence en matière de qualité et, le cas échéant, les variations des goûts et des préférences populaires. Tous les produits compétitifs échapperaient ainsi au joug bancaire et acquerraient leur propre capital. Les banquiers reviendraient à leur fonction primitive de gardiens de l'épargne publique et, pour ce travail de garde, ainsi que pour la prestation d'autres services – y compris la coopération avec l'État dans le financement de travaux d'utilité publique, mais sans rentabilité immédiate –, ils percevraient des honoraires raisonnables.

Les partisans de l'orthodoxie libérale ont toujours été des ennemis acharnés de l'intervention de l'État dans la stabilisation des prix. L'argument qu'ils brandissent avec le plus de force repose sur le fait que le gel des prix et des salaires a un effet désastreux sur les exportations. L'idéal de ces messieurs consiste à ce que la balance des paiements soit favorable, c'est-à-dire que les exportations dépassent les importations. Ce qui est curieux, c'est qu'ils ne semblent pas se rendre compte qu'il est impossible que cela se produise dans tous les pays en même temps, car à chaque pays ayant une balance favorable doit correspondre, en théorie – et en pratique – un autre ayant une balance défavorable. La conséquence logique est la guerre économique… et, après celle-ci, l'autre. La guerre totale. Il est surprenant de constater comment, dans le domaine de l'économie et de la finance, les élucubrations des libéraux dépassés, généralement pacifistes, d' s et parfois de personnes bien intentionnées, débouchent – comme c'est le cas sur le terrain politique – sur la guerre.

En réalité, le but de l'économie est de subvenir aux besoins du pays. Celui de la finance, de rationaliser les échanges de marchandises. Si nous suivions les libéraux dans leur argument selon lequel la monnaie perd de la valeur par rapport aux monnaies étrangères en raison du déficit de la balance des paiements, nous pourrions nous appuyer sur leur propre raisonnement et leur dire que si un pays doit vivre uniquement pour exporter ses produits, sa monnaie – précisément parce qu'elle a peu de valeur – devrait l'aider à exporter. Si un demi-denier en monnaie étrangère vaut, dans un pays donné, un denier, il ne fait aucun doute que ce pays peut vendre ses produits moins cher à l'étranger. Mais, en réalité, nous ne souhaitons pas ouvrir en grand la porte aux arguments d'une économie libérale dépassée, car nous refusons catégoriquement de croire, comme l'affirment les fanatiques de l'exportation à tout prix, qu'un pays existe exclusivement pour exporter ses produits vers les marchés étrangers. Ce qui intéresse une économie naturelle et saine, c'est la mise en place d'un marché national capable d'acheter les produits nationaux. Et lorsqu'il y a un excédent de production de certains articles, on les vend à l'étranger. Cet excédent sert à payer les produits étrangers dont on a besoin. Bien sûr, l'application de ce système, que l'Allemagne a d'ailleurs suivi avec un succès singulier entre 1933 et 1939, signifie la fin des originalités[19], mais, en revanche, elle signifie aussi la mobilisation de toutes les activités productives du pays en faveur de la création d'un marché

[19] Rien de plus original, en effet, que certaines manifestations du libéralisme économique en vogue. Des entreprises françaises vendent des vins français à la Belgique, et d'autres entreprises françaises achètent à la Belgique des vins allemands… et français. Des entreprises espagnoles achètent des plastiques en Allemagne, et d'autres – ou les mêmes – vendent des plastiques à d'autres pays, y compris l'Allemagne. Des entreprises suédoises vendent des parapluies et des cercueils en Mauritanie, et des entreprises espagnoles achètent, en Angleterre, des tissus… espagnols.

national puissant ; que les industriels achètent aux agriculteurs et les agriculteurs aux industriels. Et cela signifie le rétablissement de l'agriculture comme la plus importante de toutes les industries[20].

* * *

On pourrait exprimer le sophisme fondamental de la finance internationale, en parodiant le style généreux et lyrique de ses porte-parole, de la manière suivante : « Nous devons considérer la planète comme une unité. Tous les hommes sont frères. Les tribus ont été absorbées par les royaumes ; les royaumes par les empires. Nous avons désormais cette merveilleuse création de la raison humaine : l'ONU. Oui, comme toutes les religions nous l'assurent, nous sommes frères, mais cela ne nous empêche pas d'être les associés de l'entreprise « Monde heureux ». Seule la finance peut réaliser ce Monde heureux. L'argent, et seulement l'argent, peut garantir une distribution juste et libre de la richesse. Supposons que les frontières disparaissent : les économistes décideraient où cultiver, par exemple, le blé ou le coton. Non pas de manière anarchique, comme l'a permis l'égoïsme des nationalismes, mais de manière rationnelle, là où c'est le plus rapide et le moins cher. À côté des mines de charbon, nous installerions les grandes industries ; près des mines de fer, les fonderies, et, à côté, pour ne pas perdre de temps et ne pas renchérir la marchandise, les superbes quartiers des frères ouvriers, avec de grands immeubles… des immeubles bien hauts, pour réduire le coût des terrains… et tous identiques.

Ne serait-ce pas merveilleux ? Cette formidable collaboration ne serait-elle pas un bénéfice pour tous ? Cela ne mettrait-il pas fin aux barrières égoïstes et rétrogrades des nationalismes ? Quelle merveilleuse vision ! La Terre entière, développée et exploitée rationnellement pour le bénéfice de chacun d'entre nous, les associés de cette grande et généreuse entreprise ! Qu'est-ce qui s'oppose à la concrétisation de ce rêve édénique ? Le nationalisme ! Qu'est-ce que le

[20] Le plus important ne signifie pas nécessairement le plus grand. Cela signifie simplement l'attachement des hommes à leur terre natale, et cela ne peut être réalisé qu'avec une population rurale saine et digne, qui ait cessé d'être le parent pauvre des populations humaines. Si, dans toute l'Europe, il existait une paysannerie d'une telle qualité que celle de Normandie ou de Bavière, ou l'admirable « gentry » anglaise, l'avenir de notre patrie européenne ne nous inspirerait aucune crainte.

nationalisme ? Un sentiment dépassé, consistant à ne penser qu'à soi-même et aux gens qui nous ressemblent ; à mépriser les étrangers, parce qu'ils ne parlent pas comme nous ou sont d'une couleur différente. Seule la finance peut mener à bien cette entreprise magnanime qui consiste à en finir avec les particularismes et à créer la Grande Société de Consommation Universelle. »

La réalité, cependant, est bien loin de ce beau tableau... à supposer qu'il soit beau, ce qui, pour nous, est loin d'être le cas. En effet, la finance internationale est l'une des causes des guerres. Les banquiers internationaux accordent des crédits de telle sorte que l'or soit rarement réclamé par leurs emprunteurs. Mais si la balance des paiements devient très déficitaire, ou simplement trop déséquilibrée, alors se crée une situation dans laquelle il est probable qu' s dits emprunteurs exigent l'or – ou la monnaie ayant cours légal – que les banquiers ont promis de leur verser, promesse pour laquelle ils paient un intérêt anticipé. « Dans le cas d'un pays dont les exportations ne parviennent pas à compenser ses importations, il faudra envoyer de l'or à l'étranger pour compenser le solde défavorable, car si cela n'est pas fait, la monnaie du pays perdra de la valeur par rapport à la monnaie du pays avec lequel il entretient des relations commerciales »[21]. En d'autres termes, lorsque les exportations d'un pays sont dépassées par ses importations, la valeur de sa monnaie aura tendance à baisser par rapport aux autres, pour la simple raison qu'il y aura plus de personnes l'utilisant pour acheter des devises étrangères que de personnes utilisant des devises étrangères pour acheter celle du pays en question. La seule façon d'empêcher la perte de valeur de la monnaie est d'exporter de l'or. Mais comme les banquiers internationaux – tout comme les banquiers nationaux – ont accordé des « promesses de paiement » (crédits) représentant neuf fois plus d'argent qu'ils n'en possèdent réellement, il est évident qu'ils doivent imposer des limites très strictes à l'exportation d'or[22], car si cette demande d'or se prolonge un peu plus que la normale, les banquiers seront contraints de se déclarer en faillite et de fermer leurs portes. Comment peuvent-ils se protéger ? En refusant de nouveaux prêts et en obligeant leurs clients à régler, ou du moins à réduire, leurs comptes débiteurs. Autrement dit, ils agissent comme leurs collègues, les banquiers nationaux. Il en résulte qu'une grande quantité de biens

---

[21] R. Mc Nair Wilson : « *Promise to* pay », Omnia Veritas Ltd.

[22] R. Mc. Nair Wilson : Ibid. Id.

destinés à l'exportation inonde le marché national, les prix s'effondrent, et la panique s'empare de la population. Pour empêcher cette panique, il n'y a d'autre recours que de baisser les prix des marchandises destinées à l'exportation – souvent grâce à des subventions de l'État –, ce qui représente un coup supplémentaire non seulement pour l'économie, mais aussi pour le moral du pays, qui a dû subordonner le pouvoir d'achat de sa monnaie aux intérêts des banquiers internationaux. Afin de faire en sorte que les produits destinés à l'exportation aient un coût aussi bas que possible, on sacrifie les salaires des ouvriers et des employés, on cherche à lésiner sur la qualité et on recourt à des pratiques commerciales de plus en plus éloignées de l'éthique et de la décence la plus élémentaire. Et à l'ère de la mécanisation et de la surproduction, la misère et les stocks débordants coexistent ; les classes se rejettent mutuellement la faute ; il y a des grèves et des lock-out, et personne, ou très peu de gens, ne se rend compte de qui est le véritable responsable du désastre ; ils ne voient pas que les alchimistes modernes de la banque, avec leurs « promesses de payer » ce qu'ils n'ont pas, énervent, démoralisent et ruinent leurs victimes, c'est-à-dire l'humanité tout entière. La racine de tous les maux « économiques » n'est autre que l'octroi de crédits par des institutions bancaires qui ne possèdent pas l'argent nécessaire pour honorer leurs « promesses de paiement ». Tous les banquiers du monde, nationaux et internationaux, se trouvent dans la même situation : tous ont prêté, sous forme de « promesses de payer », neuf fois plus de monnaie fiduciaire qu'ils n'en détiennent réellement ; et tous vivent également dans la crainte permanente de voir surgir des demandes soudaines de remboursement de leurs « promesses » pour un montant dépassant leurs réserves, relativement modestes, de monnaie authentique. L'étalon-or – ou tout autre étalon – n'est rien d'autre qu'« un expédient inventé pour sauvegarder les opérations de change et, de cette manière, éviter aux banques les assauts de leurs créanciers, qui mettraient en évidence que les banquiers se trouvent en état d'insolvabilité permanente »[23].

* * *

Une parenthèse, nécessairement très succincte, sur l'étalon-or, qui constituera sans doute la risée des temps à venir. Les libéraux orthodoxes et les physiocrates prétendent que l'argent, pour exercer

[23] Hermann Hoppker Aschoff. « *L'argent et l'or* ».

efficacement sa fonction, doit avoir une valeur intrinsèque. Au départ, la valeur de la monnaie d'or ; puis, l'or qui était censé se trouver dans les coffres du banquier, et que celui-ci promettait de payer contre remise du billet de banque (un véritable reçu), bien que huit promesses sur neuf de ce monsieur fussent fausses. L'appréhension des financiers face aux émissions de monnaie réalisées par l'État, qualifiées d'« inflation », est bien connue, comme si les activités bancaires ne se caractérisaient pas précisément par un jeu alterné d'inflations et de déflations qui pressurent les peuples. En réalité, Gertrude Coogan, dans son ouvrage *[24] *, donne l'exemple suivant pour illustrer la fausseté de l'étalon-or : un gouvernement construit un théâtre d'une capacité de mille spectateurs. Mais comme, pour une raison étrange perdue dans la nuit des temps, on estime que les billets d'entrée doivent être en or et que le gouvernement ne dispose pas de ce métal, il s'adresse à la seule personne du pays qui se trouve être en possession d'or, et lui confie l'émission des billets. Cet homme se rend vite compte qu'il est inconfortable et encombrant pour les gens de porter

ces lourds billets dans leurs poches et, par pure charité, pour éviter de causer des désagréments à ses concitoyens, futurs spectateurs du théâtre gouvernemental, il leur fournit de petits papiers sur lesquels, d'une calligraphie impeccable, est écrite cette phrase : « Je m'engage à payer au porteur un billet d'or ». Le jour de l'inauguration, à peine un dixième des sièges du théâtre sont occupés, bien que dans la rue, à l'entrée du théâtre, de nombreux spectateurs potentiels auraient souhaité entrer. Lorsque le ministre de la Culture s'adressa à l'émetteur des billets pour lui demander la raison de cette anomalie et l'exhorta à fournir les billets nécessaires pour remplir le théâtre, celui-ci lui répondit que cela n'était pas possible, car ses billets étaient des « reçus de billets d'or ». Ce qu'il ne dit pas, c'est qu'en réalité, il avait déjà mis en circulation neuf ou dix fois plus de reçus que de véritables billets d'or qu'il gardait dans son coffre-fort. Il avait peur d'émettre davantage de reçus, de crainte que, soudainement, pour une raison quelconque, les gens ne commencent à exiger les billets d'or, au lieu de leurs reçus en papier. Comme il était déterminé à empêcher l'État de se rendre compte qu'on pouvait remplir le théâtre avec des reçus en papier, il se mit à agiter le spectre de l'inflation. « La valeur des billets réside dans le fait qu'ils sont en or », affirma l'émetteur-négociant de billets. « Les politiciens irresponsables qui prétendent émettre des billets en papier

[24] Gertrude M. Coogan. « *Money Creators* ».

sont des inflationnistes et des ennemis de l'art théâtral »... « Non, monsieur, répliqua le ministre de la Culture. Ce que nous voulons, c'est remplir le théâtre et que nos concitoyens occupent les sièges que nous avons mis à leur disposition. L'inflation, si tant est qu'il y en ait une, consisterait à émettre plus d'un millier de billets. Mais tant qu'il reste des places libres, pourquoi ne pourrions-nous pas continuer à émettre des billets ? »... « Parce que ce sont des billets qui ne peuvent être échangés contre de l'or.

Pourriez-vous profiter pleinement d'une représentation théâtrale en sachant que votre billet n'est qu'un bout de papier sans valeur ? », insista l'entrepreneur, qui formula, pour finir, son argument massue : « Comment pouvez-vous être sûrs de ne pas imprimer trop de billets papier, de sorte que de nombreux détenteurs de ces billets se retrouvent forcément à la rue ? »...» Parce que nous connaissons le nombre de places du théâtre », répondit le ministre.

Eh bien, il ne fait aucun doute que tout gouvernement moderne connaît parfaitement le revenu – la richesse – d'un pays. Avec une gestion adéquate des statistiques et de l'informatique, le risque d'inflation est pratiquement inexistant. De plus, en supposant que, pour couvrir la mauvaise gestion des exploitations d'État[25], le gouvernement laisse aller trop loin et fasse tourner à plein régime l'imprimerie de la Monnaie, l'inflation qui en résultera n'aura aucune importance comparée à l'inflation bancaire colossale.

* * *

Nous avons exposé, dans les grandes lignes, le système financier. La racine de ce système est un mensonge. Le mensonge d'un homme qui, ayant promis de payer neuf fois plus qu'il ne possède, est censé être capable de tenir cette promesse. De là découlent, en cascade, d'autres mensonges : le mensonge selon lequel une perte d'or est un malheur national ; le mensonge selon lequel les taux de change doivent rester fixes ; le mensonge selon lequel les prix et les salaires ne « peuvent » pas se stabiliser ; le mensonge selon lequel un pays ne vit que grâce à

---

[25] Nous insistons sur le fait que l'idéal est que l'État se consacre à sa mission spécifique, c'est-à-dire la réalisation de l'Idée nationale, la protection morale et physique (raciale) du Peuple, et le maintien de l'ordre. Car, à ce jour, l'Histoire ne fournit pas un seul exemple d'État-commerçant dont la gestion ait été bénéfique pour la nation.

ses exportations ; le mensonge selon lequel le marché intérieur doit être subordonné à l'extérieur ; le mensonge selon lequel les salaires élevés constituent un danger ; le mensonge selon lequel le pays qui importe plus qu'il n'exporte « vit au-dessus de ses moyens », et le mensonge selon lequel le remède contre la surproduction consiste à brûler les récoltes pour préserver les prix.

Et, à côté de cette pyramide de mensonges, le spectacle du progrès technique, avec des stocks débordants qui ne peuvent être distribués… pour la seule raison que, contre vents et marées, il faut maintenir l'Empire du Mensonge.

Que cela nous plaise ou non, il faut admettre qu'à notre époque, il existe une étroite interdépendance entre l'argent et le pouvoir. La finance étant, par nature, internationale, le pouvoir qu'elle poursuit est tout aussi international. Les mondialistes, les apologistes de l'ONU, sont des financiers ou agissent au nom de la finance. Le monde est aujourd'hui gouverné, tant sur le plan politique qu'économique, par certains hommes au service de certaines Forces, que l'on appelle en Amérique du Nord « l'Establishment ». Ces hommes occupent des postes clés, même s'il n'est pas indispensable que leur rang politique officiel soit prééminent. Ainsi, par exemple, il est curieux de constater comment les présidents des États-Unis, élus au suffrage universel, semblent incapables de prendre la moindre décision sans consulter au préalable une sorte de « vizirs », choisis sur le volet. Nixon a Kissinger, issu de la puissante banque Goldman, Sachs & Co.,, tout comme Johnson et Eisenhower avaient Sidney Weinberg, de la même institution bancaire et étroitement lié aux Rockefeller ; et Kennedy, Truman et Roosevelt avaient Bernard Mannes Baruch, conseiller de 29 banques[26], et Felix Frankfurter, un homme des Warburg, les « dieux » du Federal Reserve Board[27]. Nixon, Johnson, Kennedy, Roosevelt, avaient-ils… ? Ou plutôt, Kissinger, Weinberg, Frankfurter ou Baruch avaient-ils ces derniers ?

Qui contrôlait qui ?... Pour répondre à ce dilemme, il suffit de se rappeler la phrase de Céline : « La démocratie, c'est la ploutocratie ».

---

[26] Dan Smoot, « *The Invisible Government* ».

[27] Deux circonstances curieuses se rejoignent chez tous ces messieurs : ils sont originaires d'Allemagne et, à en juger par leur apparence, ils doivent être des descendants des chevaliers teutoniques de l'ordre hanséatique.

Les élections sont toujours remportées par le candidat qui dispose de le plus d'argent pour financer sa campagne électorale, un cirque extrêmement coûteux que seule la finance peut soutenir. Et on le sait bien : celui qui paie commande. En Angleterre, lorsque les conservateurs sont au pouvoir (ces gentlemen qui font de la politique travailliste), il est de notoriété publique que les « éminences grises » sont Charles Clore et Jack Cotton, deux super-financiers de la City de Londres ; lorsque les travaillistes sont au pouvoir (qui sont des petits commerçants qui se ridiculisent), on voit apparaître, autour d'Harold Wilson, un autre groupe de financiers : Wolfson, Berstein, Cohen, Zuckerman et Maxwell[28] tous étroitement liés à la très puissante banque Lazard. La plupart des personnalités politiques d'une certaine importance en France sont également liées aux Lazard et aux Rothschild, qu'elles se réclament de la gauche, de la droite ou du centre.[29]

L'« Establishment » mondial est composé d'environ trois cents familles de vieille souche, étroitement liées entre elles par des liens familiaux et économiques. Il contrôle de manière quasi totale le marché mondial de la publicité, grâce auquel il assujettit le marché de l'information : presse, radio et télévision. Le marché mondial du blé est indissociable du nom de Dreyfuss[30]. Dans l'industrie chimique, sept grands consortiums, parmi lesquels se distingue le trust « Imperial Chemical Industries », création de la famille Melchett (a) Mond (a) Moritz, représentent 90% de la production mondiale. Le marché du nickel est un domaine réservé des familles Mond et Rothschild. Les Rothschild sont également la première puissance mondiale sur le marché du mercure. Les marchés du diamant, de l'argent, de l'or, du cuivre et de l'acier sont indissociables des noms d'Oppenheimer, Barnato, Beit, Goldschmidt, Guggenheim, Wernek, De Wendel[31],

[28] Après avoir nourri notre esprit en contemplant les visages de ces gentlemen dans le magazine londonien « Spearhead », nos doutes se sont dissipés : il s'agit de purs spécimens de l'ancienne noblesse irlandaise, y compris Maxwell, qui est arrivé en Grande-Bretagne en 1939, en provenance de Tchécoslovaquie, où – pour des raisons que les biographes clarifieront sans doute un jour – il s'est soudainement senti mal à l'aise.

[29] Les Rothschild, originaires de Francfort, sont de noblesse autrichienne. En effet, l'empereur François-Joseph a accordé le titre de baron à Nathan Rothschild.

[30] Les Dreyfuss sont originaires de Lorraine, comme Jeanne d'Arc.

[31] Les De Wendel ne sont pas d'une lignée ancienne, bien qu'ils aient de nombreux

Lewinsohn, Rothschild, Bleichroeder, Japhet, Seligman, Lazard, Morgenthau, Schiff et Warburg[32]. La famille Zemurray, propriétaire de la « United Fruit », contrôle une demi-douzaine de républiques d'Amérique centrale et exerce une grande influence en Amérique du Sud. La famille Gunzbourg[33] a d'importants intérêts au Japon, où elle contrôle de nombreuses industries. Il serait fastidieux d'énumérer la liste complète des familles qui composent l'« Establishment » ; pour en décrire, même très sommairement, les activités, il faudrait un ouvrage qui y serait exclusivement consacré ; nous le laisserons donc pour une meilleure occasion. Il suffit pour l'instant de préciser que, pour l'« Establishment », il n'existe ni frontières ni « rideaux de fer »... Ainsi, par exemple, la famille Achberg contrôle depuis 1917 la Banque d'État soviétique. Les Achberg, de la « Nya Banken » de Stockholm, sont considérés comme les agents de la famille Rothschild en Europe du Nord.

L'« Establishment » agit rarement directement. Les barons de la haute finance agissent par l'intermédiaire de leurs fiduciaires, qui contrôlent d'une main de fer l'administration. En France, par exemple, Henry Coston raconte que, dans ce pays de liberté dont la devise démocratique est inscrite sur le frontispice des bâtiments publics, « toutes les activités économiques sont étroitement contrôlées par l'administration ; il y a un dictateur du crédit : M. Bloch-Lainé ; un dictateur de la politique agricole : M. Rosenstock-Franck ; un dictateur de la productivité : M. Ardant, et un dictateur du Plan de développement : M. Étienne Hirsch »[34].

En trois siècles, la misérable racaille de l'Europe a gravi les échelons jusqu'au sommet de la puissance mondiale. Il ne reste plus qu'à consolider définitivement lui-même, c'est-à-dire la synthèse entre capitalisme et communisme, après quoi viendra « la paix ». Une paix

---

liens familiaux, et surtout d'intérêts, avec la haute noblesse.

[32] Les Warburg se trouvent au sommet de la pyramide financière. D'anciens « junkers » de la Baltique.

[33] Les Gunzbourg ont été, aux côtés des Warburg, Schiff et Kahn, les financiers de la glorieuse révolution rouge d'octobre 1917 (Louis Marschalko, « *World Conquerors* », Omnia Veritas Ltd, www.omnia-veritas.com).

[34] Tous sont des « chevaliers » de Bourgogne et des descendants de Vercingétorix. La citation d'Henry Coston est tirée de l'ouvrage « *La Haute Banque et les trusts* ».

sans justice, une paix satanique. La paix du troupeau humain, avec quelque trois cents bergers et quelques milliers de chiens policiers. Pour atteindre le sommet, des hommes disséminés à travers le Vieux Continent et méprisés par l'humanité ont conçu, il y a environ trois cents ans, le plus grand vol de l'Histoire : le Vol des Siècles. À l'heure actuelle, en notre XXe siècle « civilisé » et « démocratique », leurs descendants, en toute légalité, et avec en plus un brevet d'honorabilité, règnent, secrètement mais despotiquement, sur l'espèce humaine. C'est le siècle du vol.

L'ÉNIGME CAPITALISTE

L'objectif de la machine est la production, et celui de la production est la consommation.
La monnaie est un instrument de mesure et d'échange : ce n'est pas une marchandise.
La richesse d'une nation réside dans le travail et la culture de ses habitants. (Une évidence, mais souvent oubliée)

LA MISÈRE DANS L'ABONDANCE

Le grand paradoxe de la crise économique actuelle – qu'il faudrait en réalité qualifier de crise financière – est que les hommes ne peuvent pas acquérir les biens qu'ils ont effectivement produits. En d'autres termes, on pourrait dire que nous nous trouvons dans une situation de pauvreté au milieu d'une surproduction. Si cette idée parvenait à s'ancrer fermement dans l'esprit des gens, on aurait franchi une étape décisive sur la voie de la résolution du problème. Ce serait, en vérité, le premier pas, le pas essentiel, celui qui démontrerait que toute cette soi-disant « science économique » n'est rien d'autre que le fatras prétentieux et creux d'une nuée de clowns, appelés économistes, subventionnés la plupart du temps – directement ou indirectement, en toute connaissance de cause ou, le plus souvent, sans le savoir – par les bénéficiaires de la situation démentielle dont souffre le monde.

Il est tout à fait évident que si l'Occident a réussi à produire des biens et est en mesure de fournir des services, les uns et les autres couvrant largement ses besoins actuels, il devrait traverser une période de bien-être sans précédent dans toute son histoire. Pourquoi les biens produits ne trouvent-ils pas d'acheteurs ? La réponse saute aux yeux. Parce que les consommateurs ne sont pas en mesure de les acheter. On peut traduire scientifiquement cette situation en disant que le pouvoir d'achat des hommes a diminué partout.

Si quelqu'un nie cet appauvrissement au milieu de l'abondance, observons quelques faits notoires et exemplaires. D'une part, nous voyons qu'en France et en Italie, l'agriculture – qui est la branche économique qui a le moins progressé en chiffres absolus – offre un rendement supérieur de 35% à celui d'il y a quarante ans[35]. Dans l'industrie, le progrès technique incessant permet de produire davantage, à un rythme toujours plus rapide[36]. Malgré les grèves, les

---

[35] *Encyclopedia Britannica*. Britannica Book of the Year, 1967-68-69. William Benton (éd.), p. 453, 452, 442.

[36] La production italienne d'électricité a augmenté de 15% en 1968 et de 12% supplémentaires en 1969, année particulièrement « sociale » (66 jours de grève). Ibid. Id. 1970, p. 429.

guerres, la perte des colonies et le chaos social, ces deux pays ont – au minimum – doublé leur production industrielle au cours des quarante dernières années. Il serait plus proche de la vérité de dire qu'ils l'ont triplée, mais il n'existe pratiquement aucune source digne de confiance en raison de la pollution de leurs eaux par la basse politique au sens le plus péjoratif du terme. D'autre part, nous constatons que la population française, au cours de cette période, n'a augmenté que de 5% et la population italienne de 9%. Un simple calcul arithmétique montre que ces deux pays devraient connaître une ère de prospérité économique sans précédent dans toute leur histoire.

Par ailleurs, nous observons que bien que l'Italie soit le pays comptant le plus grand nombre d'émigrants de toute l'Europe occidentale, il y a, au milieu de l'année 1976, plus d'un million et demi de chômeurs et près d'un million en France. Ce chiffre a dû être dépassé également en Espagne, et ce malgré l'absence de libre licenciement et le fait que les mastodontes industriels de l'Institut national de l'industrie, déficitaires par définition – comme toute entreprise d'État, de la RENFE au dernier kolkhoze ukrainien – absorbent une main-d'œuvre importante, dont le salaire politique sera finalement payé, sous forme d'impôts, par le peuple.

Que des millions de travailleurs, dans toute l'Europe, en perdant leur emploi, se retrouvent sans salaire – ou reçoivent l'aumône de l'allocation chômage, ce qui revient à faire porter à toute la nation le fardeau des chômeurs – est une conséquence logique de cause à effet. « La crise est la cause du chômage », s'exclameront certains économistes en s'adressant, très sérieusement, au public, d'un côté de la piste. « Non ! Vous vous trompez. Le chômage est la cause de la crise », répondront d'autres économistes, avec le sérieux de bons professionnels du cirque. La tradition veut que les discussions de clowns se terminent par des lancers de tartes à la crème à la figure, tandis que jeunes et moins jeunes gonflent leurs poumons et libèrent leur bonne dose d'adrénaline. Malheureusement, dans le monde prosaïque de l'économie et de la finance, ces discussions académiques sont le prélude à des conflits tragiquement réels et sérieux, dans lesquels le vieux dilemme production-consommation est surmonté avec simplicité, tandis que les consommateurs consomment toute la production sous forme d'obus.

ÉCONOMIE ORGANIQUE

L'économie est une manière de penser, tout comme la morale, l'esthétique, l'éthique et la politique. Chacune de ces formes de pensée isole une partie de la totalité du monde et la revendique pour elle-même. La morale distingue le bien du mal ; l'esthétique, la beauté de la laideur ; l'économie, l'utile de l'inutile et, dans sa phase purement commerciale, le bénéficiaire du déficitaire[37].

Nous avons évoqué la Politique, qui divise les hommes en amis et en ennemis. Si l'on considère le corps politique comme un tout organique, il ne fait aucun doute que l'Économie fait partie de la Politique. Une partie subordonnée, dans sa totalité, à l'ensemble politique. L'économie est au tout politique ce que le système digestif est à l'ensemble d'un être organique[38] et oui, à mesure que l'on monte dans l'échelle organique, du végétal à l'être humain en passant par l'animal, moins d'importance a, relativement – nous insistons sur cette relativité –, le système digestif ; cette importance diminue encore davantage lorsqu'on arrive à l'être organique supérieur par excellence, la Grande Culture. Elle est donc, parmi ses organes constitutifs, un « ultimus inter pares » et sa fonction, bien que vitale, est la moins noble de toutes. Cela étant dit, nous estimons indispensable d'insister sur le fait que, tout comme un individu peut mourir d'une paralysie intestinale qui, à son tour, provoque une péritonite, une Grande Culture, et a fortiori une nation, peut tomber gravement malade, voire périr – disparaître – à cause du chaos engendré par une maladie économique mal diagnostiquée et, par conséquent, mal soignée. Et nous ne pensons pas que le spectacle actuel de la misère au milieu de l'abondance laisse planer le moindre doute sur la réalité de la maladie de l'économie occidentale. Maladie, qui plus est, dégénérative, car elle s'est propagée du système digestif à l'ensemble de l'organisme, y compris son cerveau, car quelque chose doit mal fonctionner dans celui-ci s'il admet sans broncher des situations qui répugnent au simple bon sens, comme la destruction délibérée de récoltes pour « maintenir le cours des prix

---

[37] Francis Parker Yockey : « Imperium », Omnia Veritas Ltd, www.omnia-veritas.com.

[38] J. Bochaca : « *La Finanza y el Poder* », Omnia Veritas Ltd.

agricoles ».

Nous avons dit que l'économie est une partie subordonnée à l'ensemble de l' e politique. Un autre exemple du caractère pathologique de la situation actuelle nous est fourni par le fait que l'inverse est considéré comme réel, c'est-à-dire que la politique est subordonnée à l'économie, et que celle-ci est le moteur de l'Histoire, absurdité propagée par Marx, mais étonnamment entérinée, à des degrés divers, par ses ennemis de classe, les soi-disant « capitalistes »... un paradoxe apparent dont nous nous occuperons plus loin.

DOMAINE

Nous allons nous intéresser à l'économie de cet organisme qu'est la civilisation occidentale, c'est-à-dire l'Europe et ses colonies culturelles disséminées à travers le monde, en un mot : le monde blanc. Nous avions dit un jour[39] qu'« il faut faire une distinction entre le monde civilisé et le monde non civilisé, sous-développé, sous-capable ou quel que soit le nom qu'on lui donne ». Nous ajoutions que pour les pays sous-développés, dans les conditions actuelles et pour encore de nombreux siècles, il n'existait aucune solution à leurs problèmes économiques, même en disposant de ressources fabuleuses et inexploitées et de l'aide, à fonds perdus, que leur apportent les États-Unis, l'Europe et les organisations mondialistes, ainsi que, dans une optique d'influence politique, les pays du soi-disant bloc communiste. Nous justifiions cela en nous appuyant sur le fait que l'économie était subordonnée à la race – que nous pouvions qualifier de « signes d'identité de l'organisme politique » –, et nous concluions qu'« une exploitation, industrielle ou minière, dirigée par des Anglais, des Italiens, des Allemands ou des Suédois, aura probablement du succès, tandis que la même exploitation, dirigée par des Bantous, des Mambaras ou des Népalais, sera un échec total ». Nous aggravions notre cas, et nous considérons qu'il est de notre devoir de le réitérer ici et maintenant, en affirmant que le spectacle d'un paria mourant de faim devant une vache sacrée ou d'un autre Indien quelconque allongé sur un sol fertile qui n'est pas cultivé pour ne pas égratigner la Terre Mère et pour que les dieux ne se mettent pas en colère, nous laisse complètement indifférents.

La raison de cette indifférence est double : premièrement, parce que nous partageons la croyance dépassée selon laquelle avant de résoudre les problèmes des autres, il faut résoudre les siens, d'autant plus que les peuples de couleur ne manquent aucune occasion de nous rappeler qu'ils sont désormais « indépendants »[40] et de nous imputer la

[39] Bulletin de la CEDADE n° 24. Juin-juillet 1970.

[40] Il s'agit bien sûr d'une indépendance purement formelle. Il suffit d'avoir ne serait-ce qu'une vague idée de la dynamique du pouvoir pour comprendre que l'indépendance est un fait et non un droit inscrit sur du papier, même si ce « droit » est reconnu par tous

responsabilité de toutes leurs misères ; deuxièmement, parce que le bonheur ne s'exporte pas. Le bonheur, c'est-à-dire l'épanouissement personnel, est quelque chose d'absolument personnel, tant au niveau de l'être humain qu'à celui d'une Culture Supérieure. Ce qui satisfait pleinement un Européen peut laisser insatisfait un Japonais, et réciproquement. Et nous choisissons comme exemple l'étranger qui se trouve le plus proche, toutes distances et niveaux mis à part, de l'Occidental. Nous avons vu, en Afrique du Sud, des Cafres avec des boucles d'oreilles au nez, au volant de « Mercedes » rutilantes, vêtus de costumes européens impeccables, et pieds nus. Ces Cafres habitent dans des huttes identiques à celles que l'on peut voir près de l'aéroport de Kinshasa (l'ancienne Léopoldville), qui doivent elles-mêmes être identiques à celles que construisaient leurs ancêtres il y a mille ans. Là où l'homme blanc a imposé, à l'époque coloniale, des églises, des hôpitaux et des routes, reviennent rapidement les sorciers, les magiciens et les sentiers de chèvres. L'hygiène est inhérente à l'Européen : bien moins à l'Asiatique ; aux Arabes, on doit imposer, en vertu d'un précepte religieux très strict, les ablutions, et dans les quartiers et les villes noires du monde entier, sous des climats et dans des circonstances diverses, de Johannesburg à New York, et de Nairobi à King's Cross (Sydney, Australie), la saleté est proverbiale, sans que la prétendue – et bien sûr fausse – pauvreté du Noir n'y soit pour rien. Enfin, au lieu de tant de statistiques sur les enfants de couleur qui ne peuvent pas manger autant qu'ils le voudraient, accompagnées de photographies grotesques et déchirantes qui cherchent à provoquer la compassion dirigée de l'aryen naïf, il conviendrait de nous fournir une étude, froide et objective, sur ce qu'ont fait les peuples mendiants depuis qu'ils ont « obtenu » – disons-le ainsi – leur indépendance sacrée. Car nous ne trouvons rien de plus grotesque ni de plus cynique que ces campagnes pour soulager la faim en Inde, alors que le gouvernement de ce pays annonce en grande pompe, dans la presse mondiale, qu'il dispose désormais de la bombe atomique. Et les comptables pleurnichards du Kremlin, des innombrables partis socialistes et des diverses religions positives, qui se soucient tant de calculer combien d'hôpitaux pourraient être construits en Afrique noire et combien de Jaunes pourraient manger pendant six mois avec l'argent qu'a coûté un seul des projets spatiaux, laissent passer une si belle occasion d'éclairer le

les États membres de l'ONU. Aujourd'hui, le président Bingobango, de la République démocratique de Monomotapa, écoute les conseils d'Abramovitch, l'ambassadeur soviétique, ou d'Abrahanson, l'ambassadeur américain.

pacifique gouvernement indien sur le nombre de parias qui pourraient se nourrir somptueusement avec l'argent que leur a coûté leur toute nouvelle bombe atomique.

EXPOSÉ DU PROBLÈME

Dans le cadre de notre économie occidentale, la crise actuelle se résume aux points suivants :

a).- Dans le monde civilisé, il y a suffisamment de matières premières, de main-d'œuvre qualifiée, de main-d'œuvre non qualifiée et de connaissances scientifiques pour satisfaire abondamment les besoins de ses habitants.

b).- La pauvreté et la pénurie existent parce que les gens n'ont pas assez d'argent pour acheter les biens produits par l'industrie et l'agriculture modernes à un prix attractif pour les producteurs.

c).- Lorsqu'il manque quelque chose, le remède le plus évident consiste à le créer, et il n'y a aucune difficulté physique à créer davantage d'argent.

d).- L'inflation, qui consiste à avoir plus d'argent que de marchandises, est évidemment une calamité, mais l'augmentation progressive de l'argent et des marchandises de manière à ce que le pouvoir d'achat de celui-ci se maintienne au même niveau que la production et que les prix restent stables n'a rien à voir avec l'inflation et est, en fin de compte, ce dont nous avons besoin.

e).- Les machines et l'utilisation des ressources naturelles limitent de plus en plus le besoin de travail humain, tout en augmentant la production de richesses, en biens et en services. Par conséquent, les personnes écartées du travail rémunéré par les machines doivent recevoir suffisamment d'argent pour pouvoir acheter ce qui est produit par les machines qui les ont remplacées. Cet argent, bien sûr, ne doit pas être prélevé dans la poche d'autres personnes, même si cela se fait par le biais invisible des impôts, car alors nous ne ferions que voler les uns pour payer les autres, et notre société est déjà suffisamment développée pour ne pas avoir besoin de jouer à Dick Turpin ; nous ne devons pas permettre que les chômeurs soient un fardeau pour ceux qui travaillent, ni considérer que les machines sont une malédiction alors qu'elles devraient être, au contraire, une bénédiction pour l'humanité en la libérant de nombreuses heures de travail et en permettant aux hommes de consacrer ces heures à des activités culturelles ou à des loisirs créatifs, dans le jardinage, le sport, la randonnée, l'étude, etc.

Et c'est tout. Tel est le problème. That is the question. Et si nous voulons résoudre le problème soulevé dans les cinq points précédents, qui résument l'Être ou Ne pas être de l'économie occidentale, nous devons nous demander, avec Shakespeare, ce qui est le mieux pour l'esprit : subir les coups de la fortune injurieuse, ou prendre les armes contre un océan de calamités et les vaincre ? Car le célèbre monologue hamlétien s'applique à la situation occidentale actuelle, sur le plan politique qui, par définition, est total, donc aussi économique. Que devons-nous faire ? Accepter l'explication des économistes classiques qui prétendent que les cycles de prospérité et de misère doivent se succéder en vertu d'une mystérieuse loi économique ? Ou bien, mieux encore, prendre les armes du bon sens pour affronter l'océan de calamités économiques que nous réserve le Grand Parasite, et les vaincre ? Formuler ainsi le dilemme revient à le résoudre. Prenons donc les armes du bon sens et affrontons-le.

Presque tout le monde s'imagine que pour comprendre notre système monétaire, il faut avoir un cerveau surdoué et un don particulier pour les mathématiques. Rien n'est plus éloigné de la vérité ; c'est l'ingénierie, et non la finance, qui exige la maîtrise des mathématiques avancées : pour comprendre le fonctionnement de la finance moderne, il suffit d'aborder le problème sans préjugés ; de voir les choses telles qu'elles sont, et non telles qu'on nous dit qu'elles devraient être ; faire appel à ce que les Anglais appellent le « common sense » et les Français le « bon sens », et que l'on pourrait traduire approximativement en espagnol par « sentido común », et recourir à l'ancien, mais toujours actuel, système philosophique de l'école thomiste, la « réduction à l'absurde », qui consiste à rejeter toute conclusion, aussi logiques que puissent paraître ses prémisses, si cette conclusion conduit à un absurde, comme c'est le cas, par exemple, que le tout soit plus petit que ses parties, que, en même temps, deux solides puissent occuper le même espace… ou que, comme le prétendent les augures de l'économie moderne, ce qu'il faut faire pour protéger l'agriculture, c'est brûler ses récoltes.

LA MACHINE

Jusqu'au milieu du XVIIIe siècle, l'agriculture et l'industrie reposaient principalement sur la force musculaire des chevaux et des bœufs, ainsi que sur celle de l'homme, tant physique qu'intellectuelle. Mais au début de l'année 1765, un Écossais, James Watt, inventa la machine à vapeur, qui fut couplée au mécanisme d'un métier à tisser le coton. La révolution industrielle venait de commencer. Les résultats de cette révolution démontrent à l'envi, sans laisser place au moindre doute, que le point a) que nous mentionnions dans la section précédente est tout à fait vrai, car, en effet, le monde civilisé dispose de suffisamment de matières premières pour satisfaire les besoins de ses habitants, et ces matières premières ont été développées et mises à la disposition de l'homme grâce à l'intervention de la machine.

Il convient de faire une parenthèse. Dans le point a) susmentionné, outre les matières premières, il est question d'autres facteurs, tels que la main-d'œuvre et les connaissances scientifiques. Nous en parlerons plus loin. Limitions-nous, pour l'instant, aux premières matières, exploitées par la machine.

Une fois lancée sur la voie du succès, plus rien ne put freiner le processus de la machine. La science devint son alliée, et les découvertes étonnantes se succédèrent, non seulement dans le domaine de la vapeur, mais aussi dans celui de l'énergie hydraulique, de l'électricité, de la chimie, des nouveaux combustibles, en particulier le charbon et le pétrole, des gaz industriels, etc. Vint ensuite l'utilisation de l'énergie atomique, et vers 1938, en Allemagne, commencèrent les premières tentatives pour exploiter la source de toute puissance : l'énergie solaire, recherches qui furent interrompues par la guerre et ont repris de l'ampleur en France. Aujourd'hui, après seulement deux siècles d'inventions et de développement, la machine domine le monde. Ses réalisations étonnantes ont fait de l'homme le maître de la Terre, et en passant d'une époque de pénurie – avant Watt – à une époque d'abondance – après Watt –, elles ont totalement modifié l'approche de l'économie, même si les grands prêtres de cette « science » restent attachés à des dogmes qui étaient, peut-être valables pour des temps révolus – où une mauvaise récolte due à la sécheresse ou à un essaim de sauterelles mettait un pays au bord de l'effondrement –, mais qui s'avèrent ridiculement dépassés à notre époque.

Nous savons qu'en 1935, dans les pays d'Europe (à l'exception, bien sûr, de la Russie et de la Turquie), aux États-Unis, au Canada, en Nouvelle-Zélande et en Australie, la machine avait mis à la disposition de l'homme un peu plus d'un milliard de chevaux-vapeur[41]. À l'heure actuelle, et malgré le sabotage politique et social dont elle a été victime, nous avons dépassé les trois milliards[42] t ce n'est pas comme si l'énergie atomique, la radioactivité, l'énergie solaire et l'énergie marémotrice avaient déjà dit leur dernier mot.

Le lauréat britannique du prix Nobel, le professeur Soddy, estimait, en 1935, que seulement 4 000 hommes, équipés de machines modernes – nous le répétons, des machines datant d'il y a quarante ans – pouvaient récolter toute la production de blé des États-Unis[43]. Précisons que les États-Unis sont le deuxième producteur potentiel de blé au monde, mais que grâce à l'admirable système socialiste mis en place en Ukraine, ils sont passés à une première place incontestable et s'offrent encore le luxe politique discutable de vendre à bas prix et à crédit leurs excédents de blé à l'URSS, dont la production est à peine supérieure à celle de l'Europe occidentale.

Une couveuse australienne, d'une capacité de 1 100 000 œufs, fait éclore 6 600 000 poussins par an à l'aide de l'électricité[44]. Le fléau du phylloxéra, qui a ruiné en 1846 la récolte de pommes de terre de Silésie et du Palatinat, peut aujourd'hui être éliminé par deux avions équipés de gaz toxique, en deux heures tout au plus[45].

Les Anglais, en 1925, et les Allemands, en 1934, ont découvert chacun un système de fabrication de nitrates synthétiques qui, outre le fait d'être bien moins chers que les nitrates naturels – lesquels, de toute façon, étaient insuffisants pour nos besoins et devaient être importés du

[41] Frederick Soddy : « *Citadel of Chaos* », p. 88.

[42] Britannica Book of the Year 1969, p. 356-362.

[43] Frederick Soddy : « *Citadel of Chaos* », p. 93.

[44] Stuart Chase : « *Men and Machines* », p. 47.

[45] Maurice Colbourne : « *Nationalisme économique* », p. 49.

Chili –, offraient des rendements nettement supérieurs.

En 1933, une machine à fabriquer des ampoules fut inventée en Allemagne, permettant à la célèbre entreprise Osram d'approvisionner l'ensemble du marché en quelques semaines[46].

L'auteur anglais Colbourne cite un exemple révélateur qui, notons-le, se rapporte à l'année... 1930 ! : « La population mondiale en 1930 est d'environ 2 milliards de personnes. La même année (selon M. Donald Ferguson, du Département des statistiques de l'Association anglaise de l'électricité et des industries manufacturières réunies), « la puissance totale des machines s'élevait à 390 millions de chevaux-vapeur » (ce chiffre exclut les automobiles). Ainsi, le monde, hors automobiles, disposait d'un parc de machines équivalent à 3,9 milliards d'hommes robustes. Autrement dit, pour chaque unité consommatrice, il y a deux unités non consommatrices »[47]. Nous le répétons, ces données se rapportent à l'année 1930, mais, comme nous l'avons déjà vu, en 1939, c'est-à-dire seulement neuf ans plus tard, dans le Monde Blanc – qui représentait alors les quatre cinquièmes de la puissance industrielle du monde entier[48] – on avait atteint le milliard de chevaux-vapeur, ce qui, pour une population d'environ six cents millions d'habitants, signifiait qu'à la veille de la Seconde Guerre mondiale, il y avait, dans le Monde occidental, seize unités non consommatrices pour chaque unité consommatrice. Dans ces conditions, prétendre – comme l'ont fait, avec un cynisme milogreux, les bouddhas économistes adeptes du dieu Marx – que la Grande Guerre a éclaté pour des raisons économiques est quelque chose qui devrait inciter le syndicat des artistes de cirque à porter plainte contre ces économistes pour intrusion professionnelle et concurrence déloyale. Or, si l'on remplaçait le mot « économiques » par « financières », ils seraient déjà sur le chemin de la Vérité, mais ces bouddhas savent très bien que ce chemin leur est interdit.

Des problèmes économiques en Occident, alors que les usines Ford, aux États-Unis, construisent en moyenne une voiture toutes les quatre secondes ? Des problèmes économiques alors que les usines Bayer, en

---

[46] Maurice Colbourne : « *La nouvelle économie* », p. 47.

[47] A.N. Field : « *The Truth about the* Slump », p. 65. Colbourne, Id., p. 45.

[48] Rector Leslie Gannt : « *The Gannt System* », p. 59.

Allemagne, peuvent approvisionner, là encore en moyenne, leur riche marché intérieur en deux mois et consacrer le reste du temps à travailler pour les marchés extérieurs ? Des problèmes économiques alors que l'agriculture de l'Allemagne fédérale produit autant que l'Allemagne réelle – celle de 1939 – avec une superficie réduite de 40% et une population en baisse de 30% ?

Non. Parler de problèmes économiques n'a aucun sens à l'époque actuelle. C'est précisément la vie quotidienne qui n'a aucun sens à l'époque actuelle. C'est précisément la vie quotidienne qui regorge d'exemples, de statistiques et de données démontrant que, même sans avoir atteint sa maturité, malgré les sabotages que nos malheureux politiciens nous imposent sous cent mille formes, la machine est en mesure d'approvisionner l'Occident et, si nos mondialistes larmoyants y tiennent, l'humanité tout entière, pour tous ses besoins vitaux et même secondaires, au centuple.

LA « MAIN-D'ŒUVRE »

Au point a) de la rubrique consacrée à l'énoncé du problème, nous faisions allusion non seulement aux matières premières, mais aussi à la main-d'œuvre spécialisée, aux ouvriers et aux connaissances scientifiques « suffisantes pour satisfaire abondamment les besoins de ses habitants ».

Le travail humain, englobant celui des chercheurs, des cadres, des ouvriers qualifiés et non qualifiés, reçoit, en Angleterre et en Amérique, le nom générique de « Manpower » – pouvoir ou puissance de l'homme –, qui nous semble beaucoup plus descriptif que les périphrases que nous utilisons en espagnol pour désigner, conjointement, les ouvriers manuels, les techniciens, les contremaîtres et les cadres.

Selon des données officielles, tirées de publications des Nations Unies, alors que la population des pays occidentaux augmentait de 14%, leur « manpower » augmentait de 6%[49], au cours de la période 1940-1970. Au cours de la même période, leur production alimentaire augmentait, en valeurs absolues, de 21%[50].

En revanche, la production d'articles industriels et de services a presque triplé. Il est impossible de connaître des données exactes, et on ne peut obtenir que des approximations, basées sur des références partielles et comparatives. Quoi qu'il en soit, ici aussi, le simple calcul arithmétique vient étayer la thèse selon laquelle la main-d'œuvre, spécialisée ou non, et la production ont augmenté davantage, en valeurs absolues et relatives, que la population totale de l'Occident. De tout cela découle la même conclusion que celle obtenue lors de l'analyse de l'incidence de la machine sur l'économie occidentale, à savoir que celle-ci devrait traverser une période de bien-être économique, voire de véritable opulence, sans précédent dans toute son histoire.

Ceci, en ce qui concerne la main-d'œuvre, d'un point de vue

---

[49] *Encyclopaedia Britannica :* Tome XXII. p. 795.

[50] Ibid. id. Tome XXII. p. 797.

quantitatif. Car, d'un point de vue qualitatif, notre « main-d'œuvre » a également connu un progrès notable. Le nombre, par habitant, de techniciens et d'ouvriers qualifiés, dans le pire des cas – Angleterre, Italie –, est le même qu'il y a trente ans[51] mais il faut bien tenir compte du fait que dans les années quarante, l'Angleterre avait à sa charge un immense empire, circonstance qui, malheureusement pour elle et pour l'Europe, n'existe plus aujourd'hui. En ce qui concerne l'Allemagne, il nous a été impossible de trouver des données comparatives, mais les progrès sont indéniables et avérés en France et en Espagne, et même aux États-Unis. Dans certains pays occidentaux, comme le Canada, l'augmentation de la main-d'œuvre qualifiée a été spectaculaire, de l'ordre de 100%[52].

[51] *Encyclopaedia Britannica*. Britannica Book of the Year 1969-70. p. 328.

[52] *Encyclopaedia Britannica :* Britannica Book of the Year 1969-70. p. 276.

LA BAISSE DU POUVOIR D'ACHAT

Malgré donc les merveilleux progrès de la mécanisation et les avancées, quantitatives et qualitatives, de notre « main-d'œuvre », nous nous trouvons en pleine crise, pour employer le terme consacré. Cette crise – et toutes celles qui l'ont précédée – présente la caractéristique surprenante que l'abondance générale de tout ce qui est nécessaire à la vie des hommes coïncide avec une misère générale. Peut-être l'expression « misère » peut-elle sembler excessive. Elle ne nous le paraîtra pas tant que cela si nous prenons le temps de considérer qu'une grande partie de nos concitoyens – dans toute l'Europe – vivent, comme on dit communément, « au jour le jour », criblés de dettes jusqu'au cou et toujours dans l'attente craintive de la fin du mois avec leurs échéances de factures, tandis que des milliers d'entreprises se trouvent au bord de la faillite précisément parce qu'une quantité énorme de ces effets ne sera pas encaissée et que des millions de familles vivant dans cette situation d'équilibre instable viennent progressivement grossir les rangs des chômeurs… Il y a des excédents de tout : de produits agricoles, d'articles manufacturés, de charbon, d'acier, de ciment, de minerai de fer, de cuivre, d'étain, en un mot : il y a trop de tout. Pourquoi, alors, ces richesses ne trouvent-elles pas preneur ? Ce n'est certainement pas par mauvaise volonté des acheteurs, bien sûr, car ces richesses ne peuvent être distribuées gratuitement. Et c'est là que réside le problème : les consommateurs ne peuvent accéder à la production ; ils ne peuvent acheter ce qui a été produit. Il n'y a pas d'argent...

Pourquoi n'y a-t-il pas d'argent ? Cette simple question appelle deux réponses, qui se complètent l'une l'autre. La réponse immédiate, mais la moins déterminante, est celle qui saute aux yeux : on pourrait la qualifier de « prostitution de la machine face au travail ». La réponse véritablement décisive, la plus difficile à percevoir et celle qui soutient tout l'échafaudage artificiel de l'économie actuelle, nous la qualifierons de « prostitution de la machine face à la finance ». Nous nous en occuperons plus loin. Commençons par l'antinomie apparente, mais absurde, entre machine et travail.

C'est un fait indéniable qu'en Occident, grâce à notre machinerie moderne et aux forces de la nature que l'homme a pu dompter, les richesses augmentent tandis que le nombre de travailleurs employés à les produire diminue. On constate donc à la fois une augmentation de la production et une augmentation du chômage. Mais comme les chômeurs, par simple définition, sont ceux qui ne sont pas rémunérés, ces chômeurs sont soustraits à l'armée des consommateurs, et les richesses produites s'accumulent inutilement, et bientôt se fait sentir la nécessité de freiner leur fabrication, voire de les détruire.

C'est ce que les économistes classiques appellent, gentiment, la crise. Mais ce n'est pas une crise. C'est simplement une révolution. La Révolution industrielle. Une révolution qui, entre autres, a donné lieu aux exemples suivants :

Un homme, avec une pelleteuse, remplace 25 hommes.

Un homme, avec une moissonneuse-batteuse qui fauche, charge, andaine et bat, remplace 18 hommes.

Un homme, avec un métier à tisser Ketten pour le tissage en pièce, remplace 20 hommes.

Un homme, avec un métier à tisser Raschel pour rideaux en continu, remplace 28 hommes. Un homme, avec une machine à fabriquer des cigarettes, remplace 100 hommes.

Un homme, avec une machine à fabriquer des bouteilles, remplace 54 hommes.

Un homme, s'occupant d'un gigantesque ordinateur qui effectue 60 000 écritures dans le grand livre ; en enregistrant sous forme codée le numéro du client et du chèque, le solde et les intérêts courus, fait le travail de quatre-vingts employés de banque.

En Grande-Bretagne, un ouvrier chargé d'une machine à fabriquer des chaussures produisait en 1907 67 douzaines de paires de chaussures par an. En 1930, grâce à une machine plus perfectionnée, la production était passée à 92 douzaines de paires, et en 1970, à 140 douzaines[53].

En nous appuyant sur des faits, froids et objectifs, nous pouvons

---

[53] M. Colbourne : « *The New* Economy », édition augmentée et révisée par E. Leben Sheldon Emry : « *Billions for the bankers. Debts for the People* ».

démontrer que la machine allège, au minimum, 95% du travail de l'homme. Et non seulement elle l'allège, mais, d'une manière générale, elle le fait mieux. (Nous parlons, bien sûr, d'un travail industriel, à la chaîne, sans aucune implication de nature artistique). Nous irions même jusqu'à affirmer que 95% est une estimation prudente. Laissons-en toutefois là, en contrepartie du travail humain nécessaire au fonctionnement des machines, même si ce travail est souvent également effectué par d'autres machines.

Posons-nous honnêtement la question : quel est l'objectif de la Machine ? Et si nous parvenons à nous défaire des tabous et des préjugés, nous verrons que la réponse, simple et concrète, est la suivante :

> L'objectif de la Machine est d'approvisionner le marché avec la plus grande quantité et la meilleure qualité possible de marchandises et de services, en économisant au maximum le travail mécanique humain.

Comme la Machine est un économiseur de travail, sa première fonction consiste, par conséquent, à mettre les ouvriers à la rue. Si, pour les nerfs à vif de cette époque vaselinienne, cette phrase semble excessivement brutale, nous pouvons la présenter sous une forme plus douce : la fonction de la machine est d'alléger la charge de travail de l'ouvrier. Il est évident que l'ouvrier ainsi « allégé » se retrouve sans travail – ou avec à peine du travail à accomplir – et que son entreprise peut se passer de lui. Et il n'est pas moins évident que si la Révolution industrielle n'est pas accompagnée d'une véritable révolution distributive, ou rémunératoire, la bénédiction que devrait être la machine se transforme en malédiction. Même si l'on ne peut en tenir rigueur ni à la machine, ni à James Watt.

Prenons un exemple simple. Imaginons une famille nombreuse, vivant dans un espace clos. Par exemple, une vallée isolée, ou mieux encore, une île. Les membres de cette famille contribuent au patrimoine matériel commun en fonction de leurs capacités. Un beau jour, l'un d'entre eux a l'idée d'installer une turbine sur la chute d'eau qui se trouve près de la maison, ce qui permet d'obtenir une énergie décuplant le rendement du travail de tous. Les membres de cette famille échangent entre eux les biens produits au moyen de bons qui servent de « mesure » d'échange. Avec l'apparition de la turbine, environ neuf dixièmes des membres de notre collectivité se retrouvent sans travail, et le père de famille – sujet, semble-t-il, à l'esprit plus obtus – tolère que neuf de ses dix proches-sujets se retrouvent privés des bons indispensables – l'argent de cette collectivité – et meurent de faim. À moins qu'un beau jour, pris de pitié, il ne décide de brûler pour hérésie l'inventeur de sa turbine, et de jeter celle-ci au fond du ravin.

Mais supposons qu'au lieu d'être un adepte borné de l'économie classique, ce père de famille ait écouté les conseils de son fils aîné, un homme sans préjugés, qui lui a expliqué le problème ainsi : « Si la turbine prive de travail neuf d'entre nous sur dix, cela signifie que notre communauté obtient d'un seul coup une puissance neuf fois supérieure à celle de ses ressources naturelles. Si l'on tient compte de cette puissance supplémentaire, pour obtenir les produits dont nous avons besoin, nous devrions dépenser neuf fois moins qu'avant l'installation de la turbine. Autrement dit, notre coût de la vie devrait être neuf fois moins élevé qu'il ne l'était lorsque notre travail dépendait exclusivement de nos muscles ou de ceux de nos chevaux, mulets et bœufs. Naturellement, pour réduire de neuf fois notre coût de la vie, les personnes dont le travail a été absorbé par la turbine et l'énergie qu'elle fournit devraient recevoir, pour leur temps libre, autant qu'elles avaient l'habitude de recevoir pour leur travail, avant l'introduction de cette machine bénie dans notre communauté. En étant ainsi rémunérées – tant en leur qualité de consommateurs qu'en celle de producteurs –, leur pouvoir d'achat augmenterait, et l'absence de travail musculaire de neuf de nos proches sur dix serait largement compensée par le rendement accru des machines, alimentées par la turbine.

Et si le chef de famille, à la tête de cette communauté, objectait : « Comment allons-nous les payer, qu'ils soient consommateurs ou producteurs ?... Comment peut-on payer pour un travail qui n'a pas été fait ?... Que penseront ceux qui travaillent encore, c'est-à-dire ceux à qui la turbine n'a pas ôté la possibilité de travailler ? », son interlocuteur lui répondrait simplement : « Il ne s'agit pas de payer autant ceux qui travaillent que ceux qui ne travaillent pas ; ceux-là, évidemment, seraient bien mieux rémunérés ; mais si ceux qui ne travaillent pas actuellement veulent gagner autant qu'eux, ils n'ont qu'à se débrouiller pour installer une autre turbine sur la cascade de Poniente. Les possibilités de développement de notre communauté sont encore immenses, et tout ne s'arrête pas avec la turbine. Cela vient à peine de commencer. D'autre part, il est très discutable que nous payions pour un travail qui n'a pas été fait. Après tout, qui a eu l'idée de la turbine ? L'un d'entre nous, mais ce « l'un » n'est pas apparu au sein de notre communauté par génération spontanée. On l'a élevé, éduqué, formé, on lui a donné une éducation, et tout cela, associé à ses qualités potentielles et innées, a permis l'éclosion de son génie d' u d'inventeur. Son génie, ses qualités, lui appartiennent, évidemment, le mérite lui revient, mais il n'est pas seulement sien, et notre communauté n'a pas à avoir honte des progrès réalisés grâce aux efforts de l'un de ses membres, d'autant plus que ce n'est pas seulement son effort et que, isolé, sans tous les autres, notre inventeur ne sert à rien. »

Laissons le père et le fils aîné se disputer, comme ils le font toujours, selon la loi de la Vie, du Passé et de l'Avenir. Et revenons à la Machine, et à ce qu'on appelle « l'excès de production », comme s'il pouvait y avoir un tel excès dans un monde occidental où tant de gens manquent encore du strict nécessaire. Comme s'il n'y avait pas des gens, et, pire encore, tant de personnalités haut placées, qui ne souhaiteraient pas ouvertement de mauvaises récoltes, ou limiteraient délibérément la production industrielle. N'y a-t-il pas de pauvres apprentis politiciens, que nous supposerons bien intentionnés, qui se proposent d'absorber le chômage ? Comment peuvent-ils être aveugles au point de ne pas se rendre compte que le chômage est la mesure du progrès technique ? Nous le répétons : le chômage est la mesure du progrès technique. Et tous les efforts des producteurs tendent à créer davantage de chômage, car tous réduisent au maximum leurs frais généraux et, par conséquent, leurs prix de revient. Connaît-on un industriel ou un agriculteur qui ne se creuse pas constamment la tête pour essayer de faire en sorte que le travail effectué aujourd'hui par dix ouvriers puisse l'être, demain, par huit ?

Et au moment où le chômage bat tous les records dans le monde entier, en Espagne, le gouvernement surnommé « le deuxième gouvernement de Sa Majesté » annonce froidement qu'il va prendre des mesures pour l'absorber. Mais ce gouvernement, qu'il le sache ou non, qu'il le veuille ou non, va créer encore plus de chômeurs. Et si quelqu'un en doute, qu'il lise son programme de travaux publics : on va électrifier la campagne, ce qui, sans aucun doute, est en soi une excellente chose… qui deviendra néfaste si l'on ne prend pas simultanément les mesures sociales et financières qui s'imposent. Pourquoi ? Eh bien parce que dès que le courant apparaît quelque part, le moteur ne tarde pas à le suivre ; dès que le moteur fonctionne, des milliers et des millions de bras restent inactifs. Ainsi, avec la meilleure intention de supprimer le chômage, la seule chose que l'on fait, dans les circonstances actuelles, c'est de l'augmenter, immédiatement ou, dans le meilleur des cas, à court terme. Et tout cela parce qu'on s'obstine à tourner le dos à la seule solution au problème du chômage, qui consiste, d'une part, à réduire la journée de travail et, d'autre part, à adapter une politique financière à la situation posée par la puissance croissante de la Machine – c'est un mot – pour faire de l'argent un moyen d'échange et non une marchandise. Si cela n'est pas fait ainsi, l' e proposition d'électrification de la campagne ne fera qu'aggraver le chômage, c'est-à-dire qu'elle réduira encore davantage la consommation, rendant jusqu'à la frénésie le paradoxe de la pénurie dans l'abondance... Électrifier la campagne, oui ; mais en mettant l'argent au service de la Machine, c'est-à-dire en révolutionnant radicalement, totalement, nos structures économiques actuelles. Et cela, semble-t-il logique que cela puisse être réalisé avec un gouvernement qui, plus qu'un gouvernement, ressemble au conseil d'administration de la Banque espagnole de crédit, avec l'ajout d'autres personnalités issues des autres grandes banques du pays ?

INFLATION ET DÉFLATION

Dans la présente section, où nous avons tenté d'expliquer les causes fondamentales de la baisse du pouvoir d'achat, nous avons fait allusion au point b) de l'Exposé du problème, à savoir : que « la pauvreté et la pénurie existent parce que les gens n'ont pas assez d'argent pour acheter les biens produits par l'industrie et l'agriculture modernes à un prix attractif pour les producteurs ». Et, au point c), nous disions que « lorsqu'il manque quelque chose, le remède le plus évident consiste à le créer, et il n'y a aucune difficulté physique à créer davantage d'argent ». Ce point a également été abordé dans la section précédente, mais nous y reviendrons car il est essentiel, le « deus ex machina » du système économique et financier actuel, fondé sur le fait que l'argent, conçu comme une mesure de la production et, par conséquent, un moyen d'échange, s'est transformé en une marchandise et, en tant que telle, doit obéir à la loi inexorable qui veut que le prix d'une marchandise soit inversement proportionnel à son abondance. Ainsi, en créant plus d'argent, dans une situation donnée, nous réduisons la valeur de l'Argent qui existait avant cette création. Nous insistons sur la condition « dans une situation donnée », à laquelle s'accrochent, comme des naufragés à une bouée de sauvetage, les défenseurs acharnés de l'économie classique, conçue avant l'invention de Watt, c'est-à-dire à l'époque de la Rareté. On sait que lorsqu'on injecte de manière inattendue sur un marché une quantité x de monnaie nouvelle, les prix augmentent et la monnaie perd de la valeur dans une proportion égale, précisément, à x. Ce phénomène s'appelle l'inflation, c'est-à-dire l'augmentation de la quantité de monnaie sans augmentation simultanée de la quantité de marchandises que cette monnaie doit mesurer et échanger. C'est ce à quoi nous faisions allusion au point d), lorsque nous disions que l'inflation « est, évidemment, une calamité. Mais l'augmentation progressive de la monnaie et des marchandises de telle sorte que le pouvoir d'achat de celle-ci se maintienne au même niveau que la production et que les prix restent stables n'a rien à voir avec l'inflation, et c'est, en fin de compte, ce dont nous avons besoin ».

Or, parvenir à cette augmentation progressive idéale de la monnaie et des marchandises n'a jamais été trop difficile, et c'est extrêmement simple aujourd'hui, grâce aux progrès fantastiques de l'informatique, capable de nous indiquer avec une précision remarquable la quantité, la qualité et la valeur des marchandises produites dans un pays en une unité de temps. Il suffit alors d'adapter la création de nouvelle monnaie à la nouvelle situation économique, afin que celle-ci puisse utilement exercer sa fonction d'instrument d'échange. En d'autres termes, les services nationaux de statistique informent le ministère des Finances que, au premier trimestre de l'année, des marchandises d'une valeur de x ont été produites et qu'au deuxième trimestre, il est prévu d'en produire d'une valeur de y ; on met alors en circulation une quantité de monnaie équivalente à la moyenne arithmétique entre x et y[54]. Nous aborderons plus loin les mécanismes de mise en circulation de cette monnaie. Limitons-nous pour l'instant à insister sur le fait que, comme nous l'avons souligné au point d) de notre Exposé du problème, puisqu'il est possible de connaître exactement le volume de la production et son taux de croissance moyen, on peut également créer la nouvelle monnaie nécessaire et juste pour empêcher l'inflation. Avant de poursuivre, nous estimons utile d'illustrer par un exemple simple ce que sont, en réalité, l'inflation et la déflation.

La première chose que nous devons bien garder à l'esprit, tant pour l'exemple qui suit que pour tout ce qui touche à la monnaie dans les circonstances actuelles, c'est que plus il y en a, moins elle a de valeur, et moins il y en a, plus elle a de valeur. Supposons donc que, par une sorte de miracle biblique – le miracle de la manne financière –, un beau jour, au réveil, nous nous rendions compte que tous les membres d'une communauté donnée disposaient du double de l'argent qu'ils possédaient la veille. Que se passerait-il ? Imaginons que deux agriculteurs aient l'intention de se rendre à une vente aux enchères pour acheter un tracteur. Tous deux ont un réel désir de l'acquérir, et comme chacun dispose du double de l'argent qu'il avait la veille, ils enchérissent plus haut qu'ils ne l'avaient prévu avant le « miracle ». Si l'on considère l'ensemble de la communauté dans laquelle ce « miracle » s'est produit, et pas seulement pour les tracteurs, mais aussi pour les maisons, les récoltes et tout le reste, on constate qu'au bout d'un court laps de temps, les prix ont doublé.

Supposons maintenant le cas inverse : c'est-à-dire qu'un beau jour, en nous réveillant, nous nous rendons compte que nous avons

[54] Évidemment, le fait que ce calcul soit effectué trimestriellement et selon la méthode de la moyenne arithmétique. Pasado-Futuro n'est pas impératif, mais une simple suggestion sur ce qui nous semble le plus opportun dans les circonstances actuelles.

exactement la moitié de l'argent que nous avions en nous couchant. Nos agriculteurs renonceront probablement à acheter le tracteur, ou, tout au plus, en feront-ils l'offre à environ la moitié de ce qu'ils avaient prévu ; progressivement, il en ira de même pour les autres marchandises, dont le prix se stabilisera à peu près à la moitié de ce qu'il était avant la miraculeuse manipulation nocturne.

Heureusement, ces changements dans la valeur de la monnaie ne se produisent pas du jour au lendemain, mais ils surviennent suffisamment rapidement pour créer d'énormes problèmes. Par exemple, lorsqu'il y a beaucoup d'argent, c'est-à-dire en période d'inflation, quiconque a quelque chose à vendre peut augmenter ses prix sans grande difficulté. Mais ceux qui dépendent de salaires fixés pour des durées déterminées dans des contrats, ou qui ont vendu leurs récoltes avant que l'inflation ne se produise, ou, tout simplement, ceux qui perçoivent le paiement d'un article vendu à crédit ou dépendent d'une pension de l'État, voilà les grandes victimes de cette situation. À long terme, bien sûr, tout se rééquilibre : les anciens contrats arrivent à échéance et sont renouvelés sur de nouvelles bases, les salaires augmentent et parfois même les pensions des retraités sont revalorisées. Mais pendant ce réajustement, beaucoup font faillite et, dans leur chute, entraînent d'autres avec eux, notamment les fournisseurs.

Des deux phénomènes, l'inflation, c'est-à-dire l'augmentation excessive de la masse monétaire, et la déflation, c'est-à-dire sa diminution – ou son augmentation insuffisante –, c'est sans aucun doute le pire, même si, à long terme, les deux sont fatals. En période d'inflation, les producteurs, ou du moins certains d'entre eux, peuvent au moins faire fonctionner leurs usines et vendre leurs produits avec un espoir raisonnable d'être payés. Mais dans une situation telle que celle que nous subissons, c'est-à-dire une déflation, ce sont les producteurs qui souffrent le plus ; personne n'achète plus que le strict nécessaire pour « survivre », faute d'argent, et les industries, voire les exploitations agricoles et d'élevage, succombent par milliers.

Nous avons dit que nous sommes en pleine déflation et nous pressentons que cette affirmation en surprendra plus d'un, car dans la malheureuse presse occidentale de nos contrées, nous en avons assez de lire des clichés tels que : « la situation inflationniste actuelle », « le taux d'inflation est de x pour cent », « le chômage causé (?) par l'inflation actuelle », etc. etc. Nous ne voulons pas brandir la lance de Saint Georges pour enfoncer des portes ouvertes. Nous nous limiterons à suggérer à ceux qui ne partagent pas notre opinion d'ouvrir un dictionnaire et de vérifier si l'inflation est, ou non, « une augmentation excessive de la masse monétaire par rapport à la production », et la déflation « une augmentation insuffisante de la masse monétaire par rapport à la production ». Ils peuvent ensuite consulter n'importe quelle Chambre de commerce pour savoir s'il y a peu de chômage (période inflationniste), ou s'il y a beaucoup de chômage (période déflationniste), ou si les stocks sont faibles ou, au contraire, si ces stocks se trouvent au sommet de la courbe d'. Enfin, vous pouvez faire le test décisif : vous pouvez lire les revues financières de la presse et découvrir si les banques disposent ou non de liquidités disponibles, ou d'« argent frais », comme on dit dans le jargon bancaire de nos frères du Nord, ou, tout simplement, d'« argent », comme le dit l'homme de la rue, entendant par là des morceaux de métal ou de papier émis par le gouvernement.

On objectera qu'il importe peu que ce qui arrive à notre économie appauvrie soit de l'inflation ou de la déflation, et que l'essentiel est que sa santé présente des symptômes très alarmants. Erreur. Il n'y a pas de processus curatif sans diagnostic juste. Les problèmes doivent être résolus à partir d'une approche correcte.

Et si nos ineffables économistes, sans prétendre jouer les savants, se contentant d'observer ce qui se passe autour d'eux et utilisant le bon sens que l'on suppose généreusement leur être propre, décidaient d'aborder correctement le problème de ce qu'ils appellent la Crise, au lieu de tant parler d'inflation, ils diraient que la crise actuelle est le résultat d'une déflation monétaire, dont le début doit nécessairement coïncider avec la période finale d'une inflation de crédit. Ou, si l'on préfère un langage moins savant, que (la crise) n'est rien d'autre que la conséquence de la pénurie de monnaie authentique par rapport à la quantité de fausse monnaie (ou scripturale) qui s'est accumulée au cours des années précédentes[55].

[55] Le fait que nous nous trouvions dans une phase terminale du cycle dit économique fait que tous les symptômes de la nouvelle situation déflationniste coïncident avec l'un de ceux de la situation précédente, inflationniste : la hausse de l'indice des prix. La cause essentielle en est l'augmentation politique des salaires au moment où la production ralentit. Nous aborderons ce point dans la rubrique « La prostitution de la machine face à l'argent ».

Nous devrons aborder en détail ce sujet de l'argent en temps voulu, car il est la clé de la crise actuelle.

Mais nous ne voulons pas poursuivre sans attirer l'attention sur le fait surprenant, voire magique, de cette « erreur » permanente, constante et universelle des soi-disant experts financiers. C'est incroyable. De plus, portée à ce niveau et à cette « permanence », l'erreur nous semble impossible. Les termes « erreur » et « permanente » s'excluent mutuellement, ils ne peuvent coexister, ils sont incompatibles. Cela ressemble plutôt à une obéissance, consciente ou inconsciente, à certains mots d'ordre de certaines forces intéressées à détourner l'attention du véritable problème. Et si l'on admettait généralement la réalité, c'est-à-dire qu', nous souffrons d'une déflation qui n'a d'équivalent que celle de 1929-1934 – également appelée inflation à l'époque ! –, il est possible que les gens se demandent pourquoi nous en souffrons et pourquoi l'État n'applique pas le remède simple et logique, c'est-à-dire qu'il injecte une bonne émission de billets sur le marché, afin de soutenir les biens effectivement produits par la communauté et de permettre leur échange entre ses membres. Et c'est justement ce qu'il s'agit d'éviter : que de l'argent frais, c'est-à-dire authentique, apparaisse sans le défaut congénital de la dette. Nous avons dit que nous nous occuperions en détail de cela, du crédit et de l'argent-dette, car il s'agit d'un point capital du problème. Nous pensons maintenant que le moment est venu de faire une parenthèse pour nous pencher sur d'autres impasses qui, pour détourner notre attention du véritable problème, s'offrent à nous de manière séduisante.

LES FAUSSES RAISONS

L'une des raisons invoquées pour justifier la maladie économique de l'Occident est la perte des colonies par les États européens. Une simple analyse des faits nous montre que cette raison est, plutôt, une non-raison. En effet, même en admettant comme acquis le postulat selon lequel les colonies étaient détenues pour des raisons économiques – interprétation marxiste, grossière et totalement fausse de la Grande Politique –, on constate immédiatement que l'argument n'a aucune valeur démonstrative. La première puissance continentale en 1939, l'Allemagne, n'avait pas de colonies, mais l'Angleterre en avait, bien qu'à un stade avancé de sous-développement, à l'exception des colonies blanches que sont l'Australie, le Canada et la Nouvelle-Zélande, et, en tout état de cause, ces colonies ne l'ont pas épargnée de la Grande Crise de 1929-1934, cette gigantesque déflation déclenchée par le Vendredi noir de la Bourse de New York, déflation qui, comme nous l'avons vu, a été rebaptisée inflation par les nécessités de la Cause. En un mot : l'Allemagne, sans colonies, a subi la première Grande Crise économique du siècle, et c'est également sans colonies qu'elle en est sortie, avant les autres, précisément parce qu'elle avait commencé à mettre en place une réforme, ou plutôt une Révolution financière, parallèlement à la Révolution industrielle en cours. L'Angleterre, avec ses colonies, a subi cette crise dont elle est sortie, à moitié, pendant la Guerre mondiale — il est curieux mais ce genre de crise ne survient jamais en temps de guerre –, et, pratiquement sans colonies, elle la subit aujourd'hui, les îles britanniques constituant précisément l'un des points névralgiques, géographiquement parlant, du problème.

On peut dire quelque chose de similaire, bien que moins marqué, de la France et de l'Italie. Quant à l'Espagne, on ne peut pas dire que ses rares et arides colonies l'aient sortie, au XXe siècle, d'un quelconque marasme économique, mais, en tout état de cause, l'Espagne a elle aussi subi – avec ses colonies – les conséquences de la crise dite de 1929 et les subit à nouveau – sans colonies – en 1976. Les pays scandinaves, économiquement puissants, n'ont jamais eu de colonies – à moins que l'on ne veuille considérer comme telles les glaces du Groenland – et cela ne les a pas non plus épargnés de cette fameuse crise.

Mais l'argument le plus décisif contre cette raison, qui n'en est pas une, nous est fourni par les États-Unis d'Amérique eux-mêmes. En effet, les États-Unis, qui, qu'ils aient ou non des appellations coloniales, exercent une influence politique, et par conséquent économique, sur de nombreux territoires des cinq continents, accaparant les marchés à leur guise, subissent eux aussi les effets de la crise. En effet, la première grande crise du siècle a débuté aux États-Unis mêmes, dont l'empire colonial s'étendait déjà, à l'époque, sur l'Alaska, Porto Rico, les Philippines, Guam, Hawaï, les îles Aléoutiennes, Samoa et des milliers d'îles du Pacifique et des Caraïbes[56]. Et la seconde, celle d'aujourd'hui, a de nouveau débuté aux États-Unis, après la tentative de Nixon, lorsque la dévaluation du dollar a été annoncée jusqu'à sa mise en œuvre effective, à partir du second semestre de 1974. Et ils sont toujours en pleine crise, avec toutes ses conséquences : marasme économique, chômage et faillites par dizaines de milliers. Non. Ce n'est pas la perte – ni l'acquisition, plus ou moins camouflée – de colonies qui a provoqué la crise économique occidentale actuelle. Et nous répétons que nous l'appelons ainsi par concession à l'inertie mentale de la plupart, puisqu'il n'y a pas de crise économique, mais purement financière.

Une autre raison invoquée, avec une véritable obstination, pour justifier la crise, est une autre « crise », celle du pétrole. Il est indéniable que les hausses brutales et très importantes du prix du brut ont constitué un sérieux revers pour les économies des pays développés, qui reposent, en grande partie, du point de vue énergétique, sur le pétrole.

Il convient toutefois de garder à l'esprit que :

a) En 1929, il n'y avait pas de crise pétrolière et pourtant, une crise économique s'est produite, dont la configuration était rigoureusement identique à celle d'aujourd'hui.

b) Les États-Unis, à l'origine de la crise actuelle, disposent de suffisamment de pétrole, provenant de leurs propres gisements et de ceux détenus par la Standard Oil of New Jersey, du trust Rockefeller, au Venezuela et au Mexique, pour couvrir leurs besoins. Avant les mesures prises par les pays producteurs de pétrole, le pétrole arabe représentait, pour les États-Unis, 10% de la consommation américaine, et était acheté davantage pour des raisons politiques qu'économiques.

[56] Il est évident que, dans la pratique, peu importe que ces territoires aient été appelés, à l'époque ou aujourd'hui, « États », « provinces », « colonies » ou quoi que ce soit d'autre. Le nom ne fait pas la chose.

Ces 10% sont désormais fournis à l'Oncle Sam par l'Iran, à des prix plus avantageux. Malgré tout cela, nous le répétons, les États-Unis ne sont pas seulement touchés par la crise actuelle, mais ils l'ont subie avant tout le monde.

c) L'Afrique du Sud, l'Australie et la Nouvelle-Zélande n'achètent plus de pétrole arabe depuis de nombreuses années. Elles s'approvisionnent, depuis longtemps déjà, en Iran et en Indonésie. De plus, elles possèdent leurs propres gisements, dans le cas de l'Afrique du Sud et, surtout, de l'Australie, de sorte que « l'argument pétrolier » peut difficilement s'appliquer à ces pays. Néanmoins, ces trois pays ont souffert – et continuent de souffrir – de la crise économique actuelle qui, par exemple en Australie, pays extrêmement riche, a atteint des niveaux très élevés.

d) Quoi qu'il en soit, la radicalisation de la soi-disant « politique pétrolière » des pays arabes est postérieure aux premiers symptômes de la déflation monétaire et de l'inflation de crédit dont nous souffrons. Celle-ci a pris naissance avec la dévaluation du dollar, au début de l'année 1973, pour éclater avec toute sa virulence en septembre de la même année. Les pays arabes n'ont radicalisé leurs mesures pétrolières qu'au printemps 1974. Il ne peut donc y avoir de relation de cause à effet, car celle-ci doit être chronologiquement postérieure.

Il est vrai que la politique des pays arabes producteurs de pétrole a constitué un handicap pour l'Europe ; notre continent a souffert plus que quiconque des conséquences de la lutte entre le sionisme et le panarabisme, car celle-ci a infligé le classique « coup de massue aveugle » qui n'a servi qu'à enrichir encore davantage les gigantesques multinationales, raffineurs et distributeurs de pétrole brut, qui se trouvent presque entièrement sous la coupe d'individus et d'intérêts liés au sionisme. En revanche, il est hautement douteux que ces pays arabes tirent le moindre profit de la hausse des prix de leur pétrole brut, car s'agissant de pays sous-équipés et sous-développés, ils doivent importer la quasi-totalité de leurs besoins, et il n'est pas nécessaire d'être un génie de la finance pour se rendre compte que ce qu'ils gagnent d'un côté, ils le perdent de l'autre, sous la forme de hausses spectaculaires des prix de tout ce qu'ils doivent importer[57].

---

[57] Même si cela dépasse le cadre de la présente étude, il nous tient à cœur de mentionner que la seule chose que les présidents et les petits rois arabes ont gagnée, avec leur chantage pétrolier, c'est l'antipathie du monde. Et si, un mauvais jour, ils décidaient de trop serrer la vis, il serait facile pour les puissantes compagnies de distribution

Cela dit, revenant à ce qui nous concerne plus directement, à savoir l'Occident et son cœur, l'Europe, nous devons tenir compte des faits suivants :

1) Malgré leurs menaces, les pays arabes n'ont jamais cessé de fournir du pétrole à l'Europe, par l'intermédiaire de distributeurs dans 90% des cas, ou directement dans les 10% restants. Ce n'est qu'à l'occasion de la dernière guerre israélo-arabe que les Pays-Bas ont subi un boycott pétrolier, plus formel qu'effectif (puisque les Pays-Bas pouvaient se procurer du pétrole arabe par l'intermédiaire de n'importe lequel de leurs huit partenaires du Marché commun) et, en tout état de cause, en prenant leurs distances politiquement avec les États-Unis et, en partie, avec les pays dits « socialistes », les Arabes sont devenus des clients quasi exclusifs de l'Europe occidentale, ce qui a constitué une soupape de sécurité pour nos économies nationales, obsédées par la création d'emplois.

2) Quoi qu'il en soit, c'est la première fois aujourd'hui que l'Europe, ou une grande partie de celle-ci, se trouve privée de pétrole. En effet, si nous faisons appel à notre mémoire – faculté de l'âme aujourd'hui aussi délaissée que ses compagnes, l'intelligence et la volonté –, nous nous souviendrons qu'il y a environ il y a environ trente-cinq ans, sur un continent militairement dominé par Hitler, du Cap Nord aux Pyrénées et de Brest au Caucase, il n'y avait pas une goutte de pétrole, à l'exception des gisements de Ploesti, en Roumanie, régulièrement bombardés par l'aviation britannique. Eh bien, l'Allemagne et ses alliés obtenaient du pétrole synthétique à partir de la distillation du charbon. On objectera que l'industrie de l'époque était loin d'avoir atteint son niveau de développement actuel. On peut y répondre en énumérant les besoins colossaux en carburant d'une armée aussi hautement motorisée que la Wehrmacht, ainsi que ceux nécessaires pour maintenir la Luftwaffe et la KriegsMarine en état de guerre, sans oublier ceux requis pour une industrie de guerre fonctionnant à plein régime sous les bombes des démocrates-communistes. Et ce serait un outrage au génie européen et à son esprit d'inventivité que de nier que ce que l'Allemagne a accompli pratiquement seule dans les années quarante et en temps de guerre, alors que ses distilleries de charbon étaient bombardées quotidiennement,

---

d'organiser une croisade au nom de l'humanité… et de l'État d'Israël, croisade qui mettrait fin à l'arrogance de ces petits rois qui n'ont pas compris que la raison politique primordiale, au XXe siècle, est la force, et non le chantage.

puisse – non pas se répéter – mais être surpassé dans les années soixante-dix, en temps de paix... ET AVEC L'ALLEMAGNE ENCERCLÉE PAR L'ANGLETERRE, LA FRANCE ET LES AUTRES ÉTATS EUROPÉENS censés être libres.

Ce n'est pas que nous nions, par ce qui précède, que la soi-disant crise pétrolière ait nui à l'Occident, et en particulier à l'Europe. Mais nous nions résolument qu'elle ait été, non pas la cause, mais même une cause de la crise économique actuelle ; tout au plus, une circonstance aggravante temporaire. Et nous disons « temporairement » car, outre la possibilité évoquée de la distillation du charbon, il a suffi,, que le chantage arabe se produise pour que les prospections pétrolières commencent immédiatement sur notre continent, avec d'excellentes perspectives en mer du Nord, en mer Égée, au large des côtes norvégiennes et même à quelques kilomètres des plages espagnoles de la Méditerranée[58].

[58] Cette situation a d'ailleurs permis de mettre en évidence le manque de stature politique des dirigeants européens actuels. Un Pitt, un Bismarck, un Richelieu auraient compris, lorsque l'Europe a perdu ses positions au Moyen-Orient, qu'il fallait anticiper l'approvisionnement futur en pétrole et prendre les dispositions nécessaires. Bien sûr, cela impliquait des dépenses et des sacrifices… et les politiciens démocratiques ne peuvent pas demander de sacrifices à leurs sujets, car cela n'est pas rentable sur le plan électoral. On n'a cherché du pétrole en Europe que lorsque le chantage arabe a commencé, et Dieu seul sait quelles concessions politiques et économiques ont dû être faites à la Standard et à la Shell !

LOCALISATION DE L'ORGANE AFFECTÉ

Nous avons analysé, dans les sections précédentes, les cinq points essentiels de l'approche du problème, en nous aventurant notamment dans le monde des fantasmes économiques que constituent les fausses raisons qu'on tente de nous imposer comme causes de la crise « économique » occidentale actuelle. Il ressort de cette analyse, selon nous, avec suffisamment de clarté, que notre production est largement suffisante pour nos besoins ; que la pénurie se manifeste par le manque d'argent nécessaire pour acheter ce qui est produit à un prix attractif pour les producteurs ; qu'il est évident que s'il manque de l'argent, il faut en créer, et que cela n'est pas précisément impossible ; que l'inflation et la déflation sont impossibles grâce à l'informatique, et que la machine, en remplissant sa fonction d'alléger le travail de l'homme, lui laisse du temps libre pour employer ses énergies intellectuelles et spirituelles, car s'il est une chose dont nous pouvons être absolument certains, c'est qu'il y a une grande quantité de travail intellectuel, spirituel et récréatif à accomplir, dans un monde en plein développement, où tant reste à faire dans tous les domaines. Et l'une des premières choses à faire est, sinon d'embellir la machine, du moins de veiller à ce qu'elle soit la plus attrayante, ou la moins repoussante possible ; une autre chose est de lutter contre les ravages causés à la nature, non pas par la machine, mais par son utilisation inconsidérée de la part de l'homme, soucieux uniquement d'en tirer le maximum de rendement, sans tenir compte des dommages causés à l'environnement écologique. Il reste, en somme, tant de choses à accomplir que le mot « loisirs » peut être écarté d'une future société humaine, conçue de manière organique.

Une fois analysés les cinq points de ce qui, pour nous, constitue l'approche du problème, et en partant du principe que notre économie est malade, il est pertinent et logique de détecter quel(s) organe(s) de l'économie est (sont) atteint(s) de la maladie.

En réalité, il ne faudra pas chercher bien loin. L'économie ne se compose que de trois organes : la production, la consommation et la distribution. La production est constituée des biens et des services que le travail de l'homme et de ses machines met à la disposition du peuple, c'est-à-dire des consommateurs. La consommation est constituée des besoins, des désirs pour le moins nécessaire et même du superflu, de la population. Et la distribution n'est rien d'autre que le moyen qui permet à la production d'atteindre, de la manière la plus appropriée possible, la consommation. La production est également appelée offre, et la consommation, demande.

Précisons, avant de poursuivre, que l'objet de la production est la consommation. Il ne s'agit pas de créer des emplois ; il ne s'agit pas d'équilibrer la balance des paiements ; il ne s'agit pas de réguler les prix. L'objet de la production est la consommation.

Tout d'abord, la production. Nous pouvons l'envisager sous trois angles : celui des machines et des installations ; celui des matières premières qui l'alimentent ; et celui de la main-d'œuvre utilisée pour la superviser, la maintenir en état de fonctionnement et l'organiser. Dans les rubriques « La machine » et « La main-d'œuvre », il a été souligné que l'appareil de production, en Europe, est en excellente santé. En effet, il semble y avoir un surplus de machines et d'installations, puisque beaucoup d'entre elles sont à l'arrêt. Nous ne pensons pas que ce soit le cas, mais quoi qu'il en soit, cela ne pose aucun problème aux Européens d'augmenter leurs installations industrielles, agricoles ou d'élevage quand et comme ils le souhaitent. Quant à la « main-d'œuvre », la tendance montre une augmentation constante, malgré les troubles sociaux et politiques (grèves universitaires, etc.). Enfin, en ce qui concerne les matières premières, outre les nouvelles découvertes de pétrole sur notre continent, nous disposons de charbon pour des siècles, nous sommes les pionniers du développement de l'énergie atomique – même si, jusqu'à présent, les principaux bénéficiaires ont été la Russie et les États-Unis – ainsi que de l'énergie solaire et marémotrice, et les Pays-Bas possèdent du gaz naturel pour toute l'Europe occidentale.

Deuxièmement, la consommation. Nous avons déjà dit que la consommation, c'est la demande, c'est-à-dire ce qui maintient la roue en mouvement constant. Il n'y a rien de mal à la consommation, ou au désir de consommer, ou, comme l'appellent les économistes professionnels, à la demande effective. Même si les révolutionnaires de salon vocifèrent contre la soi-disant « société de consommation », répétant comme des perroquets les slogans des bénéficiaires de la situation actuelle, il n'y a rien de répréhensible à ce qu'une communauté cherche à consommer ce qu'elle a produit, grâce à ses propres efforts. Cet organe est donc sain.

Enfin, la Distribution, qui est l'organe qui articule, qui établit le lien entre la Production et la Consommation. Il est évident que si le mal ne réside ni dans la Production ni dans la Consommation en tant que telles, l'organe du corps économique qui est affecté par le mal est, par élimination, la Distribution. L'argent est le moyen par lequel opère la distribution. Cette définition est classique. Mais elle n'est peut-être pas aussi précise et exacte que l'exige le sujet que nous traitons. Pour nous, l'argent est le moyen par lequel la distribution devrait opérer. En réalité, tel que les choses se passent dans notre économie malade, le mécanisme opérationnel de la distribution est la finance. La finance est le moyen qui permet – ou ne permet pas, selon ce qui convient aux financiers – que la production et la consommation se rencontrent.

LE PONT DU DIABLE

Il est indispensable d'avoir une idée tout à fait claire de cette fonction de liaison assurée par la finance. Un exemple qui illustre de manière on ne peut plus graphique cette fonction nous est fourni par ce qu'on appelle « l'exemple du pont », qui a été utilisé par au moins cinq auteurs[59]. Un pont que, en raison des événements étranges et néfastes qui s'y produisent, nous appellerons le Pont du Diable.

Ce pont relie les deux rives d'un fleuve, qui représentent respectivement la production et la consommation. Le pont, bien sûr, représente les finances, et le trafic qui y circule correspond aux biens et services, c'est-à-dire à la richesse d'une communauté. Et nous partons du principe que dans tout système économique, à l'exception des enfants, des personnes âgées et des personnes handicapées, tout le monde mène une double vie, c'est-à-dire qu'il est à la fois producteur et consommateur. Ainsi, un industriel produit, par exemple, des lingots d'acier et consomme de la nourriture, des vêtements, etc. ; et un agriculteur produit des céréales et consomme des semences, des tracteurs, ainsi que les services des commerçants du marché central et, bien sûr, une partie de ses propres céréales. Autrement dit, tous travaillent sur la rive de la Production et vivent sur celle de la Consommation.

Le pont présente les caractéristiques suivantes :

a) C'est un dispositif permettant au trafic de traverser la rive, et rien de plus.

b) Il a été construit au profit exclusif de la communauté.

c) Hormis le service qu'il rend, il est dépourvu de toute valeur artistique ; ce n'est rien d'autre que de la pierre, de l'acier, des câbles et des échafaudages.

d) C'est une œuvre humaine, non divine, et par conséquent, toutes

[59] « *The Green Magicians* », de Thomas Porter. – « *The ABC of Money* », de Felix J. Frazer. – « *La Nueva Economía* », de Maurice Coulborne. – « *Le Crédit Social et le Catholicisme* », de G. H. Lebesque. – « *The Paradox of Capitalism* », de Richard R. Morrisson.

les modifications que son meilleur usage rendra souhaitables peuvent y être apportées, et, comme le dit Colbourne, « il ne doit être vénéré ni pour le bénéfice qu'il apporte, ni pour le fait qu'il ait été une chose extraordinaire pour nos grands-parents »[60].

e) Il appartient à la communauté qui en a besoin et qui l'utilise, et non à l' e privé qui en assure l'entretien et perçoit le péage.

f) Il incombe donc aux propriétaires dudit pont de prendre toutes les décisions qu'ils jugent nécessaires à son bon fonctionnement et d'engager le personnel chargé de mettre en œuvre ces décisions ; ce personnel sera naturellement rémunéré par les propriétaires du pont et devra rendre compte de sa gestion à ces derniers.

Et pourtant...

Voyons les choses très étranges qui se passent sur ce pont diabolique. Pour cela, comparons-les, paragraphe par paragraphe, avec ce qui devrait se passer sur un pont bien géré.

a) C'est une science dont le but est l'obtention du pouvoir politique. À l'heure actuelle, il n'existe pas un seul gouvernement au monde qui ne soit composé, essentiellement ou majoritairement, de prête-noms de la haute finance. Les gouvernements des pays dits socialistes ne font pas exception à cette affirmation, comme nous le verrons plus loin.

b) On considère (le pont) comme si, au lieu d'avoir été construit au profit de la communauté, il avait été construit au profit de ceux chargés de percevoir le péage, car l'argent est devenu une marchandise de plus, soumise aux aléas du commerce, au lieu d'être un instrument de mesure et d'échange.

c) Pour contribuer à la supercherie collective, on a entouré le pont d'une légende dorée, selon laquelle, pour le traverser, les usagers doivent se laisser guider par les conseils des mages, experts dans les arcanes de l'hermétisme bancaire.

d) Même si le pont est une œuvre humaine, on agit comme s'il était une pure émanation de la volonté divine, si éloigné donc de notre capacité de compréhension, qu'au lieu d'en élargir la taille pour l'adapter au trafic, c'est précisément ce dernier qui, au détriment de toute la communauté, doit s'adapter aux dimensions immuables du pont.

---

[60] M. Coulborne : Ibid. Id. Op. cit.

e) Le pont n'appartient PAS à la communauté qui en a besoin et qui l'utilise, mais aux instruments de la finance, c'est-à-dire aux banques, qui sont des entités privées, y compris les banques dites nationales ou centrales, telles que la Banque de France, la Banque d'Angleterre, la Réserve fédérale américaine, etc.

f) En conséquence, les employés du pont ne sont pas désignés par les propriétaires (?) – utilisateurs, ni payés par ceux-ci, ni, logiquement, ne rendent compte de leur gestion à ces derniers. Bien au contraire, ils en tirent d'immenses bénéfices personnels et, parallèlement, un pouvoir politique, à leur propre profit.

Nous verrons plus loin qu'il se passe encore bien d'autres choses étranges sur ce pont du Diable. Mais une chose est évidente, c'est que le pont ne fonctionne pas comme il le devrait ; or, lorsque la mauvaise gestion est la cause d'un trafic qui ne circule pas fluidement et se transforme en véritable chaos, la logique veut que l'on demande des comptes aux responsables de son entretien et, le cas échéant, qu'on les mette à la porte. Mais cela ne se passe pas ainsi dans la réalité ; bien au contraire, on fait croire aux gens que la seule façon pour que les choses fonctionnent bien à l'avenir consiste à confirmer dans leurs postes privilégiés les employés du pont. Tout débat sur la fonction économique de la distribution, c'est-à-dire des finances, est tabou pour nos experts en économie. C'est ce qu'ont décrété les bouddhas financiers qui leur versent leur maigre solde.

L'ARGENT

Il est curieux de constater à quel point des personnes hautement versées dans diverses branches du savoir humain font preuve d'une ignorance totale dès qu'elles abordent le sujet de l'argent. En général, qu'ils soient érudits ou ignorants, la seule chose qu'ils savent à propos de l'argent, c'est qu'ils en manquent toujours. À une époque comme la nôtre, où ceux qui contrôlent ce qu'on appelle l'opinion publique attirent l'attention des gens sur des sujets aussi insolites qu'exotiques – l'Atlantide, les extraterrestres, la préhistoire, la parapsychologie, les phénomènes « paranormaux », la vieille « sagesse orientale » et une très longue liste encore –, il semble étrange que, tout comme en archéologie, en histoire et en philosophie, ils soient – et nous ne les critiquons pas a priori – de véritables révolutionnaires, alors qu'en revanche, lorsqu'il s'agit d'aborder le sujet, d'un intérêt palpitant, de l'argent, nos « faiseurs d'opinion » se révèlent être d'authentiques réactionnaires. Pour eux, les vieux concepts de l'économie médiévale sont toujours d'actualité, eux qui se disent si progressistes !

Pour eux, l'argent est une marchandise, mais il est évident que l'argent, en tant que moyen d'échange – car c'est bien ce qu'il est et rien d'autre –, doit être avant tout stable, et une marchandise ne sera stable que tant que son offre sera bien équilibrée par rapport à sa demande, ce qui ne peut logiquement pas intéresser un marchand d'argent, car ce qui l'intéresse, c'est que la demande soit bien supérieure à l'offre, afin de faire monter le prix de sa marchandise.

Qu'est-ce que l'argent ? L'argent n'est rien d'autre qu'un moyen utilisé pour calculer ou compter la richesse. En tant que moyen d'échange, sa valeur provient de son acceptabilité. Charles A. Lindbergh, Sr., l'a défini comme « quelque chose qui a atteint un tel degré d'acceptabilité que peu importe de quel métal il est fait ni pourquoi les gens le désirent, car personne ne refusera de l'accepter en échange de biens ou de services »[61]. On a également dit que l'argent est comme un ticket universel. Une compagnie de théâtre, une compagnie

[61] Charles A. Lindbergh, Sr. : « *Banking and Currency and the Money Trust* », p. 81.

ferroviaire ou une compagnie de bus urbains émettent leurs propres billets, dont la possession donne le droit d'utiliser les services de ces entreprises. Eh bien, l'argent est, répétons-le, un billet universel ou, en d'autres termes, une créance de son détenteur sur ses concitoyens ; créance dont l'origine est précisément un travail accompli au profit de la communauté.

Mais la meilleure définition est celle donnée par Sir Arthur Kit son lorsqu'il dit : « L'argent est le néant que l'on obtient pour quelque chose avant de pouvoir l'obtenir pour n'importe quoi »[62]. Examinons cela : l'argent est le néant, c'est-à-dire un morceau de papier dont la valeur intrinsèque est nulle. On l'obtient en échange de quelque chose, c'est-à-dire d'un travail accompli au service de la communauté, et grâce à lui, on peut obtenir n'importe quoi qui appartient à cette communauté.

Nous avons dit que l'argent est un moyen d'échange : plus exactement, c'est le moyen d'échange. Tous les producteurs consacrent leur temps et leur énergie à fournir des biens et des services utiles à la communauté. Les choses qu'ils produisent, sans les consommer eux-mêmes, sont mises à la disposition de la communauté. En échange, ils reçoivent de l'argent, qui est comme un droit sur les biens que d'autres ont produits. En tant qu'instrument d'échange, l'argent devient également l'instrument de mesure. L'argent mesure la richesse d'une communauté, exactement de la même manière que le mètre mesure les longueurs et le kilogramme les poids. Partant de ce principe incontestable, la valeur d'une monnaie doit rester stable. Si ce n'est pas le cas et si les prix s'envolent, gagnant toujours la course qu'ils disputent aux salaires, c'est à cause des manipulations des sinistres fonctionnaires du Pont du Diable. Le moment est venu de nous pencher sur le « modus operandi » de ces messieurs.

---

[62] Arthur Kitson : « *A Fraudulent Standard* », p. 69

LA GRANDE ARNAQUE

La grande majorité des gens imagine qu'une banque est un lieu respectable et sûr, où l'on peut déposer de l'argent ou bien aller emprunter l'argent que d'autres personnes y ont déposé. Cependant, les banques prêtent jusqu'à neuf fois plus d'argent qu'elles n'en détiennent réellement dans leurs coffres. Comment est-ce possible ? Parce que les banques, en réalité, ne prêtent rien. Elles font seulement semblant. Lorsqu'une banque prête de l'argent, ou, pour employer la terminologie bancaire, ouvre un crédit, la seule chose qu'elle fait réellement est d'accepter le crédit de l'emprunteur. Nous allons exposer, en essayant d'allier concision et clarté, comment s'opère cette véritable arnaque, car il s'agit bien d'une arnaque puisque tous les éléments constitutifs de ce délit sont réunis.

Même si l'activité bancaire et son corollaire, l'usure, remontent à l'époque de Babylone, la banque, sous sa forme moderne, est apparue en Europe au début du XVIIe siècle, d'abord en Lombardie et aux Pays-Bas, puis, immédiatement après, en Angleterre, suivie de près par les autres pays de notre continent, avant de faire son apparition aux États-Unis peu après leur accession au statut d'État indépendant.

À cette époque, les détenteurs d'or et d'argent – métaux qui, en raison de leur relative rareté, étaient les plus adaptés pour servir de monnaie officielle en période de pénurie – les confiaient, pour qu'ils soient mis en sécurité, au banquier qui les conservait dans un coffre-fort. De toute évidence, il n'était ni pratique ni sûr de se déplacer en transportant constamment sur soi de l'or et de l'argent – ou les pièces qui furent plus tard frappées à partir de ces deux métaux – et, d'autre part, il était recommandé de garder son argent dans une banque, dotée d'un coffre-fort solide, surveillé en permanence par un gardien armé. Le banquier rendait donc un service, et pour ce service, il était logique qu'il perçoive, disons « perçoive », des honoraires.

En déposant leur argent à la banque, les déposants recevaient un reçu remis par le banquier, et c'est sur ce reçu – document en soi irréprochable – que s'allait monter la plus grande escroquerie de tous les temps.

En effet, le banquier était un homme observateur et il s'aperçut rapidement que les gens utilisaient ces reçus comme s'il s'agissait d'argent authentique. Ces reçus, adossés à de l'argent authentique, remplissaient la même fonction que l'argent, c'est-à-dire qu'ils servaient à acquérir des marchandises et à contracter des services. Comme ces reçus n'étaient pas nominatifs, n'importe qui, qui n'avait peut-être jamais déposé d'argent à la banque, pouvait se présenter au guichet de paiement de celle-ci et, en présentant un reçu d'un montant déterminé d'argent officiel, ou légal, exiger ce montant sur-le-champ. Une précision indispensable : nous parlons d'argent officiel, ou légal, car ces reçus, étant acceptés par la communauté comme moyen de paiement, se transformaient automatiquement, de fait, en argent. Le banquier se rendit également compte que, en moyenne, les déposants ne retiraient, sur une période donnée, que dix pour cent de l'argent déposé. En d'autres termes, que quatre-vingt-dix pour cent de leurs dépôts restaient dans ses coffres, et que les dix pour cent restants lui suffisaient pour honorer les reçus qui lui seraient présentés à l'encaissement. La tentation était trop grande pour le banquier, un homme dont la conscience n'était pas excessivement encombrée par des scrupules, ou qui ne pouvait pas en ressentir en raison de ses conditions ethniques et religieuses. Et il se posa la question suivante : pourquoi ne pas mettre en circulation davantage de billets, représentant neuf fois plus de valeur que l'argent qu'il avait effectivement dans son coffre-fort ? Pour lui, poser ainsi cette question équivalait à y répondre dans le sens souhaité par son for intérieur. Autrement dit, il multiplia par neuf ses reçus – s'engageant à payer une somme qu'il n'avait pas, ou, tout au plus, dont il ne disposait qu'à hauteur d'un neuvième – et commença à la prêter à des particuliers et, surtout, à des commerçants, en percevant un intérêt sur cet argent inexistant. En réalité, plus qu'inexistant, fictif ; car il existait bel et bien, bien que de manière frauduleuse, puisqu'il livrait des marchandises et des services en contrepartie. Telle fut la fraude originelle, qui perdure jusqu'à nos jours et qui est à l'origine de tous nos maux économiques. Comme le dit Gertrude Coogan, « les banquiers peuvent justifier leurs pratiques comme bon leur semble, mais le fait est que lorsqu'ils prêtent leur « crédit » à intérêt, la seule chose qu'ils font est de créer de l'argent privé, qu'ils peuvent ensuite réclamer et détruire à leur guise, au grand désespoir et à l'appauvrissement de l'emprunteur »[63] qui se voit périodiquement contraint, en raison de la pénurie artificielle de l'argent-crédit, de

---

[63] Gertrude M. Coogan : « *Money Creators* », p. 18.

remettre des biens réels en échange de l'argent-crédit qu'il a emprunté.

En agissant ainsi, le banquier a effectivement créé de l'argent. Et pour le créer, il lui a suffi qu'un employé de la banque prenne une plume, ou un stylo, et inscrive dans le Grand Livre de la banque un chiffre quelconque, disons dix millions de pesetas, au solde débiteur de l'emprunteur. Mais, dans le même temps, sur le solde créditeur de ce dernier, a été inscrite la garantie qu'il a dû offrir en contrepartie du prêt bancaire. Cette garantie, qui doit toujours être un bien tangible – une maison, des terrains, des récoltes ou le titre de propriété d'une entreprise –, vaut toujours plus que l'argent que la banque prête. On remet à l'emprunteur un carnet de chèques, qui lui permet de fractionner facilement le montant du prêt, puis on lui facture des intérêts sur ce prêt, intérêts qui oscillent entre cinq et neuf pour cent en période relativement « calme », mais qui peuvent être bien plus élevés en période troublée, et l'opération est lancée.

Arrêtons-nous un instant pour faire les observations suivantes :

a) En mettant de fait en circulation davantage d'argent, qui apparaît sur le marché avant que celui-ci n'ait pu générer davantage de richesse, on a déclenché un processus inflationniste, c'est-à-dire que l'on a fait perdre de la valeur à l'argent qui était déjà en circulation.

b) Les marchandises qui, grâce à cette nouvelle monnaie, vont apparaître sur le marché, verront leur coût grevé par les intérêts bancaires – comme nous l'avons déjà dit, de 5 à 9% – que devront payer, en dernier ressort, les consommateurs. Une nouvelle contribution au processus inflationniste.

c) Alors que le banquier a remis ses « promesses de payer » de l'argent – car personne, aussi banquier soit-il, ne peut créer quelque chose à partir de rien, et ainsi, ce qu'il prête n'est rien d'autre que des promesses –, en revanche, l'emprunteur a remis au banquier des titres représentant une richesse qui, outre le fait d'être bien supérieure au prêt, est réelle. Il y a donc eu un abus de confiance flagrant de la part de la banque. Comme nous l'avons dit ailleurs[64] « alors que la banque dispose, à l'encontre de la communauté, de garanties représentant une richesse réelle, telles que des usines, des propriétés, des récoltes, etc., la communauté ne dispose d'aucune garantie à l'encontre des banques. La moindre tentative des créanciers d'une banque d'exercer leurs

[64] J. Bochaca : « *La Finanza y el Poder* », Omnia Veritas Ltd.

garanties à son encontre met en évidence que ces garanties, en fait, n'ont aucune substance. Si ces créanciers « serrent trop la vis » à la banque, ils sont punis en perdant toutes leurs économies. La banque ferme ses portes, révélant ainsi que ses « promesses de paiement » sont de fausses promesses… à moins que l' u le gouvernement ne vienne à son secours par un moratoire… moratoire dont les conséquences seront que, en fin de compte, la communauté dans son ensemble devra payer pour couvrir les fausses promesses du banquier. L'objection selon laquelle cela se produit très rarement n'a aucune validité. Si cela se produit rarement, c'est parce qu'il existe dans tous les pays un Conseil supérieur bancaire[65] dont la mission principale consiste précisément à corriger les dérives excessives de l'inflation permanente du crédit en veillant à ce qu'aucune banque ne dépasse le ratio fatidique de 9 dans le rapport entre les crédits ouverts et l'argent enregistré sur les comptes courants. Et lorsque, malgré tout, une banque s'emballe et franchit la limite de la zone de danger, les autres viennent à son secours, car la finance fonctionne comme un tout, à l'échelle nationale pour les affaires courantes, et à l'échelle internationale pour les grands problèmes économiques. Mais cette aide, en définitive, sera payée par le peuple, c'est-à-dire par chaque citoyen ou citoyenne qui se rend au marché, car nous avons dit, et il faut bien le garder à l'esprit, que les soi-disant frais bancaires sont inclus dans les coûts de production.

Comme le démontrent les points a) et b), la banque, en créant une situation inflationniste, a volé chacun des membres de la communauté. Le fait que les activités bancaires aient été légalisées par l'administration publique dans tous les pays n'enlève rien à leur illégitimité fondamentale. Le fait qu'un État, ou cent États, décrètent, en tant que prête-noms de la haute finance, que la création privée de monnaie est légale lorsqu'elle est le fait d'une banque et illégale lorsqu'elle est le fait d'un faussaire ne modifie en rien le fait de son immoralité radicale, d'un point de vue éthique, et de son inefficacité, d'un point de vue économique, à l'exception, bien sûr, l'économie privée des banques et de leurs acolytes.

Et comme le démontre le paragraphe c), non contente de voler la communauté, la banque a commis, à l'égard de son client à qui elle a

[65] Naturellement, les noms de ces organismes varient : aux États-Unis, cet organisme s'appelle Federal Reserve Bureau ; dans d'autres pays, il existe ce qu'on appelle des chambres de compensation, etc.

accordé un prêt, un véritable abus de confiance, en échangeant une promesse qui vaut, disons X moins les intérêts perçus d'avance, contre une réalité (titres de propriété de biens tangibles) qui vaut, au moins, X multiplié par deux. Et qu'on ne vienne pas objecter que le client est tout à fait libre d'accepter ou non l'« échange » que lui propose la banque. Le client est convaincu que ce que la banque lui -t-elle prête, ce sont les économies d'un autre concitoyen et que pour ce prêt, il faut payer un loyer, appelé « intérêt ». Mais les activités de la banque ne s'arrêtent pas là ; en réalité, les effets funestes de ses activités n'ont guère d'importance si on les compare à ce qui suit.

Revenons au moment où la banque – en réalité, plus que la banque ou les banques, il s'agit du système bancaire, car toutes agissent de concert – a accordé des crédits représentant jusqu'à neuf fois plus d'argent qu'elle n'en possède réellement en caisse. Pour l'instant, le système semble fonctionner. L'euphorie générale masque le vol qui a été commis. Car il est évident qu'un véritable vol a eu lieu ; en créant de l'argent nouveau, le banquier, à l'instar d'un vulgaire faussaire, a volé un peu à chacun de ses concitoyens et a perçu des intérêts sur l'« argent » volé[66]. Grâce à l'émission brutale de nouvelle monnaie, une nouvelle richesse a pu se développer, le commerce bat son plein et l'on a atteint le « plein emploi » tant rêvé par tous. Chaque fois qu'un emprunteur rembourse un prêt à la banque, avec ses intérêts cumulés, la banque s'empresse de le remettre en circulation. Il en résulte ce que les économistes classiques appellent le « boom », que l'on désigne dans les pays latins par « euphorie du marché ». Les prix montent en flèche, tandis que toutes sortes de produits sont proposés à la vente[67]. Mais le banquier se rend compte que cette hausse des prix ne dure que tant que les prêts continuent d'être accordés. Chaque fois que le banquier cesse d'accorder ces prêts – ou, en d'autres termes, de créer de la nouvelle monnaie –, les prix cessent de monter, et dès qu'ils cessent de monter, les affaires s'effondrent. La possibilité de continuer à faire des affaires dans un marché haussier a disparu. Pourquoi ? Parce que le banquier commence désormais à se trouver en difficulté, le volume de ses prêts avoisinant déjà les 900% de ses réserves en caisse. Il court désormais le risque que toute demande d'argent réel de la part de ses déposants, quelle qu'en soit la raison, mette en évidence, aux yeux de toute la

---

[66] J. Bochaca : « *La Finanza y el Poder* », p. 11

[67] Ibid. Id. Op. cit., p. 12-13.

communauté, la véritable escroquerie à laquelle celle-ci a été soumise par ledit banquier. Chaque crédit qu'il a ouvert, représenté par des chèques, ainsi que chaque reçu qu'il a délivré à ses déposants pour l'argent qu'ils lui ont temporairement cédé afin qu'il en assure la garde, représentent des promesses de payer de l'or et de l'argent (actuellement du papier-monnaie de l'État). Autrement dit, tant ses déposants que ses emprunteurs peuvent exiger, à tout moment, de l'argent authentique, c'est-à-dire officiel, émis par l'État, en échange de leurs reçus.

Que reste-t-il au banquier à faire dans ces circonstances ? Une seule chose : annuler une partie substantielle des crédits qu'il a ouverts. En conséquence, il convoque dans son bureau certains des industriels à qui il a prêté ses « promesses de paiement » et les invite à rembourser, disons, la moitié du crédit. Les industriels protesteront probablement, ne comprendront rien à cette demande soudaine du banquier à un moment où tout semble aller pour le mieux, mais, finalement, face à l'insistance de plus en plus ferme du banquier, ils devront rembourser la somme demandée. Pour convertir en liquidités – l'argent que le banquier leur réclame avec une telle précipitation – leurs stocks, les industriels devront vendre à tout prix, c'est-à-dire qu'ils devront brader une partie substantielle de ceux-ci, et, dans le même temps, ils seront contraints d'exiger un paiement immédiat de certains de leurs clients qui avaient acheté leurs marchandises à crédit. Toute cette opération entraînera, en cascade, une série de pertes pour les industriels et les intermédiaires du commerce et, par conséquent, provoquera une réduction générale du volume des affaires, c'est-à-dire, en dernière instance, le chômage.

Mais ce n'est là qu'un aspect de la question, car, dans bon nombre des situations qui se créent, les industriels ne parviennent pas à écouler leurs stocks quand et comme l'exige le banquier, et celui-ci fait valoir les garanties qu'il détient sur eux, s'emparant ainsi, en échange de rien – puisqu'il ne leur a prêté que de fausses promesses –, de biens réels qui deviennent, de cette manière, avec toute la légalité et toute l'immoralité du monde, la propriété de la banque.

La normalité est revenue. Entre-temps, de nombreux industriels et commerçants – plus les uns que les autres – se sont ruinés. Les prix de tous les articles ont augmenté ; les salaires, forcément, aussi, mais moins que ceux-là. Une grande partie de la société, surtout les classes dites moyennes, s'est un peu plus prolétarisée. Le seul gagnant, sur toute la ligne, c'est le banquier. Lui qui n'a rien fait, si ce n'est commettre une contrefaçon monétaire à grande échelle, a tiré d'immenses profits, en biens tangibles, et, ce qui est plus important, a vu confirmée sa faculté de continuer à créer de l'argent aux dépens de la communauté, ce qui fait de lui l'homme le plus puissant du pays. Pire encore, comble du cynisme, il se permet même de réprimander sévèrement ses concitoyens, en leur disant que la crise récente est survenue parce qu'ils ont voulu vivre au-dessus de leurs moyens. La simple objection selon laquelle la communauté ne cherchait qu'à consommer ce qu'elle avait produit par son travail est olympiquement méprisée. L'ignorance générale en matière financière, soigneusement cultivée par les prête-noms à son service, est le mur du silence contre lequel se heurtent le bon sens et l'instinct populaire, qui rejettent vigoureusement l'idée qu'une grande partie des membres d'une communauté se soient ruinés précisément parce qu'ils ont trop travaillé et ont produit, par leur travail, une offre de biens qui n'a pas encore satisfait la demande de ceux-ci.

La normalité est revenue, disions-nous. Notre banquier peut désormais remettre en marche la machine de la Grande Arnaque. Les moutons du troupeau humain sont déjà prêts à être tondus une fois de plus.

LE CRÉDIT BANCAIRE

Dans la genèse de la Grande Arnaque, nous avons mentionné à plusieurs reprises le mot « crédit », généralement associé à un autre mot : « financier ». Analysons cela.

Le mot « crédit » vient du latin « credere », qui signifie « croire ». En bref : le crédit accordé à quelque chose ou à quelqu'un n'est rien d'autre que la confiance qu'il inspire – s'il s'agit d'une personne – ou la croyance en sa capacité à faire ce qu'on attend de lui – s'il s'agit d'une chose. Le crédit d'une communauté est donc la croyance rationnelle en sa capacité à produire, distribuer et consommer les biens et services dont ses membres ont besoin. Il est clair que la capacité à accomplir ces choses dépend exclusivement de réalités telles que le talent des membres de la communauté et leur capacité de travail, ainsi que des ressources du sol et du sous-sol de ladite communauté. Elle ne dépend en aucun cas du nombre de billets de banque que cette communauté décide d'imprimer, ni de la quantité d'or que ce pays thésaurise dans les coffres de la banque centrale.

Il devrait être on ne peut plus clair pour tout esprit indépendant que, dans toute communauté qui ne soit pas un asile psychiatrique ou le monde capitaliste-communiste actuel, l'argent doit être fondé sur le chiffre représentant le crédit réel de cette communauté. Alors, et alors seulement, l'appellation « crédit financier » ne serait plus un terme impropre. Au contraire, ce serait le seul nom qu'il conviendrait de donner à l'argent, puisque le crédit financier serait alors le reflet, en billets, du crédit réel[68]. En un mot, les chiffres refléteraient exactement les faits. En revanche, dans la réalité, dans notre triste réalité de la Misère dans l'Abondance, il se trouve que le crédit financier n'a rien à voir avec le crédit réel, mais qu'il n'est rien d'autre qu'un multiple de l'or que possèdent les banques. Ainsi, notre argent, au lieu de se fonder sur des marchandises produites par un travail honnête, se fonde sur l'or. Plus tragique encore : parfois, il ne repose même pas sur cela, mais sur une pure fiction, sur l'hypothèse que les gens ne se rendront pas compte

[68] Maurice Colbourne : « *The New Economy* », p. 379.

que les banques falsifient la monnaie, en construisant, sur les billets authentiques émis par l'État, une pyramide inversée de « crédits » neuf fois plus grande que ce qu'on suppose.

De plus, comme il est émis par le système bancaire à condition d'être remboursé avec intérêts, le crédit financier devient une marchandise, négociable comme n'importe quelle autre. La monnaie nationale devient une marchandise, soumise aux mêmes mécanismes de marché que les autres marchandises, y compris la loi de l'offre et de la demande. La fonction fondamentale de la monnaie, c'est-à-dire servir d'instrument d'échange et de mesure des marchandises et des services produits par la communauté, est ainsi complètement dénaturée.

Revenons maintenant aux banques, les créatrices de l'argent.

La fonction fondamentale des banques consiste, en pratique, à transférer des fonds d'un de leurs comptes courants vers un autre. Cela se fait naturellement en soustrayant d'un compte et en ajoutant à un autre, par une simple opération arithmétique. Le fait que les comptes se trouvent éventuellement dans des banques différentes n'a aucune importance, car, comme on le sait, les banques travaillent en étroite collaboration par le biais des chambres de compensation, qui fonctionnent presque comme s'il s'agissait d'une seule et même banque. Il faut bien garder à l'esprit que les banques transfèrent des inscriptions représentant de l'argent, et non de l'argent authentique, c'est-à-dire du papier-monnaie émis par l'État.

Un chèque est un ordre donné à la banque de transférer de l'argent – en réalité, comme nous l'avons déjà dit, des inscriptions d'argent – d'un compte à un autre. L'argent, sous forme de métal ou de papier, est très peu utilisé dans les banques. En Espagne, 85% des transactions s'effectuent par le biais du système des chèques. Aux États-Unis, ce chiffre atteint 95%. La monnaie s'utilise pour régler de petites factures, pour aller au marché, pour les loisirs, etc. Mais les paiements importants, loyers, impôts, échéances, etc., s'effectuent de plus en plus par chèque.

Les banques détiennent de la monnaie-crédit en circulation lorsqu'elles accordent un « prêt », mais en réalité, elles ne prêtent rien. Lorsque la banque accorde un « prêt », l'emprunteur accepte que, s'il ne paie pas à l'échéance, son bien, appelé garantie, qui vaut bien plus que le crédit qu'il sollicite, devienne la propriété de la banque. La banque commet alors une fraude en inscrivant l'actif de l'emprunteur au crédit de ses livres comptables, alors qu'il ne lui appartient pas encore et ne lui appartiendra peut-être jamais. L'emprunteur doit alors emprunter ce même crédit (richesse) à la banque, en payant un intérêt d'. Le crédit est alors transféré du compte de la banque vers celui de l'emprunteur. En effet, selon un principe d'équité, l'actif de l'emprunteur devrait être inscrit sur son propre compte, pour commencer. Ensuite, la banque garantit les paiements de l'emprunteur à hauteur du montant du prêt, toujours inférieur à la valeur de l'actif servant de garantie. L'emprunteur commence à payer ses factures avec l'« argent » de son compte, au moyen de chèques. Au risque de nous répéter, rappelons que les banques ne transfèrent que des inscriptions de richesse, ou, si l'on veut, d'argent, mais pas d'argent sous forme de métal ou de papier-monnaie. « Le prêt a commencé sous la forme d'une inscription faite à la plume ou au stylo dans les livres de la banque, représentant la propriété de l'emprunteur sous forme de garantie. Bien que techniquement rien ne l'empêche exceptionnellement, une banque ne remet jamais de pièces, de billets, ni quoi que ce soit ayant une quelconque valeur lorsqu'elle accorde un prêt »[69].

Les banques utilisent les billets et les pièces déposés par leurs déposants comme fonds de réserve, qui ne sont jamais prêtés. Ce qu'elles prêtent, c'est un montant oscillant autour de 900% de ces fonds de réserve. L'intérêt payé sur cet argent-crédit est indûment prélevé et constitue un profit immoral. Pourquoi est-ce immoral ? Parce que, si le crédit – tel que nous l'avons défini au début de cette rubrique – le crédit réel d'une nation est constitué à la fois par les richesses potentielles de la nation et par l'inventivité et le travail de ses habitants, lorsque le banquier accorde un « crédit » à quelqu'un et lui facture un intérêt pour ce « crédit », il ne fait que lui « prêter » quelque chose qui lui appartient déjà, avec l'aggravante de lui facturer cet intérêt. C'est comme si l'on vous faisait payer un loyer pour l'usage de la maison que vous avez héritée de votre père… La pratique bancaire pourrait se justifier si les banquiers prêtaient non pas un multiple, mais un sous-multiple du total de leurs réserves, par exemple la moitié ou les deux tiers, en conservant le reste pour faire face aux demandes normales de leurs déposants, et en facturant pour ce prêt, qui pourrait alors être qualifié comme tel, puisqu'il serait effectué en papier-monnaie, un loyer, c'est-à-dire un intérêt non cumulatif, de 2 ou 3% au maximum, et la garantie, ou

---

[69] Thomas Porter : « *The Green Magicians* », p. 5.

propriété collatérale, serait d'une valeur similaire à celle du montant du prêt. Le système en question serait bien loin d'être idéal – car celui-ci consiste, fondamentalement, en ce que l'argent est un instrument de mesure et d'échange, mais pas une marchandise –, mais il éviterait au moins le chaos économique dont nous souffrons, et dont la cause n'est autre que la création privée de fausse monnaie. Mais ce qui ne peut en aucun cas se justifier, c'est la pratique bancaire actuelle, qui constitue la plus fabuleuse affaire qui ait jamais été et qui sera jamais réalisée, consistant en ce qui suit :

a) Avec cent unités monétaires appartenant à un tiers, on « ouvre des crédits » pour neuf cents unités. On fait remettre aux emprunteurs, pour l'instant, à titre de garantie, des titres représentant environ mille cinq cents unités.

b) Ces neuf cents unités rapportent un intérêt de 9% (parfois, avec des agios, des pertes et autres prétextes, plus de 10%), c'est-à-dire que leur rendement net au bout d'un an est de 81 unités.

c) Le déposant, dont l'argent a été joyeusement misé par le banquier, reçoit 0,5 (bien qu'en période de déflation, qu'on qualifie d'inflation, ce taux puisse atteindre 0,75, voire 1). En d'autres termes, ces cent unités, qui ont coûté à la banque 0,5 unité par an, lui ont rapporté 81 unités dans le même laps de temps.

d) On en déduit, si l'arithmétique ne ment pas, que la rentabilité de cette affaire mirobolante d'Ali Baba est de 16 200%. Et cela avec l'argent des autres.

Sait-on, dans le grand public, qu'une bonne affaire dans le secteur textile, par exemple dans le domaine des fibres synthétiques, rapporte, en période dite de prospérité, 7 ou 8%, avec l'argent investi, qui appartient naturellement aux propriétaires de l'entreprise ? Sait-il que, dans le secteur de la métallurgie – et nous parlons, comme dans l'exemple précédent, de l'Espagne –, la rentabilité atteint rarement 5% ? Lui a-t-on signalé qu'en Angleterre, dans le secteur cotonier, les bénéfices n'atteignaient pas, en période faste, 4%, alors qu'aujourd'hui les pertes dépassent ce pourcentage et que les entreprises font faillite par centaines ? N'avez-vous pas lu, dans la presse quotidienne, de longues listes d'entreprises qui doivent suspendre leurs paiements, précisément parce que leurs créanciers ne les paient pas non plus, alors que sur ces listes n'apparaît jamais, JAMAIS, le nom d'une seule banque ? Et n'avez-vous pas remarqué que, tandis que les producteurs font faillite et que les consommateurs ne peuvent pas consommer ce que le travail de tous a produit, les banques poussent comme des champignons sur les façades des plus beaux immeubles des villes et que leurs bilans affichent toujours d'énormes bénéfices ?

Ne trouvez-vous pas, cher lecteur, qu'il est honteux de dire à une communauté qui, grâce au travail de ses membres, a produit une richesse qui attend d'être consommée, comme l'ont fait en Espagne M u M. Villar Mir et en France M. Chirac, qu'elle a vécu au-dessus de ses moyens et qu'elle doit se serrer la ceinture ? Y a-t-il quelqu'un capable de fournir une explication plausible à cette expression « vivre au-dessus de nos moyens » ? Car, naturellement, les intéressés, qui devaient y voir très clair, ont négligé de nous l'expliquer, à nous simples mortels. Les fins limiers de la presse devaient eux aussi y voir très clair, et en Espagne, nous avons assisté au spectacle comique du pilonnage général dont a fait l'objet ce Villar Mir, pour une demi-douzaine de raisons « politiques », absolument anodines, alors qu'aucun plumitif ne lui a demandé la moindre explication sur cette histoire de « vivre au-dessus de nos moyens » et de « se serrer la ceinture ».

Et, pour conclure, pour l'instant, sur le crédit bancaire, une simple démonstration – une de plus – de son inviolabilité totale.

Supposons que l'argent, que nous appellerons A, d'une communauté donnée, soit un argent sain, sans le fardeau de la dette. (Car dans notre étrange monde moderne, la majeure partie de l'argent, créé par les banques, naît sous forme de dette, qui doit être remboursée précisément au moment où c'est le plus nécessaire, c'est-à-dire au moment où il doit servir à distribuer ce qui a été produit). Eh bien, un beau jour, les banques commencent à créer de l'argent-crédit, dont les intérêts, que nous appellerons B. Cette dette, c'est-à-dire « B », sera répercutée sur les prix de toutes les marchandises. Il est évident que l'argent authentique de la communauté, « A », ne peut pas acheter ce qui a été produit, qui coûtera « A plus B ». Bon, en réalité, il existe un moyen. Il consiste pour la banque à créer davantage d'argent-crédit, que nous appellerons « C ». Tout serait parfait, si ce n'était que « C » naît avec un jumeau, son intérêt, que nous appellerons « D ». Ainsi, même « A plus C » ne pourra pas acheter quelque chose qui coûte « A plus B plus C plus D ». On s'en sortira tant bien que mal, jusqu'à ce que l'argent abstrait – comme on l'appelle aussi – dépasse de neuf fois « A ». On arrive alors à la fin du cycle : la banque annule une grande partie de ses prêts, saisit d'énormes quantités de richesse réelle et peut préparer le prochain cycle inflationniste.

À L'ÉCHELLE MONDIALE...

Une fois esquissé le profil des activités du banquier « national », c'est-à-dire de l'homme qui invente une monnaie qui n'existe pas, mais sur laquelle il prélève un intérêt qu'il fait payer à ses concitoyens, il convient maintenant d'examiner l'autre facette des activités bancaires.

Le banquier « international » accorde des crédits à des entreprises qui se consacrent au commerce avec des pays étrangers : sociétés d'importation ou d'exportation, affréteurs, armateurs, agents en douane, compagnies d'assurance, etc. Il a intérêt à ce que le volume du commerce extérieur se maintienne à un bon niveau, afin de préserver l'acceptation de ses prêts. Il est évident que lorsque les collègues de ce monsieur, les banquiers « nationaux », se trouvent au début ou au milieu du cycle inflationniste, c'est-à-dire qu'ils accordent des crédits abondants et que le fatidique quotient 9 est encore loin, le volume des exportations tend à diminuer, car les gens peuvent acheter les marchandises produites dans leur propre pays, et celui-ci n'exporte que ses excédents. Dans ce cas, le banquier « international » a intérêt à ce que les « nationaux » réduisent leurs prêts. En réalité, il fait la même chose que le « national », c'est-à-dire qu'il accorde des crédits à des entreprises liées au commerce extérieur, et même à des pays étrangers, pour qu'ils achètent dans le pays même, pour des montants qui multiplient, approximativement, par neuf le total des dépôts de ses titulaires de comptes courants[70].

Il était inévitable que le banquier « national » et le banquier « international » finissent par s'entendre sur une coopération entre eux, car leurs opérations, outre qu'elles obéissent au même mécanisme, se complètent admirablement. Par conséquent, lorsque le marché intérieur est en pleine prospérité, c'est-à-dire en pleine inflation de crédit, le banquier « national » reçoit tout le soutien, ou le « crédit », de son collègue, le banquier « international ». Et lorsque la prospérité est suivie de la crise cyclique, c'est-à-dire la déflation monétaire, le banquier « national », à mesure qu'il annule ses crédits, en cède une

[70] J. Bochaca : « *La Finance et le Pouvoir* », Omnia Veritas Ltd.

partie à son collègue « international », qui finance les exportations et qui, de surcroît, dans ces circonstances, reçoit l'aide d'une administration publique effrayée, qui voit dans l'exportation un moyen de procurer du travail aux masses qui s'impatientent. C'est alors qu'apparaissent les allègements fiscaux, les primes à l'exportation et autres formes de soutien direct et indirect. On pourrait faire valoir que l'administration n'a aucune raison de réagir de la sorte et qu'au lieu de contribuer à l'escroquerie bancaire, nationale ou internationale, elle peut mettre un frein à ses activités, en empêchant la création incontrôlée de monnaie, à l'échelle nationale et internationale, et en la créant elle-même, en fonction du volume de marchandises en attente d'être consommées. L'argument est très beau et tout à fait valable dans un autre monde ou dans d'autres circonstances. Dans ce monde, et dans ces circonstances, L'ARGENT EST SYNONYME DE POUVOIR, et comme l'argent et, ce qui est bien plus important, le pouvoir de le créer, appartiennent à la finance, il s'avère que l'administration[71] est au service de celle-ci, et non l'inverse, comme cela devrait être le cas. Et tout fonctionnaire public, aussi haut placé soit-il, sait bien – ou, plus qu'il ne le sait, il le devine, il le sent dans sa chair – que la moindre velléité d'indépendance de sa part face aux pouvoirs omnipotents de la finance déclenchera un mécanisme qui commencera par une campagne de presse à son encontre et se terminera par une lettre de son supérieur hiérarchique « le remerciant pour les services rendus ». Ce supérieur hiérarchique devra agir ainsi, soit parce qu'il est lui-même lié au Système, soit parce qu'il sait pertinemment que, s'il soutient son subordonné, il perdra, à coup sûr, les prochaines élections.

Pour mettre en marche ce mécanisme d'intimidation, nul besoin de réunions secrètes d'hommes masqués, ni de sabbats du Sanhédrin avec des cierges de cire noire et des imprécations kabbalistiques, décrétant la mort civile du désobéissant. Le Système fonctionne si bien que, sauf cas exceptionnels, il n'est pas nécessaire de prononcer un seul mot. Celui qui perturbe, ou est susceptible de perturber le fonctionnement de la machine de la fraude financière, est automatiquement puni sans que, probablement, ceux qui exécutent la punition s'en rendent compte.

---

[71] Ce mot remplace peu à peu celui de « gouvernement » et cela nous semble juste car, à l'heure actuelle, dans notre Europe résiduelle, en matière de gouvernement, ce qu'on appelle le GOUVERNEMENT, nous n'en voyons aucun.

LE STANDARD-OR

Tout le monde a entendu parler de l'étalon-or. Mais personne n'a été capable de donner une explication claire de ce qu'il est. Ou, plus exactement, de la raison de son existence.

Avant l'apparition de la Machine, les métaux précieux – l'argent et, plus couramment, l'or – servaient d'instrument d'échange. Ils ont précédé l'apparition du papier-monnaie et, à cette époque que l'on peut qualifier de pénurie, ou du moins de pénurie relative, ils remplissaient la fonction qui leur était attribuée.

Actuellement, les monnaies nationales sont basées sur l'or. Il est évident que, dans une économie saine, elles devraient être basées sur les marchandises, mais cela ne convient pas aux intérêts de la finance, car l'étalon-or leur assure le prix qui peut être exigé par l'omnipotence[72]. Il est clair que tant que quelqu'un contrôlera l'approvisionnement en or et que l'argent ne pourra être créé que sur la base de celui-ci, cette personne contrôlera le monopole de l'argent.

La meilleure définition actuelle de l'étalon-or a été donnée, à notre avis, par Colbourne et l'Écossais Douglas : « L'or est une mesure internationale d'échange ». Nous admettons que c'est une définition succincte et, surtout, incomplète, mais c'est qu'on ne peut rien dire de plus qui soit exact. Tout au plus pourrait-on ajouter qu'en période de pénurie, l'or pouvant être difficile à obtenir et les marchandises apparaissant lentement sur le marché, il pouvait remplir sa mission, de manière très imparfaite certes, mais il pouvait tout de même servir. Mais à l'ère actuelle de l'abondance, l'étalon-or, objectivement parlant, ne peut être défini que comme une incongruité. À l'heure actuelle, les monnaies de tous les pays ne devraient avoir d'autre étalon que le travail. Si l'étalon-or est maintenu, c'est pour favoriser les intérêts de ses détenteurs et parce que la vieille superstition fétichiste, si profondément ancrée dans le cœur de l'homme, de sa divinité, n'a pas

[72] M. Colbourne : « *La Nouvelle Économie* », p. 156

vacillé malgré les hécatombes qu'elle a provoquées.

Nous avons dit que l'or est une mesure internationale d'échange, et nous allons l'illustrer par un exemple simple et courant de commerce international. Commençons par préciser que, comme la monnaie officielle, c'est-à-dire le papier-monnaie d'une nation, est basée sur l'or que celle-ci possède, lorsqu'une quantité importante d'or sort d'un pays, on retire immédiatement de la circulation du papier-monnaie pour la valeur de l'or en question. En d'autres termes, une quantité de pouvoir d'achat disparaît du marché intérieur, quantité égale à l'or qui sort du pays. Une telle perte de pouvoir d'achat provoquera une baisse des prix et freinera le « boom » ou la prospérité avant qu'il ne devienne un danger pour les banquiers. C'est une pratique courante dans tous les pays et c'est pourquoi la diminution des réserves d'or – qui se produit lorsque les importations dépassent les exportations – est considérée comme un désastre, car cela signifie que la balance des paiements est déficitaire. Ce retrait de papier-monnaie pour compenser l'or qui sort du pays peut s'effectuer en diminuant proportionnellement la valeur du papier-monnaie que l'État imprime périodiquement par l'intermédiaire de la Monnaie royale ou, simplement, en augmentant les impôts.

Comme les banquiers sont des marchands d'argent, ils placent leurs crédits là où ils peuvent obtenir les taux d'intérêt les plus élevés possibles, à condition, bien sûr, que cela soit compatible avec la sécurité du remboursement. Et ici, une parenthèse : au niveau du commerce international également, les banquiers exigent leurs fameuses garanties collatérales.

Bon, imaginons qu'un banquier suisse prête un milliard de francs suisses au gouvernement colombien pour qu'il achète deux centrales thermiques. Et imaginons aussi que les Italiens les fabriquent à un prix inférieur à celui des industriels suisses. Que se passera-t-il alors ? Eh bien, les Colombiens achèteront les centrales thermiques à l'Italie ; des techniciens italiens se rendront dans les hauts plateaux de Colombie, avec le matériel nécessaire, procéderont au montage des centrales, et le banquier suisse paiera les Italiens. Mais le paiement devra s'effectuer en lires, puisque les francs suisses, en principe, ne servent à rien aux Italiens. En bref : le banquier devra acheter des lires avec des francs suisses, et alors les lires monteront, deviendront plus chères, et les francs suisses baisseront, deviendront moins chers, sur le marché des devises. Et pourquoi cela ? Eh bien parce que, comme on le sait bien, plus la demande d'une marchandise augmente – et l'argent, pour un financier, est une marchandise –, plus son prix augmente. Ainsi, si les lires montent trop par rapport aux francs suisses, il sera plus avantageux pour le financier d'utiliser ses francs suisses pour acheter de l'or, puis d'utiliser cet or pour acheter des lires. Et, dans ces circonstances, l'or sortira de Suisse. Alors, un milliard de francs suisses, en billets de banque, disparaîtra de la circulation. Et les prix baisseront. Les salaires aussi[73]. La conséquence de cette baisse sera que les Suisses seront alors en mesure de produire des centrales thermiques moins chères que celles des Italiens, voire encore moins chères. Les Colombiens, ou qui que ce soit d'autre, pourront alors acheter ces produits en Suisse, et l'or n'aura pas à quitter le pays.

Les conséquences de cette politique financière aussi logique que funeste sont les suivantes :

a) La finance internationale peut monter les peuples les uns contre les autres.

b) Elle peut faire baisser les salaires des classes laborieuses de tous les pays industrialisés.

c) Par conséquent, elle peut empêcher tout peuple d'avoir un pouvoir d'achat suffisant pour acheter ses propres marchandises et l'obliger à les exporter en concurrence avec tous les autres pays.

d) Cela signifie une lutte pour la possession des marchés extérieurs et, indirectement, peut-être la guerre. C'est à cette dernière conclusion que parviennent Gottfried Feder[74] et aussi, avec une nuance importante, Francis Parker Yockey[75]. En effet, selon Yockey, la guerre ne survient que pour des raisons politiques ; seuls les marxistes croient aux guerres pour des motifs économiques, mais si un motif non politique peut en venir à créer une tension existentielle entre deux peuples, instaurant en eux la dualité ami-ennemi, alors le motif devient politique et la guerre éclate, reléguant ce motif au second plan.

[73] Cette idée que les salaires baissent fera – supposons-nous – sourire beaucoup de gens. En réalité, la baisse des salaires est un phénomène courant de nos jours, même si elle ne se présente pas sous cette forme, mais sous celle de la suppression des heures supplémentaires ou, tout simplement, du chômage.

[74] Gottfried Feder : « *La lutte contre la haute finance* ».

[75] Francis Parker Yockey : « Imperium », Omnia Veritas Ltd. www.omnia-veritas.com.

LES BANQUES CENTRALES

Le concept de l'étalon-or est indissociable de l'existence des banques dites « centrales », des entités qui, malgré leur dénomination et leur apparence officielle, sont en réalité privées, dirigées par des particuliers qui en sont les véritables propriétaires.

Bien que la première banque « centrale » apparue en Europe, au XVIIe siècle, soit la Banque d'Angleterre, son précurseur se trouve à la Banque d'Amsterdam. Fondée par un Juif expulsé d'Espagne, Fernandez Carbajal, cette banque fut la première à remettre à ses clients un « reçu » ou un « bon », qu'il était possible de fragmenter grâce à un système précurseur de l'actuel « carnet » de chèques. Ces « reçus » étaient naturellement remis en échange d'argent déposé pour sa sécurité dans un coffre-fort. Ce sont ces fameux reçus auxquels nous avons fait allusion à maintes reprises, les reçus prêtés jusqu'à neuf fois la valeur qu'ils représentent. Comme tous les précurseurs, cela s'est mal terminé. La Banque d'Amsterdam fut un martyr de la cause sacrée de la banque. Car, un beau jour, elle fit faillite. Le danger, pour les banques, réside dans leur propre nature et, en même temps, dans la nature humaine. La nature des banques consiste à obtenir le rendement maximal possible de l'argent qu'elles prêtent, et la nature humaine – trop humaine, dirait Nietzsche, dans le cas des banquiers – incite les professionnels de l'argent à prendre des risques de plus en plus grands, frôlant imprudemment le ratio de neuf dans le rapport dépôts-prêts, et parfois, des faillites surviennent, même si, dans ce cas, c'est généralement l'État qui intervient avec un moratoire pour sauver la situation et empêcher la ruine des déposants et, par conséquent, sauve aussi le banquier. Bien sûr, le sort de ce dernier ne serait pas celui de ses malheureux clients, car une prudence élémentaire l'aura incité à mettre son propre argent en lieu sûr, ou à l'investir dans des valeurs bien solides. Même les concitoyens du banquier qui ne sont pas ses clients ont dû payer entre tous, au prorata, le véritable détournement commis. Cela crée, bien sûr, des situations désagréables. En guise de soupape de sécurité, pour empêcher, ou rendre aussi difficile que possible, les situations de faillite, on a conçu les banques « centrales ».

La Banque d'Angleterre a été fondée en 1694, grâce à une concession accordée par Guillaume II à un Juif d'Amsterdam,

Manasseh-ben-Israël. Cette concession s'appuyait sur une autre, antérieure, accordée par Oliver Cromwell à Ali-ben-Israël, également d'Amsterdam. Cromwell, qui avait reçu le soutien financier des Juifs d'Amsterdam dans sa lutte contre la Couronne, a rendu la pareille en les autorisant à s'installer en Angleterre et à verser un intérêt de 4,5% à quiconque déposait de l'or dans leurs coffres (un intérêt démesurément élevé), qu'ils prêtaient ensuite au gouvernement à 8%[76].

La création de la Banque d'Angleterre fut motivée par un prêt d'un million deux cent mille livres sterling accordé à Guillaume III. Les méthodes de la Banque n'étaient pas nouvelles ; elles ne faisaient que suivre des précédents. Et le précédent était l'usure pratiquée à cette époque par les orfèvres de Londres[77], qui agissaient déjà, clandestinement, avant qu'Ali-ben-Israël ne soit légalement autorisé. Ces orfèvres, qui prêtaient habituellement à un taux d'intérêt de dix pour cent, regardèrent d'abord avec méfiance la nouvelle Banque, qui ne prêtait « que » à 8%, bien que ce taux allait bientôt passer à 9%, tandis que les intérêts versés à ses déposants seraient réduits à un demi-pour cent.

La Banque d'Angleterre, dont le nom officiel était « The Governor and Company of the Bank of England » (Le Gouverneur et la Compagnie de la Banque d'Angleterre), a introduit une nouveauté par rapport aux pratiques mises en place par la Banque d'Amsterdam. Elle commença à émettre des bons correspondant au montant que le gouvernement devait à la Banque ; un privilège accordé à la Banque par un gouvernement reconnaissant des services rendus à plusieurs reprises par celle-ci[78]. Ainsi, en remerciement de ces services[79], la Banque se vit accorder le pouvoir d'émettre de la monnaie. Mais de la monnaie réelle, et non plus seulement des promesses de paiement, comme l'avaient fait

[76] Francis Parker Yockey : « Imperium », Omnia Veritas Ltd.

[77] Ces « orifices » étaient un groupe de Juifs lombards qui s'installèrent en Angleterre après avoir été expulsés de Milan en raison de leurs pratiques usurières. La rue où ils s'installèrent, « Lombard Street », est toujours occupée par leurs successeurs.

[78] Maurice Colbourne : « *La Nouvelle Économie* », p. 136.

[79] Ces services consistaient en un soutien massif de la haute finance internationale à l'Empire britannique jusqu'à la fin du XIXe siècle. Dans la lutte de l'Angleterre contre la Hollande, l'Espagne, la France des derniers Capétiens et celle de Napoléon, ainsi que l'Empire prussien naissant, la finance fut un allié – bien sûr, pas désintéressé – de l'Angleterre.

les « pionniers » d'Amsterdam ou, déjà en Angleterre, Ali-ben-Israël avec l'accord de Cromwell.

La Banque d'Angleterre – répétons-le, une entité privée – fabriquait, littéralement, de l'argent. Si la Banque disposait de dix livres d'or dans ses caves et en prêtait cinq au gouvernement, elle pouvait fabriquer un billet de cinq livres et le mettre en circulation, augmentant ainsi la somme de dix livres pour atteindre un total de quinze ; le gouvernement, qui utilisait cinq livres, et la Banque, qui en disposait de dix, cinq nouvelles et cinq anciennes : et la somme totale pouvait être en circulation active[80], une masse importante d'argent, sans qu'une nouvelle richesse justifiant celle-ci ait encore été créée, c'est-à-dire qu'il y avait inflation.

Mais la fonction principale, essentielle dirions-nous, de la Banque d'Angleterre et des autres banques centrales qui allaient apparaître dans tous les pays, n'était pas de fabriquer de l'argent, mais avant tout de perpétuer, avec le soutien de la loi, le système bancaire moderne ; c'est-à-dire d'assurer la pérennité des activités bancaires illégitimes.

Le « modus operandi » est le suivant : la banque « centrale » prête aux banques privées de l'[81] e de monnaie légale, des bons du Trésor ou tout autre titre totalement sûr. Dans la terminologie bancaire délibérément confuse, le mot « dépôt » signifie « prêt », ce qui s'exprime dans la célèbre expression bancaire anglo-saxonne « A loan creates a deposit » (Un prêt crée un dépôt), alors que nous, simples mortels, serions enclins à croire qu'un dépôt est de l'argent placé dans une banque pour sa sécurité[82].

Or, les dépôts auprès de la Banque centrale, ou les prêts de la Banque centrale aux banques privées, sont de l'argent comptant, c'est-à-dire de

---

[80] M. Colbourne : « *La nouvelle économie* », p. 138.

[81] En réalité, les banques centrales sont tout aussi privées que les autres ; nous parlons ainsi pour marquer la différence entre les unes et les autres.

[82] La pauvreté intellectuelle des critiques économiques dont nous souffrons peut atteindre des sommets incroyables et leur ignorance en matière bancaire est si crasse que l'on peut parfois lire dans la rubrique financière d'un journal des phrases de ce genre : « À la lecture du bilan de la Banque Untel, on déduit la confiance que le public accorde à sa gestion, car le volume de ses dépôts a triplé en seulement trois semaines » Et le ciel ne nous tombe pas sur la tête !

la monnaie courante, car même s'il s'agit de bons du Trésor, ils peuvent être immédiatement échangés contre de la monnaie légale. La Banque centrale, en tant qu'émetteur, grâce à un privilège sans précédent accordé par le gouvernement, de monnaie légale, paiera toujours avec de la monnaie légale à ceux qui y ont droit. Les banques privées, par conséquent, promettent à leurs clients de leur verser jusqu'à neuf fois le montant des dépôts qu'elles, les banques privées, détiennent à la Banque centrale, de la même manière qu'elles promettent de verser jusqu'à neuf fois le montant qu'elles détiennent en caisse. Pour les banques, l'argent liquide et les dépôts à la Banque centrale sont, en réalité, la même chose... Il existe toutefois une différence entre eux. L'argent liquide est de l'argent liquide. C'est de la monnaie ayant cours légal. Mais, comme on l'a dit, les dépôts à la Banque centrale sont des prêts de la Banque centrale. Cette Banque centrale, comme toutes les banques, émet des promesses de payer de la monnaie ayant cours légal. Mais elle peut, tout comme toutes les banques, annuler ses prêts ou les réduire de manière substantielle. Elle peut le faire de diverses manières, et cela a pour effet de réduire tous les « dépôts auprès de la Banque centrale » de toutes les banques privées et, par conséquent, la quantité de monnaie ayant cours légal de chacune de ces banques. Lorsqu'une banque privée perd de la monnaie ayant cours légal, elle doit également annuler ou réduire ses prêts de manière à ne courir à aucun moment le risque de prêter des promesses de paiement d'une somme dépassant de neuf fois sa possession de monnaie ayant cours légal[83].

Un exemple : une banque privée détient, à un moment donné :

En comptes courants.................................100 millions

En dépôts auprès de la Banque centrale...........100 millions

Total..200 millions

Cette banque s'engagera à payer jusqu'à 1,8 milliard.

Mais la Banque centrale annule 50% de son prêt, et la banque privée se retrouve alors avec :

---

[83] R. McNair Wilson : « *Promise to* Pay », Omnia Veritas Ltd, www.omnia-veritas.com

En comptes courants.................................100 millions

En dépôts auprès de la Banque centrale...............50 millions

Total..150 millions

Cette banque prêtera désormais 1,35 milliard de promesses de paiement. Une parenthèse. On aura remarqué que nous qualifions les prêts des banques de « promesses de payer » de l'argent, car c'est ce qu'ils sont en réalité. Nous avons déjà vu que les banques ne prêtent que des promesses, qui sont en outre fausses, car la moindre tentative des emprunteurs de les concrétiser, c'est-à-dire d'exiger de l'argent réel en échange de celles-ci à hauteur de plus de dix pour cent du total de ces promesses, met en évidence que la banque a commis un abus de confiance, que ses promesses sont fausses et que, par conséquent, elle doit apposer la petite pancarte « Fermé » sur son guichet de paiement. Mais poursuivons avec le mécanisme de fonctionnement des banques centrales.

Ce mécanisme, par lequel les banques privées empruntent à la Banque centrale, permet à cette dernière de les contrôler, en augmentant ou en diminuant les quantités de monnaie ayant cours légal. Ce contrôle s'exerce au profit de l'ensemble du système, car les banques centrales, en raison de leur position, de leur volume, de leur statut semi-officiel, de leurs liens avec les banques centrales de tous les pays – liens qui transcendent les rivalités politiques nationales, réelles ou fictives –, de leur capacité à gérer l'or, en un mot, en raison de leur propre importance, sont les seules à pouvoir voir, au-delà du tumulte du marché monétaire, quand leurs homologues des banques privées prennent des risques excessifs et risquent d'atteindre une situation limite.

Les banques centrales sont donc les coordinatrices des activités des banques privées. Elles constituent également leur soupape de sécurité et le gage de leur rentabilité et, enfin, les gestionnaires de l'étalon-or, qui est la clé de voûte de l'ensemble du système, à l'échelle mondiale.

En 1844 fut signé à Londres l'Acte de contrôle bancaire, approuvé par le Parlement britannique, en vertu duquel les réserves d'or de l'Angleterre devaient être obligatoirement déposées auprès de la banque centrale, c'est-à-dire la Banque d'Angleterre. Cela se faisait déjà, dans la pratique, depuis près de deux siècles, mais la finance exigeait le soutien de la loi, et peu après, l'alliance traditionnelle entre l'Empire britannique et la finance internationale allait commencer à se fissurer. Le légalisme anglo-saxon traditionnel garantissait à la finance ses positions en Angleterre, et celle-ci se sentait désormais libre d'agir avec plus de souplesse dans sa politique à l'échelle mondiale. Grâce à la loi sur le contrôle bancaire, l'argent était officiellement libre de « trouver son propre niveau », c'est-à-dire qu'il pouvait être investi à l'étranger, si cela s'avérait avantageux, à condition d'y obtenir les meilleurs rendements dans une marge de sécurité raisonnable. Une autre conséquence de la loi était que l'exportation d'or, lorsqu'elle avait lieu, devait provoquer une insuffisance de monnaie sur le marché intérieur. Nous en avons déjà parlé dans la section consacrée à l'étalon-or. Cette insuffisance e de monnaie sur le marché intérieur doit inévitablement entraîner une baisse des prix, obligeant par conséquent les employeurs à réduire les salaires pour rester compétitifs.

La convertibilité du papier en or – c'est cela, l'étalon-or –, à des prix régis par la loi de l'offre et de la demande, est un système qui ne peut que engendrer la misère. Les industriels et les agriculteurs nationaux se retrouvent pris dans un cercle vicieux. La seule chose qu'ils peuvent faire pour rester compétitifs est de réduire les salaires de leurs ouvriers, ou d'automatiser de plus en plus leurs exploitations, ce qui signifie, à court ou à long terme, licencier un certain nombre de leurs employés. Mais, précisément parce qu'ils ont baissé les salaires ou réduit leurs effectifs, il leur sera déjà très difficile, voire impossible, de placer tous leurs produits sur un marché dont le pouvoir d'achat a baissé, précisément à cause de cette baisse des salaires ou de ce chômage. Les producteurs nationaux doivent orienter, dans la mesure du possible, leur production vers l'exportation. Ainsi, un système dont la finalité initiale était, en théorie, de répondre aux besoins nationaux, s'oriente, sous la contrainte de ce système néfaste, vers la production d'articles suffisamment bon marché pour pouvoir rivaliser, avec des garanties de succès, sur les marchés extérieurs. Telle est la finalité de la finance internationale : le commerce extérieur. Aucun pays n'est autorisé à vivre pour lui-même. Au contraire, chaque pays doit affronter tous les autres, afin que les bénéfices tirés de l'argent soient partout les plus élevés possibles.

En quoi consiste le « jeu de l'étalon-or » ? Il repose sur l'échange de produits entre deux pays. Les pays, comme les individus, sont à la fois producteurs et consommateurs. Ainsi, l'Espagne peut vendre des oranges et du manganèse à l'Allemagne, et l'Allemagne, en même temps, vendre des machines et des produits chimiques à l'Espagne. Les oranges et le manganèse seront compensés par les machines et les produits chimiques. Il est clair, cependant, que cet équilibre idéal de la balance commerciale ne pourra pas toujours être atteint de manière rigoureusement exacte. Par exemple, il est tout à fait possible que les oranges et le manganèse espagnols représentent une valeur supérieure à celle des machines et des produits chimiques reçus en Espagne, auquel cas, à la fin de l'année, l'Allemagne se retrouverait avec une balance commerciale défavorable vis-à-vis de l'Espagne. Comment les Allemands peuvent-ils rétablir l'équilibre ? Évidemment, en envoyant davantage de machines ou de produits chimiques en Espagne, mais il est possible que les Espagnols ne soient plus intéressés par ces produits allemands, s'ils les trouvent moins chers, par exemple en Suède. L'étalon-or offre une solution au problème. Les Allemands peuvent envoyer de l'or en Espagne pour régler la dette, car l'or est accepté immédiatement, partout dans le monde, comme moyen de paiement. Toute monnaie est convertible en or à un certain taux de change, et le détenteur d'or peut acheter n'importe quelle monnaie à un taux de change déterminé[84]. Ce paiement en or n'aurait pas plus d'importance qu'un simple règlement de comptes si toutes les monnaies du monde n'étaient pas basées sur l'or. S'il n'en était pas ainsi – si toutes les monnaies n'étaient pas fondées sur l'or –, l'Espagne, dans l'exemple cité, aurait plus d'or, et l'Allemagne moins, mais cela n'aurait aucun effet sur les prix intérieurs espagnols ni sur les prix allemands. Mais l'effet qui, dans la pratique, se produira à la suite du règlement du solde par un paiement en or, tant sur les prix allemands que sur les prix espagnols, repose sur la règle selon laquelle, lorsqu'or sort d'un pays, une quantité d'argent de ce pays égale à la valeur de l'or sorti doit être retirée de la circulation intérieure. En d'autres termes, une exportation – une sortie – d'or amène la Banque centrale à « retirer » de la circulation intérieure des billets de banque d'une valeur équivalente à cette sortie, ce qui l'obligera à réduire ses prêts (les « dépôts auprès de la Banque centrale ») aux banques privées, lesquelles devront à leur tour annuler ou réduire les prêts accordés à l'industrie locale, et une déflation se produira sur le marché intérieur. En d'autres termes, lorsqu'un pays doit recourir à l'étalon-or pour équilibrer sa balance commerciale – appelée techniquement balance des paiements –, il se produit une contraction de la masse monétaire dans ce pays, égale à la

[84] R. Mc. Nair Wilson : « *God and the Goldsmiths* ».

quantité d'or perdue.

Nous savons que la demande, ou le pouvoir d'achat du marché intérieur d'un pays, dépend des crédits accordés par les banques aux industriels, aux agriculteurs et aux éleveurs du pays en question. Mais les crédits sont – ou plutôt, font office de – monnaie, et la quantité de monnaie existant dans un pays, comme nous l'avons déjà dit, dépend de la quantité d'or existant dans la Banque centrale de ce pays. C'est ainsi que le pouvoir d'achat doit dépendre de la quantité d'or présente dans les coffres de la Banque centrale. Si, conformément aux lois de ce système alambiqué, de l'or doit sortir d'un pays pour payer un excédent des importations sur les exportations, le volume de la monnaie diminuera dans ce pays, selon le cycle suivant :

a) Le volume des crédits bancaires diminuera.

b) En conséquence, le volume de la production diminuera.

c) Logiquement, les bénéfices industriels, les salaires des ouvriers et les dividendes des actionnaires diminueront.

d) De même, le pouvoir d'achat diminuera et, par conséquent,

e) Les prix des produits baisseront. Et c'est alors qu'un cercle vicieux s'enclenche. La baisse des prix des produits entraîne une baisse des salaires et, par ricochet, du pouvoir d'achat.

En d'autres termes, un système a été mis en place par lequel, lorsque l'or doit quitter un pays, les prix des biens de consommation doivent également baisser et les salaires diminuer. Une précision très importante : il n'est pas nécessaire que les prix baissent en valeur absolue, mais par rapport à l'indice du coût de la vie. Il est tout à fait possible que les gouvernements, effrayés par le mécontentement populaire, décrètent des hausses politiques des salaires, qui ne sont que des pansements pour se débrouiller – comme c'est le cas, notamment, en Espagne – bien que le résultat final soit, inévitablement, une baisse des prix. Quoi qu'il en soit, cette baisse des prix rend les produits de ce pays plus attractifs – plus commerciaux, ou plus vendables – en raison de leur faible coût ; en conséquence logique, les habitants des autres pays les achètent en plus grandes quantités, ce qui augmente le volume des exportations[85]. Le pays en question se retrouve alors avec une balance des paiements équilibrée, voire favorable, et donc en mesure de

[85] Gertrude M. Coogan : « *Money Creators* ».

recevoir de l'or.

Autrement dit, en principe, le « mécanisme » de l'étalon-or s'équilibre, ou, si l'on veut, se corrige de lui-même. Supposons que de l'or entre dans un pays : dans ce cas, la masse monétaire en circulation augmente, les crédits bancaires à la production augmentent ; la production augmente ; la demande augmente et les prix montent. En conséquence, les salaires doivent également augmenter, jusqu'à ce que l'on atteigne un point où les produits deviennent trop chers pour être compétitifs sur les marchés étrangers[86].

C'est ainsi, prétendent les défenseurs de l'étalon-or, que l'on parvient à une uniformité et à une stabilité des prix dans le monde entier. Mais ce n'est pas le cas, comme le démontrent les faits. CAR LES DÉTENTEURS D'OR CONSERVENT LÉGALEMENT LA LIBERTÉ DE LE RETIRER DE LA CIRCULATION, CRÉANT AINSI UNE PÉNURIE MONDIALE. Il peut également arriver que de nouveaux gisements d'or soient découverts n'importe où, ce qui serait une véritable « ». Le système de l'étalon-or ne prévoit rien face à de telles éventualités. En fin de compte, on peut démontrer expérimentalement que l'étalon-or ne sert à rien pour maintenir la stabilité des prix – et des salaires. Nous aborderons plus loin le cas de l'Allemagne, entre 1933 et 1939, au moment où éclate la Seconde Guerre mondiale. L'ALLEMAGNE N'AVAIT PAS UN GRAMME D'OR ET SON INDICE DES PRIX A VARIÉ, EN SIX ANS, DE 0,4%, TANDIS QUE L'ANGLETERRE, QUI POSSÉDAIT D'IMMENSE QUANTITÉS D'OR, A VU SES PRIX INTÉRIEURS AUGMENTER DE 11% AU COURS DE LA MÊME PÉRIODE. De plus, comme nous le verrons plus loin, même ce modeste 0,4% n'aurait pas dû se produire ; s'il s'est produit, c'était davantage pour des raisons politiques – Hitler devait tenir compte de la situation internationale et des pressions qu'il subissait – que pour des raisons économiques. De cette expérience, ainsi que du cas du Japon – un autre pays qui a ignoré l'étalon-or –, on peut déduire que l'or est totalement inutile pour stabiliser les prix, mais qu'il est nécessaire pour ceux qui le possèdent, car si le monde cessait de l'utiliser, ils subiraient un grave préjudice si les gens se rendaient compte – ce qui arriverait inévitablement – que l'or, non seulement n'est pas nécessaire comme base de la monnaie, mais qu'il est tout à fait inadapté à cette fin, surtout à une époque

[86] Gertrude M. Coogan : « *Money Creators* ».

comme la nôtre, où la production de toutes sortes d'articles dépasse de plusieurs milliers de fois la production d'or. Les détenteurs d'or se trouveraient alors privés de leur instrument de domination. Ce n'est que tant que le public croit qu'une banque lui prête de l'or son et trébuchant qu'il acceptera de lui payer neuf pour cent sur ses prêts. Mais dès qu'il se rendra compte que ce n'est pas vrai, il comprendra que les banquiers l'escroquent par le simple système de création de fausse monnaie.

On objecte parfois que, en fin de compte, celui qui obtient un prêt obtient ce qu'il désire, c'est-à-dire les moyens d'acheter des marchandises ou des services ou de payer des dettes, et que c'est cela qui importe. Mais ce n'est pas le cas, car, outre le fait que seul celui qui a réellement gagné de l'argent devrait, en principe, avoir le droit de le prêter, il faut tenir compte du fait que toute création de monnaie nouvelle diminue la valeur de la monnaie déjà existante. Ainsi, lorsque l'État crée de la monnaie nouvelle pour financer des travaux d'intérêt public, les salaires des fonctionnaires, l'armement de l'armée et d'autres dépenses liées à sa fonction spécifique, la valeur de la monnaie existante avant cette création diminue évidemment quelque peu, mais cette inflation est compensée par une baisse des impôts de l'État, car ceux-ci ne sont prélevés que pour payer les travaux et les services publics. En revanche, les intérêts versés aux banques constituent un véritable impôt privé, qui ne rapporte aucun bénéfice à la communauté.

En résumé, l'étalon-or ne se justifie, à l'heure actuelle, qu'en tant que régulateur – par l'intermédiaire des banques « centrales » – de la création de monnaie-dette par les banques privées et de l'asservissement de tous les pays au pouvoir irresponsable de la finance internationale. Comment ce dernier point est-il réalisé ? Grâce au système, officialisé par la loi dans pratiquement tous les pays du monde civilisé, selon lequel toutes les réserves d'or sont conservées dans les banques « centrales », et que celles-ci, ainsi que les gouvernements, n'émettent de monnaie ayant cours légal qu'en proportion de l'or dont ils disposent. Aucun gouvernement ne peut créer de l'or ; par conséquent, aucun gouvernement ne peut émettre de monnaie, ni même l'inventer comme le fait n'importe quel banquier lorsqu'il accorde un crédit. Ainsi, les détenteurs de l'argent, comme le dit McNair Wilson[87], sont en mesure de « contraindre tous les emprunteurs du monde – c'est-à-dire tous les producteurs, employeurs ou salariés – à produire au

[87] R. Mc. Nair Wilson : « *God and the Goldsmiths* ».

moindre coût afin de pouvoir payer les taux d'intérêt les plus élevés sur les prêts, sans oublier, bien sûr, de se procurer les garanties collatérales requises. Comme on le voit, ils sont en mesure d'intimider les gouvernements qui montrent des tendances à devenir des débiteurs peu rentables, que ce soit parce qu'ils n'équilibrent pas leurs budgets ou pour d'autres raisons, y compris d'ordre politique ». Dans ces cas-là, les détenteurs d'or – une « clique » internationale que nous identifierons plus loin, avec leurs noms et prénoms – l'exigent de la banque « centrale » concernée sous forme de lingots, obligeant celle-ci, par conséquent, à rembourser ses prêts aux banques ordinaires, dites privées, lesquelles, à leur tour, en vertu du mécanisme du Système, doivent faire de même avec leurs victimes (leurs clients). Les prix baissent, et la ruine et les faillites ravagent le pays. Soit les États interviennent, en décrétant ou en autorisant des hausses politiques, et les prix augmentent, mais les salaires ne bougent pas, ou augmentent moins, et la conséquence est encore pire : la ruine et les faillites continuent de ravager le pays, jusqu'à ce que ce maudit cycle s'achève, et de surcroît, les retraités et les fonctionnaires se retrouvent dans la misère, le concept d'épargne est discrédité et de larges couches de la population sont prolétarisées, en particulier la classe moyenne, si éprouvée et si vilipendée.

LA SUBVERSION DE L'ORDRE ÉCONOMIQUE NATUREL

Napoléon a été décrit par de nombreux historiens superficiels comme un simple conquérant, un simple « condottiero » uniquement soucieux d'obtenir des positions de renom et de fortune pour lui-même et sa nombreuse famille. Comme le dit Yockey dans Imperium[88], sa philosophie de l'État a été ignorée. Mais ses idées économiques ont été clairement exposées par lui à ses fidèles Caulaincourt et Las Cases qui, dans leur « *Mémorial de Sainte-Hélène* », reproduisent la phrase suivante du Grand Corse : « L'économie, c'est la production, pas le commerce ; elle repose principalement sur l'agriculture ; secondairement sur l'industrie, et enfin sur le commerce extérieur ».

Nous croyons sincèrement qu'il est impossible d'améliorer cette définition de l'économie, géniale dans sa simplicité. Il est évident que la première chose, l'essentiel dans le système digestif d'une collectivité organisée, c'est-à-dire dans une économie nationale, est de faire en sorte que le corps de cette entité organique existe, c'est-à-dire qu'il se nourrisse. Au risque de tomber dans le cliché, nous osons affirmer – ou plutôt rappeler, car cela a été oublié – que personne ne mangera un vilebrequin, un tracteur, ni un lingot de fer… ni même d'or. La première chose, l'essentiel, c'est l'agriculture. Et pas seulement d'un point de vue primaire, existentiel, mais aussi spirituel. L'agriculture signifie l'association des hommes à leur terre natale ; c'est la vie même des villages et des hameaux, ce sont les racines auxquelles nous appartenons. La haine des villes en tant que telles est irrationnelle, mais nous pensons que les villes sans un anneau de champs cultivés sont comme des arbres sans racines.

Il ne fait aucun doute que rien de ce qui précède ne vise à dénigrer l'industrie. Si l'agriculture est indispensable pour exister, c'est-à-dire pour survivre, l'industrie l'est pour vivre, matériellement parlant, et pour mener à bien une Grande Politique, comme le disait Spengler, si

[88] Francis Parker Yockey : « Imperium », Omnia Veritas Ltd.

l'on veut se référer à l'aspect global, c'est-à-dire politique, de la nation.

Enfin, dans l'ordre économique naturel énoncé par Napoléon, vient le commerce extérieur. Le but du commerce extérieur consiste à importer d'autres pays ce qui ne peut être produit – ou qui y est trop coûteux à produire – et à exporter à l'étranger les excédents nationaux dont on pourrait avoir besoin là-bas. Comme le disait Napoléon : « L'agriculture est l'âme, le fondement de l'Empire ; l'industrie procure le confort et le bonheur matériel du peuple ; le commerce extérieur est la surabondance, et permet le libre échange des excédents de l'agriculture et de l'industrie[89]. Dans des cas très exceptionnels, dans des pays très pauvres en raison de leurs conditions climatiques, comme la Suisse, l'exportation peut être prépondérante, tant lorsqu'il s'agit d'exporter des services (tourisme) que des instruments de précision. Mais de tels cas ne font que confirmer la règle générale, en tant qu'exceptions qu'ils sont, et, de toute façon, nous devons nous rappeler que, comme nous l'avons exposé dans la rubrique « Champ d'application », nous nous occupons de l'économie de l'organisme appelé civilisation occidentale, qui est – ou devrait être – économiquement autarcique.

L'idée napoléonienne concernant l'exportation consiste en ce que les exportateurs – sauf cas exceptionnels – se débrouillent par leurs propres moyens. C'est logique. L'exportation, c'est la surabondance ; c'est le luxe. Il n'y a rien de mal au luxe, à condition qu'il soit honnêtement gagné, bien sûr. Mais il est irrationnel de se sacrifier pour le luxe. Et c'est précisément ce qui se fait quotidiennement, et à l'échelle mondiale, dans l'absurde système de l'étalon-or et du capitalisme international.

Pourquoi ?

Eh bien parce que, contrairement au système naturel et organique de l'économie, le capitalisme et la haute finance, avec leurs transferts de crédits vers les pays étrangers susceptibles de leur procurer de plus grands bénéfices, parviennent à dépouiller les marchés nationaux de leur pouvoir d'achat, obligeant ainsi les producteurs à exporter les articles qu'ils n'ont aucune possibilité de vendre – en raison d'une

---

[89] Las Cases : « *Mémorial de Sainte-Hélène* », p. 185.

pénurie artificielle de moyens d'achat – dans leur propre pays. Ainsi, le commerce extérieur passe avant tout et s'il s'essouffle, dans la situation actuelle, dans le contexte économique et financier actuel, le pays se ruine. L'industrie et l'agriculture sont inconditionnellement subordonnées aux exigences du marché d'exportation. En fin de compte, l'ouvrier et le paysan en viennent eux aussi à dépendre du marché d'exportation, car une hausse des salaires aurait une incidence sur les coûts de production, ce qui se répercuterait défavorablement sur les possibilités de placer les produits nationaux sur les marchés étrangers. C'est pour cette raison que l' e économique naturelle suivie par l'Allemagne à partir de 1933 a provoqué une réaction si violente de la part de la haute finance internationale. En restreignant progressivement le pouvoir des banquiers privés d'accorder des crédits, c'est-à-dire de créer de la monnaie, le gouvernement allemand a réussi à stabiliser les prix. Dans le même temps, et à titre de mesure complémentaire indispensable pour son commerce extérieur, il a libéralisé les opérations de change, laissant ses exportateurs se débrouiller seuls, tout en bénéficiant toutefois du soutien d'une monnaie, le mark, qui ne reposait pas sur l'or, mais sur le travail d'un peuple laborieux, intelligent et tenace. Et cela va à l'encontre de la pratique financière à l'échelle internationale, qui exige :

a) Une échelle de prix mobile, obtenue par l'inflation et la déflation du crédit, à l'origine des cycles économiques, grâce auxquels la finance réalise des profits fabuleux et, parallèlement, acquiert un pouvoir absolu.

b) Des taux de change fixes, qui ne sont modifiés que lorsque cela arrange les marchands d'argent.

D'autre part, la finance s'intéresse infiniment plus à l'industrie qu'à l'agriculture.

Pourquoi ? Tout simplement parce que celle-ci permet d'obtenir des bénéfices plus importants. L'industrie dépend des machines. L'agriculture dépend d'impondérables, tels que les sécheresses, la grêle, les ravageurs et les épidémies. Même si l'industrialisation de l'agriculture permet d'améliorer ses rendements, tout a une limite. Cette limite est plus difficile à atteindre dans l'industrie.

L'application des mécanismes du système financier à l'économie transforme donc toutes les valeurs économiques. Le profit passe avant l'utile, voire le nécessaire. Les marchés extérieurs retiennent toute l'attention des gouvernements. Vient ensuite l'industrie, qui peut fournir des produits en masse pour l'exportation. En dernier lieu, on trouve le parent pauvre, l'agriculture.

Quelle parodie infâme de ce que devrait être un commerce authentique, sain et normal ! On exploite, on asservit d'autres pays avec d'énormes sommes de crédit financier qui ne peuvent plus être prêtées dans le pays même, pour être utilisées ailleurs afin de rapporter des bénéfices aux seigneurs de l'or, alors que les stocks du pays s'épuisent et que tous sont désireux de consommer ce qu'ils ont produit ! L'exportation financière par le crédit à l'étranger n'est pas un commerce honnête avec d'autres pays, mais une manière de les forcer à contracter des obligations ; c'est une arnaque, une supercherie destinée à tirer profit de la création monétaire à l'échelle internationale et, en fin de compte, c'est un moyen sournois de parvenir à dominer un autre pays que l'on a accablé de dettes. La dette bancaire qui est, par définition, impossible à rembourser, à moins de contracter, pour l'annuler – temporairement – une nouvelle dette, plus importante que la précédente. Et les apôtres du Système présentent cela comme une contribution à l'entente entre les peuples ! Mais que voyons-nous partout ? À l'échelle mondiale, des gouvernements de nations nobles se disputant comme des marchandes de fruits et légumes de banlieue pour la possession des marchés, créant des tensions pré-guerrières. Et à l'échelle nationale ? Eh bien, à l'échelle nationale, la même chose se produit dans tous les pays. Les industriels réclament une baisse, directe ou indirecte, des salaires, afin d'être compétitifs sur les marchés extérieurs. Des grèves éclatent. Les patrons, quand ils le peuvent, répondent par des « lock-out ». Naturellement, les ouvriers en veulent à leurs patrons. Les patrons, avec leurs ouvriers. Mais les uns et les autres sont à la merci de financiers inconnus, qui sont ceux qui contrôlent la quantité d'argent présente sur le marché. Dans ces circonstances, une grande partie de la population ouvrière se retrouvera sans travail, à moins que les salaires ne soient réduits, ce qui est matériellement impossible. Et si les salaires ne baissent pas – directement ou indirectement –, de très nombreuses entreprises feront faillite, et les ouvriers se retrouveront de toute façon sans travail. Et quand enfin une grande partie de la société – ouvriers et patrons, agriculteurs et journaliers – aura été ruinée, alors l'horrible cycle Prospérité-Crise-Prospérité-Crise pourra recommencer. Dans des circonstances aussi tragiques, peut-on s'étonner de la haine entre les « classes » ? Ou de celle des ouvriers contre les patrons ? Ou de celle des patrons contre les ouvriers ? Ou de celle des nations les unes contre les autres ?

Personne ne voit le véritable ennemi. Personne ne voit le Grand Parasite. Ou ne veut le voir. Personne ne semble vouloir se rendre compte que la racine de tous les maux économiques réside dans les fausses promesses de paiement mises en circulation à intérêt par les Parasites. Personne ne semble vouloir admettre que si l'argent, à l'échelle mondiale, était vrai, et non faux, il n'y aurait pas besoin de fixer les taux de change ni de faire les efforts considérables qui sont déployés pour empêcher une demande d'Or supérieure à dix pour cent de celui qui a été prêté. C'est ainsi que l'ordre économique naturel est bouleversé. Et on dresse les peuples les uns contre les autres, les nations les unes contre les autres, les races les unes contre les autres, afin que survive le plus monstrueux système de vol que l'esprit humain (?) ait réussi à concevoir pour établir la tyrannie d', ce sabat de sorcières qu'est la finance internationale.

LA DETTE

Décrire notre système financier actuel sans mentionner la dette serait aussi difficile et absurde que de résumer le drame de Roméo et Juliette en omettant la rivalité entre leurs familles respectives.

La meilleure définition de notre système financier a été donnée, à notre avis, par l'Écossais le commandant Douglas, selon lequel il s'agit d'« un système visant à créer des dettes impossibles à rembourser »[90] et nous nous permettrions de la compléter en ajoutant : « ... et c'est précisément parce qu'elles sont impossibles à rembourser que tous les États du monde restent en permanence sous l'emprise de ce système ».

Lorsque nous parlons de dette, nous ne faisons bien sûr pas référence à la dette qu'un particulier, ou une entité privée ou publique, peut contracter envers une autre personne ou d'autres entités, mais au système dans son ensemble, selon lequel toute la monnaie existante constitue une dette contractée auprès du système bancaire. Toute personne, dans le monde occidental, qui dispose sur son compte courant d'un million, par exemple, d'unités monétaires quelconques, peut croire qu'elle les possède effectivement, si cela la rend heureuse. Mais en réalité, elle n'en possède que quelques milliers, tout au plus, car même si ce million apparaît comme un avoir sur son compte bancaire, il apparaîtra comme un débit, comme une dette, sur le compte d'une autre banque, car cet argent a été créé sous forme de dette.

Et si, à un moment donné, tous les déposants d'un pays se rendaient dans leurs banques respectives et exigeaient, en mains propres, soit la totalité de leurs dépôts en espèces sonnantes et trébuchantes – c'est-à-dire en monnaie légale –, soit un reçu, légalement authentifié par un notaire, précisant que l'argent qu'ils ont déposé sur leurs comptes courants est investi dans telle ou telle entreprise ou a été prêté à l'État lui-même, ils auraient la désagréable surprise de constater que le maximum qu'ils recevraient (en argent ou en reçus authentiques) serait de dix pour cent de leur argent. Et cela dans le meilleur des cas, car si

---

[90] Ch. Douglas : « *The Control and Distribution of Production* ».

les banques avaient un tant soit peu « exagéré » leur émission fiduciaire, ils ne recevraient qu'environ cinq pour cent. Autrement dit, dans notre système démentiel, le travail humain, les marchandises et les services sont payés en ce que les Français appellent de la « monnaie de singe », c'est-à-dire en quelque chose de purement inexistant. En d'autres termes, ils ne sont pas payés, ou ne sont payés qu'à hauteur de cinq ou dix pour cent de leur valeur réelle ou convenue. Ce que les gens entendent par « argent », c'est-à-dire les billets de banque et les pièces de monnaie, n'est rien d'autre que de la « petite monnaie ».

L'argent, qui devrait être une MESURE, est une DETTE. Et une dette impossible à rembourser.

Pourquoi impayable ? À cause des intérêts.

Comment le monde pourrait-il payer plus d'argent qu'il n'en a été créé sous forme de prêt ? Comment pourrait-il payer 109 s'il n'en existe que 100 ? Et ces 100, de surcroît, n'existent qu'« en abstrait ». Le monde n'est pas un faiseur de miracles.

Comment résoudre ce problème, alors ? Comment un système dont les résultats créent inévitablement un tel problème peut-il survivre ?

La réponse est simple. Le problème n'est pas résolu ; il est reporté, mis en suspens, et on parvient à le maintenir en vie grâce à l'application de tout un ensemble de subterfuges, de palliatifs et d'expédients, à savoir :

a) Par les faillites et les liquidations d'entreprises.
b) En recourant à des suspensions de paiements et à des ventes à perte, dans le but d'obtenir des liquidités.
c) En se lançant dans la course effrénée à l'exportation, où il est impossible que tout le monde y gagne, mais où il est très probable que tous les exportateurs y perdent, car pour rester dans la course, il faut recourir au « dumping »[91], ce qui ruine en outre le marché intérieur des importateurs.
d) Par la pratique du sabotage, c'est-à-dire le frein à la production. Et, comme corollaire de tout cet édifice...

---

[91] « Dumping » : vente à des prix inférieurs au coût de production.

e) Par la création de nouvelle monnaie-dette, c'est-à-dire de nouvelles dettes impossibles à rembourser.

Les faillites et le « dumping » engendrent la misère et le chômage des travailleurs. L'exportation à tout prix fait naître des rivalités nationales susceptibles de provoquer des guerres. Le sabotage de l' la production freine le progrès. Et la création permanente de monnaie-dette entraîne la tyrannie sur les individus, les peuples et les nations : sur le monde entier. Les États modernes eux-mêmes, qui se montrent si pointilleux en tout ce qui concerne les « signes extérieurs » de leur souveraineté, se trouvent totalement soumis à ce système funeste et, par conséquent, à ceux qui en tirent profit, c'est-à-dire à la finance internationale. Le principe des émissions fiduciaires accordées de manière abusive aux banques, auquel nous faisons allusion dans la rubrique « Les banques centrales », fait que les États, aussi puissants soient-ils, ou croient-ils être, sont irrémédiablement soumis aux financiers : au « Money Power », comme on l'appelle en Amérique. Nous verrons plus loin, à travers des cas très concrets et actuels, jusqu'à quel point de soumission abjecte les États modernes peuvent être conduits par le système financier dont nous souffrons. La dette des États – et nous ne faisons évidemment pas référence à celle qu'ils peuvent avoir contractée auprès d'un autre État, mais à celle qui découle de la création de la monnaie-dette – est si colossale, si incroyable, que, même en pressurant leurs malheureux sujets avec des impôts brutaux et absurdes, ils ne parviennent pas à payer ne serait-ce que les intérêts annuels accumulés de cette dette.

LA PROSTITUTION DE L'ÉCONOMIE FACE À LA FINANCE

Nous pensons avoir démontré que, dans notre système financier, l'Économie – système nutritif et digestif d'une Culture – et ses deux principaux auxiliaires, le Travail et la Machine, se trouvent totalement prostitués face à la Finance. Dans l'immédiat, face à la Finance « nationale » ; à plus long terme – mais aussi, inévitablement –, face à la Finance internationale.

Dans ce maudit système, le pouvoir que les banques acquièrent grâce à leurs fonctions d'inventer, de développer, d'acheter, de vendre, de réguler, d'augmenter, de diminuer et de détruire l'argent est immense. À une époque où, de surcroît, règne le matérialisme le plus effréné et le plus grossier, un tel pouvoir est pratiquement absolu. La finance internationale possède l'or, et comme l'argent repose sur celui-ci, elle possède l'argent ; en possédant l'argent, elle possède le pouvoir. Le pouvoir d'élever au sommet n'importe quelle médiocrité politique, hissée sur un piédestal d'argent qui financera sa campagne électorale ; le pouvoir de la faire sombrer, en lui retirant son soutien, quand cela l'arrange. Le pouvoir d'influencer, voire de déterminer, la ligne éditoriale des grands médias, qui ne sont qu'une entreprise grâce à la publicité, sœur bâtarde d'une économie naturelle et légitime. En un mot, un pouvoir total et absolu : LE POUVOIR, dont rêvaient, sans jamais parvenir à l'atteindre,

les autocrates les plus tyranniques. Le Pouvoir, en somme, le plus redoutable et le plus despotique pour la communauté car, précisément parce que ses détenteurs sont inconnus de la Grande Majorité, il est irresponsable.

Pour résumer ce qui a été dit dans les paragraphes précédents, nous voyons que le « modus operandi » de ce que nous appelons le Vol du Siècle se manifeste à travers les huit étapes suivantes :

1) Les bénéfices des patrons et le plein emploi des ouvriers dépendent du niveau des prix.
2) Le niveau des prix dépend de la quantité de monnaie en

circulation...

3) La quantité de monnaie en circulation dépend des prêts de l' t des banques privées.

4) Les prêts des banques privées dépendent des dépôts auprès de la banque « centrale ».

5) Les dépôts auprès de la banque « centrale » dépendent des prêts accordés par cette dernière au commerce extérieur.

6) Les prêts de la banque « centrale » au commerce extérieur dépendent des mouvements d'or.

7) Les mouvements de l'or dépendent des fluctuations des devises étrangères.

8) Les fluctuations des devises étrangères dépendent des manipulations de la finance internationale[92].

Morale :

Le banquier international a commencé à prêter sur la base de ses promesses de paiement aux importateurs et aux exportateurs. Ses promesses de paiement ont provoqué une fuite de l'or. La fuite de l'or a conduit la banque « centrale » à annuler ses prêts. L'annulation des prêts de la banque « centrale » a conduit les banques privées à annuler les leurs. L'annulation des prêts des banques privées a entraîné l'effondrement des prix. L'effondrement des prix a entraîné l'effondrement des bénéfices. L'effondrement des bénéfices a entraîné une baisse des salaires et, dans de nombreux cas, le chômage des ouvriers. Et alors...

Alors, le pays a pu produire à moindre coût et le banquier international n'a pas eu à tenir ses promesses de paiement, en donnant de l'argent réel en échange, après tout. Et c'est ainsi qu'il a pu obtenir, lorsque la situation est revenue à la normale, après avoir ruiné des millions de ses concitoyens, un taux d'intérêt de quinze pour cent sur le prêt de nouvelles promesses de paiement dans la République de Monomotapa. Ce qui est très bien, compte tenu du fait que toute cette

[92] Nous en avons un exemple très récent avec la chute spectaculaire du cours de l'or, provoquée par une vente massive de lingots de ce métal précieux à la Bourse de New York. Automatiquement, l'Afrique du Sud, dont l'économie est florissante, se voit contrainte de dévaluer sa monnaie. Nous abordons ailleurs ce cas et d'autres cas similaires de manipulation monétaire par le biais d'actions concertées de la haute finance.

mascarade a été menée avec l'argent des autres et que, dans un monde sensé, il serait un pauvre diable aux poches vides. Au lieu de cela, il est le détenteur d'un pouvoir irresponsable ; les présidents et les souverains sont des marionnettes qu'il manipule selon les desseins d'une politique millénaire démente. Lui et ses semblables,, ont réussi à prostituer l'économie mondiale. Cette prostitution s'opère dans le Bordel des Mensonges :

Le mensonge selon lequel un homme qui a promis de payer dix fois plus d'argent qu'il n'en possède pourra tenir sa promesse.

Le mensonge selon lequel une perte d'or est désastreuse.

Le mensonge selon lequel les taux de change doivent rester fixes et ne varier que lorsque les banques « centrales » le décident.

Le mensonge selon lequel un pays vit avant tout grâce à son commerce d'exportation.

Le mensonge selon lequel un pouvoir d'achat élevé sur le marché intérieur est néfaste car il peut nuire aux prix sur le marché d'exportation.

Le mensonge selon lequel des salaires élevés constituent un danger pour ce marché extérieur.

Le mensonge selon lequel un pays qui n'exporte pas plus qu'il n'importe vit au-dessus de ses moyens.

Le mensonge selon lequel le remède contre la surproduction consiste à détruire les récoltes, à saboter la machine et à provoquer des grèves ouvrières.

Le mensonge selon lequel l'argent est une marchandise et non un instrument de mesure et d'échange.

Et, au sommet de cette pyramide de mensonges, comme aboutissement logique des fausses prémisses sur lesquelles elle repose, le mensonge selon lequel un homme, une communauté, un pays, un monde entier, peuvent se ruiner pour avoir trop travaillé, tandis que la famine commence à faire son apparition lorsque les stocks de toutes sortes de marchandises ont atteint leur niveau le plus élevé.

Voici le résultat magique du capitalisme international. Démoralisation générale ; destruction de l'épargne ; prolétarisation des classes moyennes ; endettement collectif ; pression fiscale sauvage ; discrédit du concept de Travail et canonisation laïque des « malins » ; tyrannie anonyme d'une bande d'indésirables et suppression progressive de toutes les libertés au nom d'une Liberté théorique sans aucun contenu. Cette voie des calamités mène inévitablement au Paradis sur Terre offert par Satan : au capitalisme d'État, au « communisme » mal nommé, faux contraire du capitalisme, et en réalité son fils naturel.

LE SYSTÈME

LES PRÉCURSEURS

Le célèbre écrivain catholique anglais Gilbert Keith Chesterton a écrit que « la caractéristique du gouvernement moderne est qu'on ne sait pas qui gouverne réellement. Nous voyons le politicien professionnel, mais pas celui qui le soutient ; encore moins celui qui soutient le soutien, ni – ce qui est bien plus important – le banquier du soutien... Trônant au-dessus de nous tous avec une fermeté incroyable, c'est le prophète caché de la finance, gouvernant la vie des hommes et lançant des exorcismes dans une langue inconnue de tous. La presse parle beaucoup des épreuves des Russes sous le pouvoir soviétique. Les journaux demandent avec indignation d'où vient l'argent communiste. Mais y a-t-il quelqu'un qui sache d'où vient l'argent tout court ? »[93].

Et un autre Anglais, protestant, Brailsford, a soutenu que : « La finance est le véritable souverain et l'arbitre de l'économie moderne. C'est la seule autocratie qui survit à notre époque. Elle produit les flux et reflux du commerce, tout comme la Lune gouverne les marées. Elle régule les affaires et rationne les emplois »[94].

Dans l'étude que nous avons consacrée au chaos économique mondial actuel, sous le titre général de La misère dans l'abondance, nous avons fait référence à plusieurs reprises à la finance internationale. Nous estimons nécessaire, dans le cadre du plan que nous nous sommes tracé, d'exposer au moins la composition, les moyens, les procédures et les finalités de la finance ou, comme on commence à l'appeler dans les milieux « initiés », le Système. Le Système créateur de l'argent, comme le suggérait Chesterton, et régulateur de nos vies, comme le dénonçait clairement Blailsford.

---

[93] Gilbert K. Chesterton : « *England's Little History* ».

[94] Hector N. Brailsford : « Finance »

***

S'il est vrai que les précurseurs du système bancaire furent les Phéniciens, il n'en reste pas moins que l'activité principale de ces surprenants navigateurs de l'Antiquité était le commerce pur et simple d'. L'usure – en considérant comme telle le prêt d'argent à intérêt – apparaît en Grèce, où elle fut légalisée par les Constitutions du législateur athénien Solon. Platon, cependant, dénonçait déjà le fait que la prétention de faire engendrer de l'argent par l'argent était une aberration contre Nature. Babylone et Rome ont également pratiqué des systèmes bancaires complexes, avec leur aboutissement habituel, l'usure. Dans la Rome républicaine, l'usurier Verres est devenu célèbre, cible des satires de Cicéron.

C'est le christianisme qui a purement et simplement interdit l'usure, c'est-à-dire le prêt à intérêt, et sous l'empereur Constantin, les usuriers s'exposaient à des peines allant de dix ans de galères à la mort. Avec l'effondrement de l'Empire romain d'Occident, le système bancaire disparaît pratiquement, bien que subsistent les usuriers et les prêteurs d'argent, qui encourent, lorsqu'ils sont découverts par les autorités, des sanctions très sévères. Les pontifes romains promulguent de nombreuses bulles et édits contre les usuriers et, en conséquence, en ces temps de foi fervente, les chrétiens se détournent totalement du commerce de l'argent, laissant le champ libre aux Juifs. À partir du IXe siècle, selon Henry Coston[95], les Juifs sont les seuls usuriers qui existent en Occident. « Spécialistes du prêt garanti, les Juifs seront les seuls à le pratiquer en Occident pendant cinq siècles. Ils fixeront les règles de ce commerce en s'inspirant tant des préceptes religieux du Talmud que des nécessités imposées par la pratique »[96]. Cela ne pouvait manquer de leur attirer de nombreuses vicissitudes. Les papes multiplient les condamnations à leur encontre, avec une rigueur et une dureté de langage que le Dr Goebbels ne se serait jamais permises à son époque. Malgré les répressions subies, ils reviennent toujours à la charge avec la ténacité typique de leur race. Lorsqu'un monarque bienveillant et faible, comme Charles le Chauve, en France, supprime certaines mesures qui entravaient les activités des Seigneurs de l'Argent, ceux-ci donnent libre cours à leur nature et atteignent une position privilégiée ;

---

[95] Henry Coston : « *Les Financiers qui mènent le monde* », p. 17.

[96] A. Dauphin-Meunier : « *Histoire de la Banque* », p. 23.

il ne leur suffit plus que la France, alors ultra-catholique, tolère le libre exercice de leur culte, mais il faut que le monarque ordonne que les commerçants français ne travaillent pas le samedi et que les tribunaux ne les citent pas à comparaître ce jour-là. Une telle audace provoque l'indignation générale, mais ils ont totalement gagné la confiance du malheureux Charles le Chauve, qui finira par mourir empoisonné par un Juif, Sedecio. La puissance des Juifs dans les principaux royaumes de la chrétienté est immense, mais désorganisée. Une telle puissance – la transformation de l'argent en pouvoir est une alchimie que ce peuple surprenant a toujours pratiquée avec une merveilleuse habileté – s'exerce individuellement, et à des fins tout aussi individuelles. Il faudra attendre le XIXe siècle pour que les activités politico-financières du judaïsme dépassent les limites individuelles, familiales ou, tout au plus, nationales, et deviennent internationales.

Malgré le rejet populaire, les Juifs parviennent à occuper des postes d'influence. Ils sont percepteurs d'impôts pour le compte des monarques et du « denier de Saint-Pierre » pour le compte des pontifes romains. Ils sont, comme le dit Michelet, « l'intermédiaire indispensable entre le Trésor et la victime du Trésor, prenant l'argent des plus humbles pour le remettre aux rois et aux puissants avec un rictus répugnant »[97]. Mais dans ces allers-retours, il leur reste toujours un peu d'argent, jusqu'à ce qu'ils deviennent finalement les êtres les plus riches de chaque pays, sans s'être jamais consacrés à aucun métier productif.

Leur propre puissance suscitait la jalousie des puissants, agacés, de surcroît, par les plaintes constantes de leurs sujets. C'est ainsi que Philippe IV les expulsa de France en 1306, confisquant tous leurs biens. Le même monarque, convaincu que le célèbre Ordre des Templiers avait été infiltré par de nombreux Juifs, le dissolut, faisant brûler son Grand Maître, reconnu coupable d'hérésie. Les Templiers étaient devenus des prêteurs d'argent réputés, et s'il est vrai qu'ils financèrent plusieurs croisades, il n'en reste pas moins qu'ils aidèrent également les musulmans et pratiquaient secrètement la démonolâtrie[98]. Peu avant, les

---

[97] Jules Michelet : « *Histoire de France* ».

[98] La judaïsation de l'Ordre des Templiers ne peut être sérieusement contestée, pas plus que le fait qu'ils adoraient secrètement le Grand Baphomet, representation mi-animale, mi-humaine du Diable. Dans la franc-maçonnerie, où il y a tant de juif, on retrouve une bonne partie du rituel templier.

Juifs avaient été expulsés d'Angleterre par le roi Édouard le Confesseur, en raison, là aussi, de leurs pratiques usurières. Il en fut de même à Naples, en Hongrie et dans de nombreux États germaniques. Outre ces mesures générales, de nature officielle, dictées par les États chrétiens, avec en tête les États de l'Église eux-mêmes, les réactions populaires incontrôlées contre les marchands d'argent se multipliaient partout, de la Pologne et de la Russie (l'expression russe « pogrom », ou massacre de Juifs, a été intégrée dans toutes les langues) jusqu'en Espagne où, en 1491, à Barcelone, l'armée dut intervenir pour empêcher l' t collectif de toute la colonie juive. Un an plus tard, les Juifs étaient expulsés d'Espagne, et bien que le motif officiel fût leur non-appartenance à la religion catholique, il serait naïf de nier que les pratiques usurières de cette communauté aient eu beaucoup à voir avec une mesure aussi drastique.

Mais si ce peuple étonnant était expulsé d'un pays, il réapparaissait bientôt dans un autre. Avec une ténacité incroyable, dotés d'une capacité grégaire au masochisme, ils s'installent sur d'autres terres, suscitent la compassion du peuple simple, tandis que – artistes de la flatterie – ils se lient d'amitié avec les puissants. Au bout d'un certain temps, leurs pratiques « mercantiles » leur valaient l'antipathie générale. Princes et souverains les toléraient encore quelque temps, en raison de leur utilité en tant que percepteurs d'impôts impitoyables, mais finissaient par céder aux pressions du peuple et les persécutions et expulsions reprenaient. À la raison usurière de ces faits s'ajoute la raison religieuse. « Au Moyen Âge, dit Michelet[99], le détenteur de l'or est le Juif, cet homme impur, qui ne peut toucher ni une femme, ni une marchandise, sans qu'elles ne soient brûlées ; le dégoûtant déicide sur lequel tout le monde crache... »

Ces persécutions, ces abus mutuels étaient, en réalité, inévitables. Le Juif et l'Occidental appartiennent à des Cultures différentes, en considérant la Culture comme l'être organique supérieur qui résume une unité de Nation-État-Race-Destin[100]. La coexistence territoriale de deux Cultures est radicalement impossible, et plus encore lorsqu'il s'agit de Cultures totalement antagonistes, comme dans le cas qui nous occupe. La « bonne volonté », la « tolérance » et autres balivernes

---

[99] Jules Michelet : « *Histoire de France* ».

[100] Francis Parker Yockey : « Imperium », Omnia Veritas Ltd.

humanitaires ne servent à rien. La Vie a ses propres lois, et l'une d'elles concerne le domaine territorial des animaux inférieurs, des supérieurs (parfois, pas tant que ça) et des Cultures. La coexistence territoriale de deux Cultures ne peut qu'engendrer la guerre entre elles. Et les êtres vivants font la guerre avec leurs propres armes. L'Occidental, à visage découvert. Le Grand Parasite, par traîtrise, par impératif de sa propre nature.

Le paragraphe précédent nous a semblé absolument indispensable, car c'est de sa compréhension totale que dépend la solution aux problèmes de l'Occident ; non plus seulement aux problèmes purement économiques, mais politiques, c'est-à-dire globaux : raciaux, géographiques, culturels, militaires et, en dernier ressort – mais aussi avec un caractère vital – économiques.

C'est précisément une caractéristique typique du peuple juif que de revenir toujours dans les lieux d'où il a été expulsé. Et lorsqu'il n'est pas revenu en tant que tel, il l'a fait en adoptant le nom d'autres peuples qui l'ont temporairement accueilli. Ainsi, peu après avoir été expulsés de France en tant que Juifs, ils réapparaissaient sous le nom de « Lombards ». En réalité, les prêteurs lombards – de véritables Lombards – existaient déjà en France depuis 1210, attirés par les comtes de Champagne, et agissaient en tant que banquiers du Trésor et percepteurs d'impôts. Après l'expulsion officielle des Juifs, un « Lombard » – en réalité juif – Musciatto degli Franzesi, dirigeait les finances de Philippe IV, aidé par son frère Biccio. Un autre déguisement qu'ils adoptèrent fut celui des « Cahorsins » qui, bien qu'ils se croyaient originaires de Cahors, dans le centre de la France, provenaient en réalité de Cuorsa, dans le Piémont.

Les prêteurs « cahorsins » ont aidé les deux camps au cours de la croisade d'Albigens. Simon de Montfort céda au « cahorsin » Raymond de Salvagnac, à titre d'intérêt, le droit de piller la ville de Lavaur. Quant au « lombard » Jacques (ou Jacob) Jean, on lui remit, en guise d'intérêt, la ville de Provins. En général, tant les « Lombards » que les « Cahorsins » pratiquaient le prêt aux particuliers à des taux qui ne descendaient jamais en dessous de 23% par an. À Nîmes et à Beaucaire, 50%, voire parfois 100%[101]. Les activités de ces prêteurs les rendirent naturellement impopulaires, même si la protection des papes, en

[101] Henry Coston : « *Les financiers qui mènent le monde* », p. 29.

particulier de Grégoire IX et d'Innocent IV, leur évita bien des problèmes. La protection papale reposait sur le fait que les « Lombards » étaient les percepteurs du « denier de Saint-Pierre », tribut que les États ecclésiastiques percevaient directement dans tous les États de la chrétienté, et qui pouvait atteindre jusqu'à 10% des revenus des nobles et 15% de ceux des paysans. Mais les « Lombards » perdirent également la protection du Vatican lorsque Innocent IV se rendit compte qu'ils conservaient une part des recettes bien supérieure à ce qui était stipulé. C'est ainsi que Charles VI expulsa à nouveau les Juifs, « Cahorsins », « Lombards », ou quel que soit leur nom.

Les « Cahorsins » retournèrent en Italie et en Afrique du Nord. Quant aux « Lombards », ils partirent pour l'Angleterre, comme nous l'avons déjà mentionné sur dans la rubrique « Les banques centrales ». Là-bas, ils rejoignirent d'autres Juifs qui avaient été, presque simultanément, expulsés de Milan, également en raison de leurs pratiques usurières, et les uns et les autres s'installèrent comme orfèvres, prêtant de l'argent à un taux d'intérêt de dix pour cent.

Peu à peu, les premiers « financiers » firent leur apparition et commencèrent à s'immiscer dans la politique. Jacques Coeur, personnage mystérieux né à Bordeaux au début du XVIe siècle, est le premier financier dont parle l'histoire de France. Bien qu'il eût été condamné pour faux-monnayage, Charles VII lui confia les finances du royaume, dans sa capitale de Bourges. Il amassa rapidement une fortune colossale et, parallèlement, une influence considérable. Il devint conseiller général du royaume, tandis que son frère était consacré évêque de Luçon et son fils archevêque de Bourges. Le Souverain Pontife l'utilisait pour des missions diplomatiques de confiance. Son ascension rapide lui valut de nombreux ennemis, et il fut accusé d'avoir empoisonné Agnès Sorel, la favorite de Charles VII. Au cours du procès, de nouveaux chefs d'accusation furent retenus contre lui : pratiques hérétiques, vente de chrétiens comme esclaves en Orient, protection d'usuriers « lombards », etc. Condamné à une modeste amende, il préféra aller en prison plutôt que de payer, mais s'enfuit rapidement grâce à de rares complicités, pour finir ses jours à Rome, où le pape Calixte III le prit sous sa protection.

Les Médicis, de Florence, banquiers des papes Jean XXII et Martin V, étaient les homologues en Italie du rapace et génial Jacques Coeur. Les Médicis furent « des figures de transition entre les marchands d'argent du Moyen Âge et les banquiers des temps modernes »[102]. Maniant habilement l'argent, avec toute l'honnêteté que permet le « métier », en gérant tous les mouvements de fonds nécessaires à la tenue du concile de Constance, de 1414 à 1418, puis, plus tard, en 1431, celui de Bâle, les Médicis ont atteint une importance politico-financière sans précédent jusqu'alors. Surtout, Laurent de Médicis, surnommé « le Magnifique », a donné une splendeur légendaire à sa banque, mais a subordonné la conduite de ses opérations financières à la grande politique, participant à presque toutes les grandes intrigues internationales de son temps. À sa mort, malgré la protection du pape Innocent VIII, commença le déclin de la maison. Bien que le nom des Médicis, premiers grands financiers chrétiens, survive, la maison disparaîtra rapidement en tant que centre financier et politique. Les Médicis peuvent être considérés comme une préfiguration de l' e des Morgan et de Cyrus Eaton, des banquiers « gentils » qui collaborèrent activement avec leurs collègues juifs et furent, peu à peu, absorbés ou supplantés par ces derniers. Ceux qui éclipsèrent les Médicis, à leur époque, furent les Fugger.

Les Fugger, d'Augsbourg, étaient aussi puissants, voire plus, que les Médicis, mais beaucoup plus discrets. Hans Fugger, chrétien et tisserand, épousa une Juive et le fils aîné du couple, Jacob, qui devint chef de la corporation des tisserands d'Augsbourg, se consacra au commerce de l'argent. Le couple eut cinq enfants, tous des garçons, et tous mariés à des Juives, mais seuls deux d'entre eux reprirent l'entreprise paternelle, Mark et Jacob. Les Fugger entretenaient des relations financières avec la papauté et la dynastie des Habsbourg. Jacob Fugger II devint banquier du Saint-Empire romain germanique. En 1519, il fournit les fonds nécessaires à l'achat des voix des électeurs qui portèrent sur le trône impérial le neveu de Maximilien, Charles Quint d'Allemagne, qui occuperait par la suite également le trône d'Espagne. Ce Fugger écrivit à l'empereur Charles, en 1523, en ces termes : « Il est connu et évident que Votre Majesté n'aurait pas obtenu la couronne impériale sans moi »[103]. Les Fugger pratiquaient des taux d'intérêt très bas (1%) lorsqu'ils traitaient avec des particuliers, mais leur stratégie consistait à prêter de l'argent aux pouvoirs publics à des conditions avantageuses : en échange, ceux-ci leur accordaient le droit

---

[102] A. Dauphin-Meunier : « *Histoire de la Banque* », p. 67.

[103] A. Dauphin-Meunier : « *Histoire de la Banque* », p. 69.

d'exploiter des mines, ainsi que des faveurs et des privilèges. C'est ainsi qu'ils obtinrent le contrôle des mines de cuivre et d'argent du Tyrol et de Hongrie, de mercure en Espagne (Almadén), ainsi que d'immenses régions minières au Venezuela. Une branche des Fugger s'installa en Espagne, changeant son nom de famille pour l'espagnolisé Fúcar. Antonio Fúcar finança la guerre de Philippe II d'Espagne contre la France et contre les Turcs. Les Fugger-Fúcar étaient déjà banquiers du Saint-Siège lorsqu'on leur confia le droit de frapper la monnaie des États de l'Église et, sans égard pour leur ancienne alliance avec les Médicis, ils leur arrachèrent progressivement toutes leurs positions. Mais le décret de Valladolid, en 1557, par lequel Philippe II suspendait le paiement de toutes ses dettes et interdisait l'exportation de l'or espagnol, provoqua la ruine des Fugger.

Le dernier grand financier « indépendant », dont les activités préfigureront celles de la finance moderne, est Samuel Bernard, de confession huguenote, mais qui, selon Voltaire et Drummont, était de race juive. Considéré comme le Crésus de son époque, Bernard, banquier de Louis XV et d e de France, utilisa sa puissance économique pour arracher au monarque des concessions en faveur de ses coreligionnaires qui, malgré les interdictions renouvelées, revenaient constamment s'installer dans ce pays. Sa grande fortune, le fait de jouir de la faveur royale, ses influences dans la société européenne incitèrent les familles nobles et puissantes à rechercher l'alliance avec ses riches descendants. Les Clermont-Tonnerre, les Cossé-Brissac, les Saint-Chamans purent redonner de l'éclat à leurs armoiries grâce à l'héritage du financier Samuel Bernard. L'un des descendants de cette alliance entre l'argent et la noblesse, Mathieu-François Molé, reçut de Napoléon la mission de diriger les délibérations du Grand Sanhédrin en 1807, ce qui se produisait alors pour la première fois et ouvrait la voie à l'officialisation d'une nation juive au sein de la nation française, chose que le Grand Corse allait très vite regretter.

LE TERRAIN FERTILE

Par la simple inertie des faits, et en raison de leurs intérêts communs, les dynasties financières se sont regroupées, et, dans certains cas, fusionnées, jusqu'à former ce qu'on appelle communément la Finance internationale, et que les « initiés » surnomment le Système, ou en anglais, l'Establishment.

Mais pour actualiser, pour réaliser ce que Treitschke appelait une « grande politique », l'argent ne suffit pas. L'argent ne suffit pas, à lui seul, même pour mener une politique financière. Il faut, même pour quelque chose d'aussi concret et matériel que la finance, un esprit directeur, une âme d'[104]. Nous avons déjà dit que le « modus operandi » des précurseurs de la finance consistait dans le commerce de l'argent et, à travers celui-ci, dans le trafic d'influence. Mais en transformant l'activité bancaire autrefois honnête, qui consistait à garder les économies du public en prélevant pour cela une commission, en l'escroquerie prodigieuse dont nous nous sommes déjà occupés en détail, les possibilités des financiers ont atteint des limites insoupçonnées, même pour les élites, et bien sûr tout à fait incroyables pour le grand public. Il ne s'agissait plus de prêter de l'argent, mais de l'inventer, de le créer à partir de rien. Pour cela, il fallait vaincre l'opposition des gouvernements, car aucun monarque, aucune république saine n'acceptera jamais que la mesure et l'échange des biens d'un pays dépendent du bon vouloir d'individus ou d'institutions particulières, ou, en tout cas, étrangères et étrangères à l'intérêt national. C'est pourquoi ce qu'on appelle génériquement « la Révolution » – de la Révolution bourgeoise française à la Révolution « communiste » russe en passant par la série interminable d'utopies anarchistes, « socialistes », démocratiques et autres – a toujours bénéficié du soutien décisif de la haute finance. L'écrivain Anatole France, dont on ne peut légitimement douter du républicanisme, a affirmé : « L'un des bienfaits de notre Révolution a consisté à livrer la France, ligotée, aux hommes de l'argent, qui la dévorent depuis cent

[104]Mario Alberti : « *Le Corps et l'Âme de la Monnaie* », Rome 1935.

ans »[105]. Et Pierre Gaxotte, sans doute le meilleur historien spécialisé dans le thème de la Révolution française, n'a pas hésité à dire que : « Sans le soutien massif et éhonté des puissances internationales de l'argent, parfois dirigées par l'Angleterre, le phénomène appelé Révolution française ne se serait jamais produit »[106].

La conclusion « Finance-Révolution », sur laquelle tant a été écrit, est si évidente qu'il semble impossible qu'elle ne soit pleinement comprise et acceptée que par quelques-uns. La seule explication que nous trouvons réside dans le phénomène généralement oublié de la paresse mentale humaine. « Certains hommes », dit Bernard Shaw, « préféreraient mourir plutôt que de penser. Ce sont les martyrs de la stupidité humaine »[107]. Il faut bien sûr rendre justice aux manuels scolaires d'histoire selon lesquels les Révolutions française et russe – celles de la Liberté et de l'Égalité – ont eu lieu parce que le peuple affamé et exploité s'est soulevé contre la tyrannie des classes aisées… alors que la réalité est que la France de Louis XVI, bien qu'endettée par l'œuvre funeste de Law et Necker, possédait, si l'on veut parler en termes comptables, un actif bien supérieur au passif et que ses classes laborieuses jouissaient du niveau de vie le plus élevé de l'Europe de l'époque, tandis que la Russie de Nicolas II, malgré son retard par rapport à l'Occident, avait atteint un revenu par habitant inégalé jusqu'alors... et depuis lors. Cette complicité entre capitalistes et révolutionnaires est non seulement historiquement vraie, mais nécessaire. En effet, pour organiser une révolution « spontanée », il faut :

a) Engager – et payer – des acteurs et des agitateurs professionnels qui, par leurs discours enflammés, feront croire à une majorité de crétins qu'ils sont très malheureux et que les pouvoirs en place les exploitent. C'est un axiome psychologique que pour chaque médiocre prêt à admettre le fait de sa propre médiocrité, on en trouvera cent prêts à rejeter la faute sur « la société », c'est-à-dire sur les autres.

b) Engager – et payer – la location des salles où se tiendront les rassemblements des agitateurs en question.

c) Engager – et payer – les « voyous » chargés d'assurer le

---

105 Anatole France : « *Le Lys rouge* »

106 Pierre Gaxotte : « *La Révolution française* ».

107 G. Bernard Shaw : « *Le Chariot aux pommes* ».

maintien de l'ordre dans ces salles, et « convaincre » à coups de poing ceux qui ne sont pas d'accord.

d) Engager – et payer – les plumitifs de bas étage, les médecins sans patients, les avocats sans dossiers et, en général, la plèbe des professionnels ratés, pour qu'ils rédigent les tracts révolutionnaires qu'il faut imprimer, distribuer et coller sur les murs.

e) Engager – et payer – les imprimeurs, les typographes et les « hommes de main d' » nécessaires à cette tâche.

f) Louer – et payer – des espaces dans les différents médias.

g) Engager – et payer – des équipes de révolutionnaires dévoués dont la mission consistera à troubler l'ordre public. Ces troubles de l'ordre, qui se produisent généralement avec une synchronisation remarquable, ne peuvent en aucun cas résulter d'actions « spontanées ».

h) Engager – et payer – des équipes d'avocats dont la mission ne sera autre que de fournir une assistance juridique aux révolutionnaires arrêtés par la police.

i) Louer – et payer – des stocks d'armes de poing[108] nécessaires à l'action révolutionnaire dans la rue.

j) Engager – et payer – les services de traîtres au sein de l'armée, de la police et de l'administration, sans lesquels aucune révolution n'a jamais triomphé.

Pour organiser une révolution, il faut engager – et payer – tant de choses que celle-ci n'est à la portée que de groupes extrêmement fortunés. Il en est ainsi aujourd'hui ; il en a toujours été ainsi, et il ne pourra jamais en être autrement.

Cette collusion, cette nécessaire collusion entre capitalistes et révolutionnaires, a eu son parallèle inévitable dans l'Histoire. Car il est historiquement irréfutable que la Révolution anglaise, relativement pacifique, qui s'est achevée par l'exécution du roi Charles Ier et l'instauration de la dictature de Cromwell, a bénéficié du soutien puissant des banquiers séfarades d'Amsterdam et de ceux récemment expulsés d'Espagne, ainsi que des « Lombards » installés à Londres. Le résultat spectaculaire, bien sûr, fut l'instauration de la Chambre basse, ou des Communes, et, fait décisif pour la finance et, en définitive, pour l'intra-histoire, la légalisation des activités des usuriers et la création

[108] Parfois, pas si « courtes » que ça. La glorieuse Armée rouge, lors de la Révolution d'octobre en Russie, disposait même de chars et de canons, que l'on doute franchement avoir pu acheter avec le montant des cotisations des membres du Parti.

ultérieure de ce qu'on appelle la Banque d'Angleterre.

On peut en dire autant de la Révolution française. L'attaque de la finance internationale contre les trois derniers rois de la dynastie capétienne fut d'une violence jusqu'alors inconnue. Un aventurier écossais d, John Law, qui, selon Gaxotte[109], était un agent de Fernández Carbajal, le banquier séfarade artisan du triomphe de Cromwell et de la création de la Banque d'Angleterre, s'installa à Paris et proposa ses services à Louis XIV, qui les refusa. Il entra alors en contact avec le duc d'Orléans, cousin du monarque et prétendant à la couronne de France. Louis XIV fit expulser Law d[110], mais celui-ci revint en France après la mort du roi. Il fonda une banque privée, puis une Compagnie de commerce d'Occident, dont le capital fut entièrement souscrit par la Banque Law. Cette nouvelle compagnie obtint le privilège royal de l'exclusivité du commerce avec la Louisiane, les Amériques, les Indes, la Chine et l'Afrique. Un an et demi plus tard, un édit royal transforma la Banque Law en « Banque royale ». Cette banque mit en place le système du crédit, mais avec peu de prudence, ce qui entraîna sa faillite au bout de deux ans. L'État dut accorder un moratoire, s'endettant lui-même pour éviter la ruine de milliers de titulaires de comptes courants, tandis que Law s'enfuyait en Angleterre pour échapper au mandat d'arrêt lancé contre lui.

« Mais, dit Henry Coston, les manipulateurs d'argent prirent leur revanche en 1789. Profitant de la révolution qui balaya le trône de Saint-Louis, ils établirent sur les ruines de la vieille France une domination ignominieuse, surtout si l'on considère qu'elle était exercée, au nom du peuple français, par des hommes généralement étrangers à ses coutumes, ses traditions et sa foi »[111].

On a beaucoup parlé du rôle des encyclopédistes et des conspirateurs dans la gestation de la Révolution française. On a moins parlé, bien que son importance fût primordiale, du financier suisse Necker. Fils d'un avocat prussien résidant à Genève, Necker entra très tôt au service de la

---

109 Pierre Gaxotte : Ibid. Id. Op. cit.

110 Henry Coston affirme dans « *La Haute Banque et les Trusts* » que le véritable nom de famille de Law (loi, en anglais) était Lasse, et qu'il n'était bien sûr ni écossais, ni anglais.

111 Henry Coston : « *Les financiers...* », p. 29.

Banque Isaac Vernet. D'abord luthérien, il se convertit au calvinisme et entra dans la franc-maçonnerie. Isaac Vernet le nomma directeur de sa succursale à Paris. « Après avoir soudoyé un haut fonctionnaire du ministère des Affaires étrangères, Necker eut vent des négociations secrètes de paix entre la France et l'Angleterre. Il acheta à bas prix tous les titres anglais qu'il put trouver sur le marché et, après le traité de Paris, en février 1763, les revendit avec un bénéfice de 1 800 000 livres »[112]. Une opération similaire, d', portant cette fois sur les dettes canadiennes, fit de lui l'homme le plus riche du royaume.

Cédant aux multiples pressions de son « entourage », Louis XVI fit appel à Necker en lui confiant la tâche de remettre de l'ordre dans les finances du pays. Pendant quelques mois, Necker sembla être la panacée. Pour assainir le Trésor public, il ne faisait que lancer des emprunts, empruntant de l'argent à des taux scandaleux. En quatre ans, il tripla la dette du pays ; sa politique, soutenue surtout par des banquiers étrangers, tels que les Genevois Hottinguer, Mallet, Mirabaud, Vernes et, surtout, Isaac Vernet, reposait sur la multiplication de la dette « ad infinitum ». De plus, il faisait constamment pression sur le roi pour qu'il autorise la création d'une « banque centrale », à l'instar de celles qui fonctionnaient déjà aux Pays-Bas et en Angleterre. Sa protection de certains révolutionnaires fut la cause – avec sa politique économique malavisée – de sa destitution par le roi. Mais la pression des « Sociétés de Pensée » obligea le faible Louis XVI à le rappeler, en 1788, soit sept ans après sa destitution. Le retour de Necker suscita des manifestations extravagantes d'enthousiasme de la part d'une « opinion publique » opportunément manipulée. Le 27 décembre 1788, dans son rapport au Conseil royal, Necker, sans aucune retenue, attaque Louis XVI et son premier ministre, Vergennes, la « bête noire » des révolutionnaires. Six mois plus tard, en mai 1789, les États généraux sont convoqués, embryon du futur Parlement, objectif pour lequel le financier millionnaire Necker s'est battu pendant des années. Deux mois plus tard, l'indécis Louis XVI renvoyait à nouveau Necker. C'était le 11 juillet. Nouvelle agitation de la populace parisienne en faveur de Necker. Émeutes de rue et prise de la Bastille le 14, et, le lendemain, le malheureux Louis XVI, contraint par le « frère » général Lafayette, rappelait Necker. En 1790, alors que le pays était complètement ruiné et que le monarque était pratiquement prisonnier des révolutionnaires –

---

[112] Jacques Bordiot : « *Une main cachée dirige...* », p. 65.

qui le guillotineront trois ans plus tard –, Necker, complètement discrédité par ceux qui l'avaient soutenu malgré sa vacuité et qui l'abandonnaient dès qu'il ne leur était plus utile, retourna à Genève, aux côtés de son mentor Isaac Vernet.

* * *

Nous avons précédemment évoqué les « Sociétés de Pensée », qui n'étaient rien d'autre que des loges maçonniques auxquelles la participation occasionnelle de sympathisants non-membres de la secte était autorisée. L'influence de ces « Sociétés » sur le déclenchement de la Révolution française fut considérable. Ce n'est pas ici le lieu de nous étendre sur un compte rendu détaillé de la lutte séculaire de la franc-maçonnerie contre la Couronne de Saint-Louis jusqu'à son effondrement lors de la Révolution française. Des auteurs de l'envergure de Bernard Fay, Augustin Cochin, Copin-Albancelli, Gustave Bord, Gaston Martin, Henry Coston, Georges Virebeau et l'Anglaise Nesta H. Webster ont traité le sujet en profondeur et avec une documentation exhaustive. En réalité, la franc-maçonnerie a été, et est toujours, l'ennemie de tous les trônes, même si, pour des raisons tactiques, elle s'est parfois appuyée sur certains d'entre eux, ou a toléré l'existence de quelques autres, surtout lorsqu'il s'agit de trônes purement symboliques, c'est-à-dire dépourvus de pouvoir réel.

Mais ce qu'il nous importe particulièrement de mentionner ici, c'est que la franc-maçonnerie, conjointement avec la Révolution[113], est l'un des éléments constitutifs du terreau fertile du Système. Le troisième élément est la finance internationale. Nous le répétons : la finance internationale, aussi omnipotente soit-elle, n'est qu'un élément parmi d'autres. La finance est un outil, tout comme l'est le communisme, tout comme l'était l'anarchisme, tout comme le trotskisme a failli l'être, tout comme le sera peut-être demain le racisme antiraciste des peuples de couleur.

Mais il y a plus. Le Système est bien plus que cela. Le Système, c'est ce qu'on appelle le mondialisme, incarné par la funeste ONU et ces groupes mystérieux d'individus qui, de manière très antidémocratique, sont désignés par cooptation, comme le groupe Bilderberg, dont nous

---

[113] Nous faisons référence à la Révolution au sens où l'entend la majorité, et non au concept évoqué par sa signification étymologique.

parlerons plus loin. Le Système, en somme, n'est rien d'autre que la concrétisation d'anciennes prophéties messianiques ; c'est, ni plus ni moins, une organisation tentaculaire dont l'objectif final, que tous ou la plupart de ses membres en aient conscience ou non, est la domination de la planète.

NAPOLÉON ET ROTHSCHILD

Si Necker avait vidé les caisses de l'État, une pléiade de politiciens de second ordre, parmi lesquels abondaient ceux nés hors de France, comme le Juif prussien Anacharsis Klotz, le Séfarade Chocerlos de Laclos, les Séfarades Almereyda (Portugais) et Guzmán (Espagnol), et surtout le sanglant Hébreu Jean-Paul Marat, imposèrent la Terreur, aveugle et arbitraire, comme forme de gouvernement, s'appuyant sur la populace des grandes villes. De cette populace avait émergé ce que Spengler appelait « l'élite négative du ruisseau », le monde abyssal des inférieurs, des rancuniers, des ratés ; des professionnels sans profession ; des rêveurs, des oisifs et des ivrognes ; des prostituées, des charlatans et des démagogues ; des attardés physiques et moraux ; des êtres inférieurs qui haïssaient la Société et les valeurs établies, précisément en raison de leur propre infériorité. Des gens qui, s'abritant derrière le célèbre trilemme Liberté-Égalité-Fraternité, faisaient de fabuleuses affaires. Tous, en fin de compte, bourreaux et victimes, successivement, de la dynamique du Mal ; du principe selon lequel le Mal est mauvais même pour le Mal. En définitive, tous au service de forces antinationales, cosmopolites, comme on disait déjà à l'époque. Lors du procès des « hébertistes », par exemple, il fut démontré qu'ils étaient tous aussi anti-français qu'antidémocrates, s'accusant les uns les autres sans aucune retenue. Ils furent guillotinés, en tant que complices de « l'Étranger » : le judéo-prussien Klotz ; Danton, l'illustre mercenaire de l'Angleterre – ou, plus exactement, de la Banque d'Angleterre – ; le séfarade Guzmán ; les banquiers israélites autrichiens Emmanuel et Junius Frey ; Madame de Haelder, agent du roi de Prusse et fondatrice de la « Société fraternelle des deux sexes » maçonnique, dont faisait partie l'aventurière et espionne hollandaise Etta Palm, agent de la Banque d'Amsterdam, maîtresse du député Choudieu, agent des Pays-Bas[114]. Mais, quelques mois plus tard, les « jacobins », bourreaux des « hébertistes », allaient, à leur tour, finir sous la guillotine.

---

[114] Jacques Bordiot : « *Une main cachée dirige...* », p. 83.

Les guerres du Directoire – écrit Henry Coston[115] – permirent aux financiers, devenus les maîtres de l'État, d'exploiter les conquêtes menées par les généraux. En 1799, le Directoire, ruiné, apprit que « son » banquier, Ouvrard, avait refusé de lui fournir davantage d'argent. Le gouvernement annonça alors des mesures contre les financiers « spéculateurs ». Les banquiers prirent peur et cherchèrent un sabre capable de mettre de l'ordre dans ce chaos. Les banquiers Perregaux et Marmont se souvinrent d'un certain général Bonaparte qui, en Égypte, comme auparavant en Italie, s'était révélé non seulement un grand stratège, mais aussi un administrateur avisé des territoires conquis. Perregaux et Marmont envoyèrent en Égypte leur émissaire Bourbaki, qui informa Bonaparte que « deux millions de francs étaient à sa disposition en prévision d'un coup d'État »[116]. Laissant ses troupes sous le commandement du général Kléber, Napoléon se rendit rapidement à Paris, où l'attendaient avec impatience les banquiers Le Couteulx, Perregaux et Marmot, père de l'aide de camp du vainqueur des Pyramides. En réalité, la haute finance n'avait aucun intérêt à renverser le Directoire, et ne pouvait pas non plus soupçonner qu'Ouvrard, d'abord, puis Perregaux, Le Couteulx et Marmont, agissaient de leur propre chef, sans consulter le pouvoir de l'argent naissant, mais de plus en plus puissant, installé à Londres et à Amsterdam. C'est pourquoi les mesures nécessaires furent prises pour empêcher que ne se répète le fait scandaleux qu'un banquier pense davantage à sa patrie qu'aux intérêts du système financier international ; et cela ne se reproduirait pas avant cent trente ans plus tard, en Allemagne.

Mais ne prenons pas les devants et revenons à Paris, où l'argent et l'influence de Perregaux, Le Couteulx et Marmont ont permis l'élection de Luciano Bonaparte à la présidence de l'Assemblée nationale, en avril 1799. Le Couteulx s'est fait élire président de l'administration du département de la Seine. Il s'est assuré la complicité de Lemercier, président du Conseil des Anciens. Le général Marmont, figure clé de la conspiration, en tant que fils d'un banquier, gendre de Perregaux et aide de camp de Bonaparte, convainquit le général Jubé, chef de la Garde du Directoire, de se joindre aux conspirateurs. Jubé enferma les membres du Directoire – dont la sécurité lui était confiée – au palais du

---

[115] Henry Coston : « *Les Financiers...* », p. 51.

[116] A. Dauphin-Meunir : « *La Banque à travers les Âges* », T. II, p. 71.

Luxembourg, tandis que Napoléon faisait conduire de force les membres des deux Assemblées au château de Saint-Cloud et, là, sous prétexte de sauver la République, l'étrangla. Le 19 brumaire (11 novembre 1799), Napoléon Bonaparte fut nommé Premier Consul[117].

Peut-on affirmer que, parce qu'il devait son pouvoir à un petit groupe de financiers, Napoléon en était le jouet ? Absolument pas. Au contraire : car même s'il se montrait reconnaissant envers ceux qui avaient contribué à son accession au pouvoir, il n'hésitait jamais, lorsque cela servait les intérêts de la France ou de sa politique, à leur mettre des bâtons dans les roues avec toute la rigueur qu'exigeaient les circonstances.

Napoléon, sans aucun doute la figure la plus éminente d'une époque où les grands hommes abondaient, a été décrit de toutes les manières possibles et sous les angles les plus divers par des historiens de pacotille qui, tout au plus, ont vu en lui un aventurier parvenu chanceux, versé dans la tactique et la stratégie militaires. Mais les véritables historiens, à commencer par le très monarchiste Jacques Bainville, ont su saisir le grand homme d'État, le législateur, l'économiste : le Génie. Napoléon, en pleine campagne d'Italie, était parvenu à la conclusion que ce dont la France avait un besoin urgent, pour en finir une bonne fois pour toutes avec le chaos organisé au profit de la finance apatride, c'était un roi. Il suggéra même à Sieyès la possibilité de ramener les Bourbons. Malheureusement, le frère et héritier de Louis XVI, qui, dans son exil londonien, se faisait appeler Louis XVII, percevait une pension du gouvernement britannique et menaçait de solliciter l'aide anglaise pour soumettre ses « sujets rebelles ». Une conduite aussi indigne, indigne d'un véritable monarque, rendait la Restauration impossible. « La nation française, disait Napoléon, a besoin d'un chef héréditaire… Je recommanderais même la restauration des Bourbons, si ceux-ci (les Bourbons) disposaient aujourd'hui en Europe d'un autre titre de considération ou de force que celui dérivé des maigres salaires qu'ils reçoivent de l'Angleterre, ou des financiers qui, sur cette île, imposent leur volonté, et si les Français n'avaient pas de bonnes raisons de craindre que leur retour n'attire sur leurs têtes le mépris que mérite leur faiblesse, et n'entraîne la destruction de nos institutions actuelles aux

[117] A. Dauphin-Meunier : « *La Banque à travers les Âges* », T. II, p. 79.

mains de gens ignorants qui les haïssent »[118].

Napoléon jugeait la Révolution française du même point de vue que Mirabeau, c'est-à-dire comme un moyen et non comme une fin. Comme un moyen d'épurer le système féodal de ses abus, dépassé par la Vie elle-même.

Napoléon souhaitait faire « la Révolution par le haut », c'est-à-dire la seule Révolution possible. Une Révolution qu'il était prêt à mener en rétablissant le Trône – « un monarque », disait-il, « on ne peut pas le corrompre » – ce qui équivalait dans son esprit à dominer le système financier, lequel, logiquement, lutterait contre le Trône comme il l'avait déjà fait à l'époque de l'indécis Louis XVI. Il se rendait compte que ce serait une lutte multiforme, tentaculaire. Il savait que l'argent ne se bat jamais ouvertement, de front, mais par l'intermédiaire d'agents qui, bien souvent, ignorent même l'objectif qu'ils servent et, a fortiori, les forces et les hommes qui poursuivent cet objectif. Napoléon savait qu'il y avait de l'argent international derrière chacun de ses ennemis ; il y en avait derrière le pantin Louis XVII et tout le parti monarchique ; il y en avait derrière les ultra-révolutionnaires sanguinaires du Club des Jacobins ; et il y en avait, surtout, dans la communauté israélite de France. L'une des premières mesures prises par la Convention fut en effet non seulement d'admettre l'immigration incontrôlée des Juifs, mais aussi de leur accorder la jouissance de tous les droits civils, même s'ils venaient tout juste d'arriver d'un ghetto de Transylvanie. Les Juifs, comme toujours et partout, étaient, individuellement et collectivement, au service de l'Argent international. Ils couleraient, en s'appuyant – là encore comme toujours et partout – sur le patriotisme respectable d'autres nations ou sur la trahison des mécontents de l'intérieur, quiconque avait osé s'opposer aux desseins du Grand Parasite. L'Aigle d'Austerlitz, bien qu'il eût décelé dès le début son Ennemi et pris des mesures, tant internes qu'externes, pour se protéger de ses morsures venimeuses, finirait par succomber.

Napoléon voulut restaurer l'idée de service, alors que la démagogie ne parlait que de « droits ». Il mit un frein aux activités des banquiers ; il proclama que « le crédit appartient à la Nation, et non aux banquiers ». À la fin du XVIIIe siècle, le Premier Consul Bonaparte balayait du regard un monde ancien dans lequel le système du service

[118] R. Mc Nair Wilson : « *God and the Goldsmiths* », p. 94.

était partout en déclin mélancolique. Dans les monarchies sur le déclin, une classe privilégiée regardait avec méfiance les banquiers, qui convoitaient ses privilèges. En Angleterre, la prestance avec laquelle George III avait commencé son règne s'estompait peu à peu. Le monarque, depuis son humiliation en Amérique, dont nous parlerons plus loin, n'osait plus agir contre les intérêts de la City de Londres ; cette même City qui avait trahi de manière retentissante l'Angleterre dans la guerre contre les colonies nord-américaines se rangerait ensuite du côté de l'Angleterre contre la France ou, plus exactement, contre l'Idée de Service et de Messianisme européen que le Grand Corsais incarnait dans les circonstances du moment. McNair Wilson affirme que « les financiers exportaient et importaient de l'or sans tenir aucun compte de la loi ni de l'état de guerre ; leurs opérations échappaient à toute sanction de la part d', car ceux qui auraient pu la leur imposer étaient associés à leurs entreprises et en tiraient de formidables bénéfices »[119]. C'est une vérité historique incontestable que, tout au long de sa vie, Napoléon a cherché à conclure une alliance avec l'Angleterre ; il a toujours compris qu'il y avait une différence entre le peuple anglais et les hommes de la City. Il n'a jamais hésité à proclamer la vive admiration qu'il éprouvait pour l'Angleterre et ses institutions. Il a dit un jour à l'ambassadeur anglais : « Tout serait possible pour l'humanité si la France, première puissance continentale, et l'Angleterre, première puissance navale, étaient unies ». C'est ainsi qu'il proposa au gouvernement anglais un traité de paix, signé à Amiens à la fin de l'année 1799, par lequel la France, sans autre contrepartie que celle de montrer à Londres son esprit de bonne volonté et de paix, s'engageait à ce que sa flotte de guerre ne dépasse en aucun cas, en tonnage, le tiers de celle de la Grande-Bretagne. De plus, Napoléon, qui avait vaincu tous ses ennemis, promulgua une amnistie très large, rappela tous les exilés et, une fois la religion rétablie, fit chanter un Te Deum solennel à Notre-Dame.

Après avoir fait la paix avec ses ennemis extérieurs, Napoléon voulut mettre de l'ordre dans les affaires intérieures. Il interdit sous peine de sanctions très sévères que l'argent soit exporté hors de France et ordonna que, sous aucun prétexte ni circonstance, on ne recoure à l'emprunt pour couvrir les dépenses ordinaires, civiles ou militaires. Ces mesures visaient à empêcher les banquiers de mettre le gouvernement en difficulté, comme ils l'avaient déjà fait avec Louis

119 R. Mc Nair Wilson : « *The Bankers Conspiracy* ».

XV, Louis XVI, la Convention et le Directoire. Lorsqu'un gouvernement dépend financièrement de la banque, ce sont les banquiers qui gouvernent véritablement, car « la main qui donne est au-dessus de la main qui reçoit ».

Comme Napoléon l'affirmait lui-même à son fidèle Las Cases, « l'argent n'a pas de patrie : les financiers n'ont ni patriotisme ni décence ; leur seul but est le profit »[120]. Cent trente ans plus tard, le Napoléon de notre époque affirmait quelque chose de similaire, en ajoutant que le profit n'était pas la fin ultime, mais le pouvoir qu'il procure.

Le refus de Napoléon d'accepter des prêts de quelque nature que ce soit avait suscité une vive inquiétude dans la City de Londres. Il ne faut pas oublier qu'il ne s'agissait plus seulement de la France, mais de plus de la moitié du continent, où l'influence des armes françaises victorieuses imposait une soumission naturelle aux directives de Paris. Une autre mesure qui a échauffé les esprits de la haute finance fut la création de la Banque de France. Il faut reconnaître que cette Banque de France avait été préconisée par Necker et, par conséquent, par les financiers qui commandaient Necker. Mais ce que ceux-ci souhaitaient, c'était une Banque de France à l'image de leurs homologues d'Angleterre et des Pays-Bas, c'est-à-dire la « banque centrale » classique, coordinatrice des banques privées, et aussi « privée » que celles-ci. Or, ce que Napoléon créa fut une véritable Banque de France, c'est-à-dire liée à la France, appartenant à la France et ne servant que les intérêts de la France. Cette institution créerait la monnaie, c'est-à-dire émettrait de la monnaie au fur et à mesure que la production agricole et industrielle l'exigerait ; cette monnaie naîtrait sans le stigmate de la dette et serait totalement dissociée de l'or. De plus, Napoléon se fit nommer président à vie de la Banque, figurant en tête de la première liste des souscripteurs d'actions de l'établissement, aux côtés de personnes en qui il avait une confiance absolue, comme son frère Joseph ; son beau-frère Murat ; sa belle-fille Hortense de Beauharnais et ses fidèles aides de camp Duroc, Clarke et Bourienne, ainsi que son confident Las Cases. Le banquier Ouvrard, qui critiquait ouvertement la politique de la nouvelle Banque nationale, fut arrêté sur ordre de Napoléon, ce qui accrut encore davantage l'hostilité de la

[120] Las Cases : « *Mémoire de Sainte-Hélène* ».

finance internationale.

Mais la mesure qui porta l'hostilité à son paroxysme fut l'attitude du Premier Consul envers les Juifs. Si c'est Napoléon qui ordonna de convoquer le Grand Sanhédrin de France, son idée était, comme le démontreraient ses actes ultérieurs, de « voir ses Juifs », selon la formule d'Édouard Drumont[121]. En cela, l'instinct sûr de son génie merveilleux ne le trahissait pas, car, comme l'affirme à juste titre Drumont, « tout Juif qui se montre, tout Juif découvert est relativement peu dangereux, et peut même être utile si on l'emploie à des actions déshonorantes que personne d'autre n'accepterait d'accomplir. Le Juif dangereux est le Juif vagabond, socialiste de parole, agent provocateur, généralement au service de l'Étranger, qu'il trahira aussi quand cela lui conviendra... »[122].

Pour « voir » ses Juifs, Napoléon exigea, pour commencer, qu'ils adoptent des noms et prénoms fixes, sous peine d'expulsion ; il les obligea à se faire recenser ; il fixa un « numerus clausus » qui concernait tant leurs lieux de résidence que certaines activités : et il leur interdit formellement l'usure. De plus, estimant qu'ils étaient trop nombreux en Alsace et qu'ils suscitaient les plaintes des habitants de cette région, il ordonna l'expulsion de plus de la moitié d'entre eux, les envoyant en Vendée, « en punition de cette région, coupable de rébellion en faveur du prétendant Louis XVII ». Mais, au-delà de toutes ces mesures, l'animosité du Premier Consul était évidente. On raconte que lors d'une réunion du Conseil d'État, Napoléon aurait déclaré : « Personne ne se plaint des catholiques ni des protestants comme on se plaint des Juifs, ce qui prouve qu'il ne s'agit pas d'une question de religion, mais de race. Le mal que font les Juifs ne provient pas des individus, mais de l'idiosyncrasie même de ce peuple étranger. Ce sont des vermines, des parasites qui veulent ruiner ma France »[123].

Et, comble de l'indignation de la finance internationale, qui a rendu possible la Révolution française, le général corse Napoléon Bonaparte, qui n'a jamais perdu son accent corse, s'est proclamé empereur. Il insista pour que l'Église le consacre par la main du pape lui-même, Pie

[121] E. Drumont : « *La France juive* », p. 254.

[122] Ibid. Id. Op. cit., p. 256.

[123] Ibid. Id. Op. cit., p. 259.

VII, mais afin qu'on ne puisse même pas supposer que la nomination du Ciel passait indirectement par l'Église, il posa lui-même la couronne de France sur sa tête. Napoléon fut donc souverain de France par la grâce de Dieu, sans qu'il soit possible d'établir aucune différence entre sa souveraineté et celle de tout autre souverain. « Le pouvoir vient de Dieu et du peuple », affirmait Napoléon, « mais la légitimité ne découle pas nécessairement de l'héritage, surtout si les héritiers se sont montrés indignes ».

C'est ainsi que la finance internationale organiserait depuis Londres, avec de nombreuses complicités continentales, coalition après coalition contre le Grand Corse. Bien qu'il ait mis fin aux abus anticatholiques hystériques des Jacobins, Napoléon dut également faire face à l'hostilité à peine voilée, sinon de l'Église en tant qu'institution, du moins du haut clergé, qui ne lui pardonna jamais son attitude le jour de son couronnement en tant qu'empereur.

L'historien D'Ivernois, peu soupçonné de bonapartisme, affirme que c'est la Haute Banque qui fut responsable de l'échec du blocus continental imposé par Napoléon à l'Angleterre[124], et, par conséquent, de l'exil forcé de l'Aigle à Sainte-Hélène[125].

La chute de Napoléon a représenté le retour à « l'ordre », c'est-à-dire à la réinstauration de l'usure comme système politico-économique pour le gouvernement des peuples. Elle a également marqué un coup d'arrêt à la grande Idée de la Nation-Europe incarnée par le Génie du XIXe siècle, qui aurait signifié, dans le domaine économique qui nous occupe, la création d'une entité territoriale autarcique, économiquement autosuffisante, s'étendant au moins de l'Atlantique aux rives orientales de la Baltique. Au lieu de cela, notre continent a été « balkanisé » en une multitude d'États plus ou moins indépendants, même si, dans la pratique, tous dépendaient, qu'ils le sachent ou non, et de manière de plus en plus définitive, du pouvoir omnipotent de la finance internationale.

Mais, de plus, chronologiquement, la chute de Napoléon a coïncidé

---

[124] R. D'Ivernois : « *Les effets du blocus continental* ».

[125] C'est sans doute une coïncidence, mais le gouverneur anglais de Sainte-Hélène, qui a traité l'Empereur de manière si indigne, était un Juif du nom d'Edmund Lowe.

avec l'apparition sur la scène de la haute politique du nouveau roi d'Europe : Rothschild.

Les ancêtres de Mayer Amschel Rothschild vivaient, comme lui, à Francfort, où ils exploitaient, dans le ghetto, une entreprise de prêt d'argent sur gage. Comme, au départ, les Juifs ne numérotent pas les maisons des ruelles du ghetto, celles-ci se distinguaient les unes des autres par le blason, d'une couleur déterminée, qu'elles arboraient au-dessus de la porte, ou par un autre emblème particulier. La maison habitée par les membres de la famille Rothschild était surmontée d'un blason rouge, et « blason rouge » se traduit précisément en allemand par « Rotes Schild », d'où provient sans doute le nom de la famille[126].

Mayer Amschel Rothschild, le véritable fondateur de la dynastie, entra au service du landgrave Frédéric de Hesse-Cassel, le prince le plus riche de la Confédération germanique, qui fournissait des soldats mercenaires aux souverains européens qui en avaient besoin. Ce type de commerce était très répandu à l'époque, et Mayer Amschel se chargeait de recruter les troupes, de les habiller, de les loger et de les nourrir jusqu'au moment de leur remise à leur nouveau souverain. Évidemment, il percevait une belle commission de la part de Frédéric II de Hesse-Cassel, qui était celui qui fournissait nominalement cette « chair à canon ». Les guerres de la Révolution française et de l' t du Consulat permirent à l'électeur de Hesse et à son haut fonctionnaire Rothschild de faire de magnifiques affaires. Lorsque, en 1806, une nouvelle coalition s'organise contre Napoléon, le roi de Prusse sollicite l'aide de l'électeur de Hesse. Il lui demande de lui envoyer des soldats, mais avoue ne pas disposer de l'argent nécessaire pour les payer. Rothschild avance la somme nécessaire, avec un intérêt très élevé.

En 1810, se voyant vieillir, Mayer-Amschel associe ses cinq fils à l'entreprise familiale « Mayer Amschel Rothschild and Sons », en les répartissant comme suit : Nathan Rothschild est envoyé à Londres ; Salomon, à Paris ; James, qui s'occupait de faire le lien entre les « Français » et les « Anglais », résiderait à Gravelines, en Belgique. Son fils aîné, Amschel, et Karl resteraient pour l'instant avec leur père à Francfort, bien que ce dernier ne tarde pas à s'installer à Naples. D'autre part, avec la disparition du grand ennemi de la Maison, Napoléon, James s'installera à Vienne, où il mènera une formidable

[126] Comte Cesare Corti : « *La Maison Rothschild* », p. 13.

carrière.

Les Rothschild, qui, dans la lutte contre Napoléon, avaient engrangé des profits fabuleux, ont fini par arrondir leur fortune grâce au célèbre « coup boursier de Waterloo ». En effet, informé par ses coreligionnaires sans fortune qui, selon la coutume de l'époque, se présentaient sur les champs de bataille à la fin des combats pour achever les blessés et dépouiller les cadavres, que l'Empereur avait été vaincu par les forces réunies de Wellington et Blücher, il se rendit en toute hâte à Londres, arrivant un jour avant que la nouvelle ne soit officiellement connue, faisant courir la rumeur que les Alliés avaient été vaincus par Napoléon, provoquant ainsi une chute de la Bourse de Londres, tandis que ses agents achetaient à bas prix toutes sortes de titres... qui montèrent en flèche dès que la vérité fut connue. Ce coup de maître fit passer les millionnaires Rothschild au rang de multimillionnaires[127].

Waterloo, qui fut plus une défaite de l'Idéal européen qu'une défaite française, consacra en même temps l'éclosion d'une nouvelle dynastie : la dynastie des Rothschild. À partir de 1815, ils devinrent les amis et les financiers de Louis XVIII, ainsi que des Habsbourg de l'Empire austro-hongrois. Même le gouvernement britannique leur confia la tâche de recouvrer les indemnités de guerre que la France vaincue devait verser à l'Angleterre victorieuse. En 1823, Louis XVIII leur confie le lancement d'un emprunt de 414 millions de francs. C'est ensuite la Prusse qui fait appel à eux, puis l'Espagne, Naples, l'Autriche-Hongrie, les États pontificaux, la Russie. En 1830, 1831, 1832 et en 1834, ils négocièrent de nouveaux emprunts pour le compte du gouvernement français. En 1844, ils s'occupèrent d'un autre emprunt de 200 millions, qui fut à l'origine d'un scandale, le ministre des Finances étant accusé d'être à la solde de l'influence des Rothschild. Mais soudain, la presse de la capitale française, manifestement soudoyée, discrédita tous ceux qui s'étaient opposés à la dynastie des Rothschild et à son ministre des Finances.

De nombreux ouvrages ont été écrits sur les activités de cette famille

---

[127] Eugène de Mirecourt : « Rothschild », p. 64. En revanche, le comte Corti, dans son ouvrage « *La Maison* Rothschild », affirme que Nathan ne s'est pas rendu personnellement d'Ostende à Douvres, en raison de la tempête qui balayait la Manche, mais qu'il a envoyé son agent Rothworth, un coreligionnaire, avec des instructions précises.

étonnante, tantôt défavorables, tantôt favorables ; paradoxalement, ces derniers s'avèrent plus instructifs que les premiers. Les irrégularités constatées dans l'exploitation des Chemins de fer du Nord de la France, dans le financement du viaduc de Barentin, qui s'est effondré avant d'être achevé… Pendant ce temps, à Vienne, Salomon Rothschild était nommé baron par le Kaiser et devenait l'ami personnel du chancelier Metternich, à côté duquel il plaçait insidieusement son agent, un certain Gentz, d'origine juive, qui l'informait des coulisses de la haute politique du puissant État austro-hongrois. Carlos Rothschild, de Naples, quant à lui, était reçu en personne par le pape : il était le premier juif à qui cet honneur était accordé. Nathan, à Londres, était le premier juif admis à la Chambre des lords[128]. La fortune et, parallèlement, la puissance de la dynastie ne cessaient de croître. Les guerres étaient les récoltes de ces trafiquants d'argent. En 1835, en Espagne, éclatèrent les guerres de succession au trône, entre libéraux et carlistes. L'Autriche-Hongrie soutenait ces derniers, dont le traditionalisme attirait Metternich. L'Angleterre et la France aidaient la reine régente et ses libéraux. Les intermédiaires de cette aide étaient les Rothschild de Vienne, Londres et Paris ; en d'autres termes, ils prêtaient de l'argent, contre des garanties, aux deux camps. C'est ainsi que les mines d'Almadén, dans le sud de la péninsule, qui étaient – avec celles d'Idria, que le Rothschild de Vienne avait achetées aux Habsbourg – les seules mines de mercure du continent européen, passèrent aux mains de la dynastie, qui établit ainsi, de fait, un monopole sur ce métal. Et ce n'est pas tout : la branche londonienne de la famille, celle d', établit sur le gouvernement de la régente victorieuse, Marie-Christine, un véritable protectorat financier.

Au sommet de leur puissance, les Rothschild n'ont jamais oublié leurs coreligionnaires moins fortunés. Les interventions de la famille auprès du Saint-Siège, du gouvernement autrichien, du duc de Modène – qu'ils obligèrent à annuler certaines mesures vexatoires qu'il avait imposées à ses sujets juifs accusés de fomenter une insurrection révolutionnaire – acquirent une grande notoriété. Mais leur « bête noire » était la Russie ; les tsars attisaient, par leurs mesures

[128] Pour que Nathan Rothschild soit admis à la Chambre des lords, il a fallu modifier tout le cérémonial. Jusqu'alors, on prêtait serment en prononçant la formule « … On the good faith of a Christian » (sur la bonne foi d'un chrétien), ce que Rothschild a refusé de faire. Une violente polémique éclata, dont l'argent, comme presque toujours, sortit vainqueur, et depuis lors, les lords anglais ne prêtent plus serment en tant que « chrétiens ».

antisémites, la colère des Seigneurs de l'Or… et pas seulement celle des Rothschild, mais aussi celle d'autres coreligionnaires d'influence notoire, tels les Lazard, les Gunzbourg, les Reinach. Cela causera leur perte, comme nous le verrons plus loin.

Même les révolutionnaires israélites, comme le poète fortuné Heinrich Heine et Karl Marx, qui n'avait certainement rien de prolétaire, bénéficiaient de la protection des Rothschild ; Heine, de la part de l'Allemand, qui le sauva de la prison pour son soutien aux révolutionnaires ; Marx, plus discrètement, de la part de l'Anglais. L'argent, étroitement lié au trafic d'influence, était le fondement de toute la politique de Rothschild. Ainsi, lorsque, en 1848, la populace parisienne vient de proclamer une « République du Travail », les insurgés saccagent les Tuileries et le Palais-Royal, détruisant des œuvres d'art et pillant les domiciles des nantis… mais la maison et la banque Rothschild sont soigneusement protégées par la police ; Caussidière, le préfet, a été payé pour qu'il n'arrive rien au « roi de la République ». Cette appellation de « roi » appliquée à Rothschild fait que les lettres R.F. brodées sur le drapeau tricolore qui flotte au-dessus des bâtiments officiels, et qui sont les initiales de « République Française », sont populairement interprétées comme « Rothschild Frères ».

Si Napoléon III, hostile aux Rothschild, s'est appuyé sur un autre banquier israélite, Péreyre, le « petit Napoléon » comme l'appelait Victor Hugo, il n'a fait que passer de Chylès à Charybde ; un voyage pour lequel nul besoin de bagages. Le gouvernement français est resté sous l'emprise de la finance. Quoi qu'il en soit, la Banque Péreyre, victime d'une conjuration menée par les Rothschild, s'effondrera, tout comme le fera la « banque catholique » Union Générale, et Napoléon III devra lui aussi revenir dans le giron des Rothschild. Ceux-ci imposeront l'un des leurs, Goudchaux, comme ministre des Finances, et un autre, Léon Crémieux, comme ministre de l e de la Justice. Ce Crémieux s'« illustrerait » par la mesure absurde d'accorder, en bloc, la nationalité française à la population juive d'Algérie, tout en la refusant aux Arabes de ce territoire. Cette mesure creuserait un gouffre d'animosité entre Français et Arabes, ces derniers interprétant, à juste titre, cette décision comme une humiliation.

Les Rothschild financèrent l'achat des actions du canal de Suez pour l'Angleterre. Le khédive d'Égypte les avait proposées à la France, patrie de Ferdinand de Lesseps, père du canal. Mais la Haute Finance, dont les Rothschild constituaient l'un des piliers fondamentaux, décida qu'il convenait que le canal soit contrôlé politiquement par l'Angleterre, et non par la France ; ainsi, tandis que le Rothschild de Paris entretenait le gouvernement français par des atermoiements fondés sur divers prétextes, il communiquait à son parent à Londres que le khédive se trouvait en difficulté et avait besoin de vendre ses actions. Le Premier ministre britannique, Disraeli[129], se présenta devant la reine Victoria avec l'offre du Rothschild de la City, d'une somme de quatre millions de livres sterling, à un taux d'intérêt modique, pour l'achat des actions du canal de Suez, qui seraient rapidement acquises[130]. Cela fut un véritable camouflet pour la France, mais une fois de plus, l'argent coula à flots parmi les « garçons de la presse », et l'affaire fut rapidement étouffée.

Si Rothschild a servi temporairement les intérêts de l'Angleterre au détriment de la France dans « l'affaire » du canal de Suez, il servira ceux de l'Allemagne, une fois encore au détriment de la France, lorsque, à l'issue de la guerre de 1870, le banquier « allemand » Bleichroeder et le banquier « français » Rothschild se moquèrent littéralement du pauvre Jules Favre, plénipotentiaire du gouvernement français, à qui ils firent signer, en le présentant comme un succès diplomatique, la reconnaissance d'une indemnité de guerre de cinq mille deux cents millions de francs[131]. En revanche, à la fin de la Première Guerre mondiale, les Rothschild et leurs collègues de la

---

129 Benjamin Disraeli, Lord Beaconsfield, était un descendant des Séfarades expulsés d'Espagne par les Rois Catholiques.

130 Cesare Corti : « *La Maison Rothschild* », p. 241.

131 Alphonse de Rothschild, le « Français », parlait couramment l'allemand, mais, face à Favre, il fit croire qu'il ne connaissait que le français, tandis que Bismarck insistait pour s'exprimer uniquement en allemand. S'ensuivit une scène, très bien jouée, qui permit à Rothschild de se présenter comme un grand patriote français. Bismarck était un homme astucieux, qui savait utiliser les financiers. Il n'était pas imprudent, comme l'était Metternich avec Salomon de Rothschild. Il se servait aussi bien de Bleichroeder que de Rothschild, mais affirmait : « On ne peut se laisser influencer par les Juifs ni se placer sous leur tutelle financière, comme cela se produit malheureusement dans de nombreux pays. Chaque fois que je dois traiter avec la haute finance, généralement composée de Juifs, ce n'est jamais moi qui dois remercier qui que ce soit ». Et il ajoutait : « Dans les relations avec les Juifs, il faut bien garder à l'esprit qu'ils ont un code moral qui n'a aucun rapport avec le nôtre. L'échelle des valeurs juive, en particulier celle des Juifs qui se consacrent à la finance, est aux antipodes de l'échelle des valeurs des Européens. Quiconque ne comprend pas pleinement cela est perdu ». (Hermann Hoffmann : « *Furst Bismarck* ». t. I. p. 149-151).

finance dans tous les pays se sont résolument opposés à l'Allemagne, l'attitude étant résumée par le « Français » Simon Klotz, qui a déclaré : « Le Boche paiera tout » (L'Allemand paiera tout).

C'est précisément à l'occasion de la Première Guerre mondiale qu'est apparu de la manière la plus flagrante que la haute finance, outre le fait de contribuer à créer des situations pré-guerrières, agissait ensuite en faisant abstraction totale des intérêts des belligérants. En 1917, un sénateur français accusait les Rothschild de vendre le nickel de Nouvelle-Calédonie, colonie française d'Océanie, à l'Allemagne, par l'intermédiaire de l'« America Metal Cy », société qui représentait aux États-Unis la « Metallgesellschaft » de Francfort, entreprise contrôlée par les Rothschild d'Allemagne. Et, au Reichstag, on accusa les Rothschild allemands de vendre du blé allemand et austro-hongrois à la France et à l'Angleterre, par le biais d'opérations triangulaires transitant par des pays neutres.

Les Rothschild intervinrent également dans la guerre de Sécession américaine, en aidant directement les États de la Confédération du Sud, tout en soutenant les Nordistes par l'intermédiaire de leurs agents, les banquiers Belmont, leurs coreligionnaires. Mais c'est précisément à ce moment-là que leur étoile commença à pâlir. En réalité, cela est très relatif, car les Rothschild restèrent en première ligne de la superpuissance internationale que devenait la haute finance, mais l'émergence de la nouvelle puissance politique, les États-Unis d'Amérique, fit que le centre de gravité de la grande politique se déplaça progressivement de l'Europe vers le Nouveau Continent, ce qui fit que ce furent les dynasties bancaires qui s'y étaient installées qui passèrent au premier rang.

Une autre intervention spectaculaire des Rothschild dans la politique eut lieu à l'occasion de l'affaire Herzen, racontée par la plume peu suspecte du révolutionnaire juif Rappoport[132] : « L'activiste bolchevique Alexander Herzen, fut contraint de quitter la Russie, poursuivi par la police tsariste, pour s'installer à Londres, où il commença à publier le pamphlet révolutionnaire « The Bell ». Mais avant de partir, le riche bolchevique convertit ses biens en obligations d'État. Le gouvernement impérial identifia les numéros des obligations de Herzen et, lorsqu'elles furent présentées pour paiement, après

[132] Angelo S. Rappoport : « *Pioneers of the Russian Revolution* ».

l'arrivée de Herzen à Londres, le tsar, dans l'espoir d'éliminer son ennemi, donna l'ordre à la Banque d'État de Saint-Pétersbourg de ne pas les honorer. La Banque obéit, mais le tsar se heurta à un ennemi inattendu, le fils aîné des Rothschild, qui lui fit savoir que, les obligations de Herzen étant aussi valables que celles de n'importe quel autre Russe, il était tenu de se prononcer sur l'insolvabilité du gouvernement impérial. Si les obligations n'étaient pas payées sur-le-champ, lui (Rothschild) déclarerait le tsar en faillite, notamment celle de sa monnaie sur les places boursières européennes. Nicolas II, abasourdi, ravala sa fierté et paya : les Juifs eux-mêmes firent une publicité tapageuse autour de cet événement, qui porta un coup moral très dur au tsarisme.

Aujourd'hui, les Rothschild restent en première ligne de la haute finance, derrière les Warburg, les Rockefeller et les Lehmann qui, en raison de leur situation géographique (Amérique), ont réussi à se démarquer du peloton de tête des dynasties financières. Mais l'importance des Rothschild réside dans leur politique diaboliquement intelligente d'alliances matrimoniales, qui leur a permis d'avoir un pied dans toutes les familles du Système. Et, lorsque les Rothschild ne se manifestent pas, ce sont leurs mandataires qui apparaissent. Ainsi, par exemple, la famille Aschberg contrôle, depuis 1917, la Banque d'État soviétique. Les Aschberg, de la « Nya Banken » de Stockholm, sont considérés comme les agents de la famille Rothschild en Europe du Nord. Un autre exemple : en France, après la soi-disant « Libération », le général Charles de Gaulle s'est imposé comme la première figure politique de la IVe République française. De Gaulle avait été promu, alors qu'il occupait le poste de général à titre provisoire, par Spears, un agent des Rothschild de Londres, et toute sa vie, il a suivi les directives politiques des banquiers de la rue Laffitte. Mais un beau jour – un mauvais jour, pour lui –, il eut l'idée d'attaquer « ce peuple agressif, fier et dominateur », en référence à l'État d'Israël. Immédiatement, la presse française vénale, manifestement « arrosée » par les subventions de Rothschild et Lazard, se retourna contre lui, et il fut battu aux élections. Mais à sa place apparut Pompidou qui, avant de se consacrer à la politique, avait été directeur général de « Rothschild Frères » de Paris...

L'AMÉRIQUE, LA NOUVELLE TERRE PROMISE

Les immenses possibilités offertes par le Nouveau Continent ont attiré l'intérêt de la finance.[133] La guerre d'indépendance américaine a été, sinon fomentée, du moins encouragée par la puissance de l'argent qui pressentait, à juste titre, qu'il lui serait beaucoup plus facile de contrôler une colonie[134] qu'un membre de premier plan de la culture occidentale, tel que l'Angleterre. C'est pourquoi cette guerre a représenté, chronologiquement, la première exception à la règle de l'alliance traditionnelle entre l'impérialisme britannique et la finance internationale ; règle qui allait rester pleinement en vigueur pendant un siècle, pour tomber progressivement en désuétude, au point qu'aujourd'hui – que les cercles dirigeants anglais s'en rendent compte ou non – elle fonctionne dans un sens totalement contraire à l'original.

Jorge III dut littéralement mendier l'argent nécessaire pour financer la guerre contre les insurgés des treize colonies américaines, argent qui lui fut refusé à maintes reprises par une Chambre des communes où prédominaient des députés qui étaient, à leur tour, des agents ou des prête-noms des pouvoirs de l'argent. La franc-maçonnerie, toujours aux côtés de la finance, se rangea également, cette fois-ci, sans réserve, aux côtés des Américains[135]. Comme on pouvait s'y attendre, une fois l'indépendance des États-Unis reconnue, Shylock réclama à son « protégé » le paiement de sa livre de chair. Les avertissements de Benjamin Franklin[136] et les précautions légalistes des Pères fondateurs

---

[133] Culturellement, l'Amérique est une colonie de l'Europe, mère de la civilisation occidentale, comme le démontrent Spengler, Treitchke et Yockey, entre autres philosophes éminents. Une colonie ne dispose pas d'anticorps suffisants pour faire face aux maladies morales et physiques, telles que l'usure et son principe moteur, son « âme », le matérialisme.

[134] Louis Madelin : « *The Revolutionaries* ».

[135] Arnold S. Leese : « *Gentile Folly* ».

[136] « Si nous ne chassons pas les Juifs de ce pays, d'ici deux siècles nos descendants travailleront pour eux ». Franklin a péché par excès d'optimisme ; il n'a pas fallu deux siècles ; il a suffi d'à peine 125 ans.

ne servirent à rien, car en 1791, sous les auspices des Rothschild de Londres, fut fondée la première Banque des États-Unis.

Cette banque devait fonctionner selon les mêmes mécanismes qu' t la Banque d'Angleterre. Des personnalités de premier plan, telles qu'Edmund Randolph, procureur général des États-Unis, et Thomas Jefferson, secrétaire d'État, s'opposèrent à sa création. En revanche, Alexander Hamilton, l'un des Pères fondateurs et célèbre homme d'État, la soutint avec ferveur et obtint l'agrément de la Banque. Hamilton était le fils de Rachel Faucett Levine, probablement juive, et mariée à un Juif danois. Comme les Juifs n'avaient alors pas le droit d'obtenir la nationalité américaine – même s'ils pouvaient s'établir librement en Amérique –, sa mère l'inscrivit à l'état civil sous le nom d'Alexander Hamilton, prétendant qu'un marin écossais de ce nom était le véritable père de son fils. Hamilton fut donc le premier Juif à obtenir la nationalité américaine[137].

Au bout de quelques années de fonctionnement de cette banque, Thomas Jefferson déclara : « Je crois que les institutions bancaires sont plus dangereuses pour nos libertés que les armées ennemies. Elles ont déjà constitué une aristocratie bancaire qui défie le gouvernement. Le pouvoir d'émettre de la monnaie devrait être retiré aux banques et restitué au gouvernement et au peuple qu'il sert ». Mais la Banque « des États-Unis » continuait à aller bon train, sous le patronage ostensible d'Américains incontestablement anglo-saxons et soumise aux bons « auspices » des banquiers israélites Belmont, agents des Rothschild londoniens dans le Nouveau Monde[138]. En effet, en 1783, les États-Unis d'Amérique décidèrent d'accorder aux Juifs l'égalité des droits civiques par rapport à la population anglo-saxonne-celtique qui constituait le noyau de la population du pays.

L'implantation des Juifs en Amérique du Nord est l'un des épisodes qui illustrent le mieux la ténacité et la capacité d'adaptation à des milieux hostiles qui constituent l'une des caractéristiques essentielles de ce peuple étonnant. Les premiers Juifs arrivèrent en Amérique malgré l'interdiction du gouverneur de New Amsterdam, Peter Stuyvesant. Comme on le sait, le territoire sur lequel allait se construire

---

[137] R.E. Search : « *Lincoln Money Martired* », p. 38.

[138] Henry Ford : « *L'International juif* ».

l'actuelle New York fut initialement colonisé par les Hollandais, qui concédèrent l'exploitation de ces terres à la « Compagnie néerlandaise des Indes orientales ». Comme plusieurs des dirigeants de cette puissante entreprise étaient justement juifs, l'interdiction du gouverneur fut contournée de mille façons différentes jusqu'à devenir lettre morte. Stuyvesant dut accepter le fait qu' e de la présence de cette nouvelle communauté était consommé ; celle-ci se consacrait au commerce avec les Indiens, auxquels elle vendait même des armes – malgré la sévère interdiction en vigueur –, mais s'occupait surtout de prêter de l'argent aux colons hollandais. Néanmoins, désireux de contrôler au maximum les activités des nouveaux arrivants, le gouverneur les obligea à vivre séparés des colons et des Indiens, en confinant leurs résidences sur l'île de Manhattan. De plus, pour s'assurer que la séparation était effective, Stuyvesant fit construire un mur devant les maisons des Juifs ; la rue ainsi formée fut appelée « Rue du Mur », ou, en anglais, WALL STREET, et porte encore ce nom aujourd'hui.

Lorsque New Amsterdam devint New York, c'est-à-dire lorsque les Hollandais durent céder le terrain aux Anglais, les Juifs, bien qu'ils fussent toujours marginalisés, virent leur situation s'améliorer. Pendant la guerre d'indépendance, comme les Anglais reprochaient aux Juifs de soutenir les rebelles américains, ceux-ci s'enfuirent en masse vers Philadelphie, mais dès la fin de la guerre, ils revinrent presque tous à New York, pressentant avec leur merveilleux instinct que cette ville allait devenir le centre commercial et financier du monde. Aujourd'hui, New York est la première ville juive du monde.

Pendant la guerre de Sécession, les Juifs se rangèrent unanimement du côté des États du Nord, mais leur choix politique ne leur fit pas oublier le sens des affaires ; ainsi, par exemple, lorsque Lincoln et son secrétaire au Trésor se rendirent chez les prêteurs, installés dans leur « Wall Street » de plus en plus florissante, pour solliciter leur aide financière afin de mener la guerre contre les États sécessionnistes du Sud, ils obtinrent pour réponse : « La guerre est une affaire problématique et hasardeuse, mais nous pouvons vous prêter de l'argent, avec des garanties sur des terres ou des récoltes, à un taux d'intérêt de 36% »[139]. Et bien que Lincoln ait critiqué leur conduite, il dut entendre cette réponse cynique : « Si le gouvernement ne veut pas

[139] Encyclopédie Appleton, 1861, p. 296. Cité par Alexander Del Mar, dans « *Science of Money* ».

acheter cet argent à ce prix, nous pouvons le vendre à la Confédération du Sud »[140]. Lincoln refusa de se plier aux exigences des seigneurs de l'argent et s'entretint avec un de ses amis, un avocat de Chicago, le colonel Dick Taylor, qui passait pour un expert en affaires économiques. Celui-ci lui a dit que son problème était un faux problème, et qu'il n'avait pas à s'inquiéter a e si les financiers ne voulaient pas lui prêter d'argent. Tout ce que Lincoln avait à faire était d'obtenir que le Congrès vote une loi autorisant l'émission de billets de banque des États-Unis, qui auraient le même pouvoir d'échange que la monnaie émise par les banquiers de l'institution privée appelée « Banque des États-Unis ». Il semble que Lincoln ait demandé, hésitant, à son ami : « Penses-tu que les gens accepteront ces billets ? », ce à quoi Taylor répondit : « Ils n'auront pas d'autre choix, si tu en fais une monnaie légale. Ils bénéficieront de la sanction légale du gouvernement et seront aussi valables et acceptables que n'importe quelle autre monnaie »[141]. C'est ainsi qu'apparurent en circulation les « greenbacks », les billets verts de Lincoln, qui, nés libres du fardeau de la dette inhérent à la monnaie bancaire, devaient offrir à l'Amérique une période de grande prospérité, malgré la guerre civile.

[140] R. E. Search : Ibid. Id. Op. cit. p. 44.

[141] Correspondance entre Abraham Lincoln et le colonel Taylor, 1891. Cité par Wycliffe B. Vennard, dans « *Conquest or Consent* ».

L'ASSASSINAT DE LINCOLN

Même si certains financiers européens soutenaient la Confédération du Sud, parmi lesquels les Rothschild de Paris et de Londres, d'autres, comme les Lazard et les Hambros, finançaient la vente d'armement depuis certains États européens aux « unionistes » du Nord. Mais ce qui ne fait aucun doute, c'est que la finance internationale, en tant que telle, souhaitait la victoire des Nordistes. L'attitude des magnats de Wall Street envers Lincoln, exigeant un taux d'intérêt de 36%, ou le soutien de deux branches des Rothschild aux Sudistes, ne s'opposait pas – ne pouvait s'opposer, même s'ils l'avaient souhaité – aux desseins de la haute finance, car si les Rothschild aidaient directement les Sudistes, ils aidaient tout autant, voire davantage, indirectement les Nordistes. Mais, en réalité, ce que la Haute Finance ne pouvait tolérer, c'était la prédominance politique, ou l'indépendance, des États du Sud, dont l'économie reposait sur l'agriculture – coton, canne à sucre, céréales – et pouvait se passer, pour subsister, de l'argent-dette des financiers. Politiquement, en outre, l'idéologie sudiste se trouvait aux antipodes du libéralisme nébuleux du Système. L'aide apportée par certains financiers au Sud – aide, en tout état de cause, modérée, conditionnelle et usurière – n'était qu'une mesure sage et prudente adoptée par le Système pour se couvrir en cas d'éventuelle victoire sudiste. Jouer sur deux tableaux est une ruse fréquemment utilisée par les tricheurs du Système.

Mais si, d'un côté, la haute finance soutenait Lincoln, de l'autre, elle l'attaquait. Elle l'aidait en lui fournissant des quantités massives de matériel de guerre, mais elle l'attaquait insidieusement en organisant contre lui des campagnes politiques de discrédit. Ces campagnes ont atteint leur paroxysme lorsque Lincoln a décidé de fermer la « Banque des États-Unis ».

Le quotidien londonien « The Times », alors porte-parole de la finance, publia, sous le titre « Les Greenbacks de Lincoln », l'éditorial suivant : « Si cette politique financière pernicieuse, consistant en la création de monnaie par l'État, qui est menée actuellement dans la République nord-américaine, continue d'être appliquée, celle-ci finira par pouvoir émettre sa propre monnaie sans que cela ne lui coûte rien. Elle disposera de toute la monnaie nécessaire pour mener à bien son commerce. Elle paiera toutes ses dettes et n'en contractera plus jamais. L'Amérique du Nord deviendra le pays le plus prospère du monde ; mieux encore, sa prospérité n'aura d'égal en rien de ce qui a été vu jusqu'à présent. « Ce gouvernement d' (celui de Lincoln) doit être détruit, ou il nous détruira »[142]. Comme on le voit, la politique des détenteurs du Système ne saurait être formulée avec plus de crudité. Ce cynisme ne doit pas surprendre, car les « dieux » de la finance savent pertinemment que l'ignorance du grand public, et même d'une grande partie de l'élite, en matière financière est invinciblement profonde.

Dix jours après que le Congrès eut voté la loi autorisant la mise en circulation des « greenbacks », dix-huit banquiers de New York, Boston et Philadelphie se réunirent à Washington et, après deux jours d'études et de consultations, rédigèrent une circulaire qui fut envoyée à tous les membres de la « fraternité bancaire » américaine. Ce document, connu sous le nom de « Circulaire Hazard », du nom de l'un des signataires, disait, entre autres :

« L'esclavage sera probablement aboli après cette guerre ; nous faisons référence à l'esclavage personnel. Tant nous-mêmes que nos amis européens y sommes favorables, car l'esclavage représente la propriété du travail, mais il implique aussi de prendre soin des travailleurs, tandis que le plan de nos collègues européens, dirigés depuis l'Angleterre, consiste à ce que le Capital contrôle le travail par le contrôle des salaires. »

« La dette colossale que nous, capitalistes, parvenons à faire naître de cette guerre civile, doit être utilisée pour contrôler la valeur de la monnaie. Pour y parvenir, les bons du Trésor doivent servir de base, ou de support, à la monnaie. Nous ne pouvons, pour l'instant, empêcher la libre circulation des « greenbacks », mais nous pouvons contrôler les bons du Trésor et, à travers eux, les émissions de billets »[143].

Ce document sensationnel, mais surtout les paragraphes cités, devrait être gravé dans la pierre, à l'entrée de tous les établissements bancaires du monde. Il mérite d'être lu dix fois de suite, car chaque

---

[142] Cité par C.K. Howe dans « *Who Rules America ?* », p. 77.

[143] Document cité par R.E. Search dans « *Lincoln Money* Martired », p. 47-48, et par Ferdinand Lundberg dans « America's Sixty Families », p. 60.

phrase, chaque mot, déborde d'une signification très profonde. Admirons, par exemple, l'esprit humanitaire des banquiers, qui se réjouissent de l'abolition de l'esclavage, non pas parce qu'il est immoral, mais parce que les propriétaires d'esclaves devaient, selon l' e loi en vigueur, de subvenir également à leurs besoins et à ceux de leurs familles, tout au long de leur vie[144] alors qu'avec le nouveau système, préconisé par « nos collègues d'Europe » (les Rothschild), le Capital contrôlera « le travail » par le biais du contrôle des salaires. Remarquons comment les signataires de la Circulaire Hazard reconnaissent qu'ils sont eux-mêmes à l'origine de l'énorme dette publique résultant de la guerre civile américaine, et que cette dette sera utilisée pour contrôler la valeur de la monnaie. Pour y parvenir, comme ils ne peuvent « pour l'instant » empêcher la libre circulation de la monnaie du gouvernement (les greenbacks), ils utiliseront les bons du Trésor comme base monétaire et, par ce biais, contrôleront ainsi l'émission de billets.

L'argent circula bientôt parmi les « pères de la patrie », au point qu'un Congrès vénal, deux mois après la réunion des dix-huit banquiers auteurs de la circulaire Hazard, vota un « Exception Clause Act » (loi sur la clause d'exception) qui stipulait que la prochaine émission de « greenbacks » était autorisée et que, comme toujours, ces billets seraient « valables pour le paiement de toutes sortes de dettes, tant publiques que privées, à l'exception des droits de douane sur les importations et des intérêts sur les dettes du gouvernement ». Comme on peut facilement le comprendre, cette clause obligeait le gouvernement à admettre que son propre argent soit refusé au moment de payer les droits de douane, précisément dans une situation où, en raison de la guerre, il fallait importer en permanence des armes et des vivres d'Europe. De plus, cette clause donnait aux banquiers l'excuse

[144] Ce n'était pas seulement la loi qui obligeait les propriétaires d'esclaves à prendre soin d'eux et de leurs familles, mais aussi le bon sens. À cette époque, les marchands d'esclaves devaient les acheter aux chefs de tribus du golfe de Guinée ; ils devaient affréter un navire et traverser l'Atlantique en évitant les pirates et les corsaires. De plus, une cargaison humaine était décimée, en moyenne, de vingt pour cent au cours du voyage, à cause des maladies et des conditions de transport. En résumé, un esclave devait, forcément, coûter assez cher, d'autant plus s'il était vendu à condition d'acquérir également sa famille. Et personne ne maltraite ce qui lui a coûté cher, à moins, bien sûr, d'être un déséquilibré ou un sadique. En revanche, avec l'émancipation, les esclaves sont devenus des ouvriers du système capitaliste, c'est-à-dire des citoyens libres que l'on peut mettre à la rue quand cela arrange l'entreprise. Nous ne défendons pas l'esclavage, mais bien la Vérité.

rêvée pour refuser l'argent du gouvernement, en assurant que leurs clients ne l'accepteraient pas, car ce n'était pas de « l'argent solide ». Lincoln se vit ainsi contraint de passer sous les fourches caudines bancaires, affirmant qu'il ne pouvait « mener deux guerres à la fois, contre les Confédérés au front et contre les banquiers à l'arrière, d'autant plus qu'il apparaissait que, des deux, les Confédérés étaient, de loin, les plus honorables »[145]. Et, en payant 36% d'intérêts, il obtint alors tout l'« argent » qu'il voulait. Simultanément, les crédits du système financier à la Confédération du Sud commençaient à se contracter[146].

R.E. Search, Lundberg, Del Mar, cités à plusieurs reprises, et Vincent C. Vickers[147], reproduisent « in extenso » une lettre écrite par la société bancaire londonienne « Rothschild Brothers » aux banquiers de Wall Street, Moses Ikleshiemer, Randolph Morton et Jacob Vandergould, leur donnant les instructions nécessaires à la création d'une nouvelle « Banque centrale » qui non seulement remplacerait, mais améliorerait celle créée sous les auspices d'Alexander Hamilton et supprimée par Abraham Lincoln. La lettre recommande de ne pas répéter l'« erreur » précédente ; c'est-à-dire qu'il ne suffit pas que la « Banque centrale » soit reconnue par le gouvernement, mais qu'il faut en outre que celui-ci la légalise, l'impose par une loi du Congrès. Elle recommande également la disparition des « greenbacks », la monnaie émise par le gouvernement. Et, en effet, un Congrès, pour moitié ignorant en matière financière, pour moitié « arrosé » par l'argent du Système, vota peu après un « Contraction Act » (loi de contraction), autorisant le secrétaire au Trésor à émettre des bons à 5%, afin de pouvoir retirer, en vingt ans, toute la monnaie des États-Unis, qui devait être brûlée. C'est ainsi que la monnaie nationale du pays serait détruite et remplacée par la monnaie-dette, conformément aux desseins du Système. Mais il ne suffisait pas à ce dernier d'avoir neutralisé l'œuvre de son adversaire, Lincoln, il devait en faire, dans son esprit, un exemple.

Le 14 avril 1865, alors qu'il assistait à une représentation théâtrale à Washington, le président Lincoln fut abattu par un certain John

---

[145] R.E. Search : Op. cit. Ibid. Id., p. 49.

[146] Alexander Del Mar : Op. cit. Ibid. Id. p. 86.

[147] Vicent C. Vickers : « *Economic Tribulation* », p. 142.

Wilkes Booth. Peu après, on retrouva le corps sans vie de Booth dans une grange. Naturellement, le crime fut imputé aux Sudistes, vaincus lors de la guerre civile, car après avoir vidé le chargeur de son revolver sur le corps de Lincoln, Booth s'écria : « Vive le Sud ! ». Cependant, il est certain que Lincoln était partisan de traiter les vaincus avec courtoisie et que sa mort fut, pour les Confédérés, un désastre presque aussi grand que leur défaite militaire. Il est également vrai que Booth n'a jamais combattu dans les armées sudistes ; il vivait habituellement au Canada, où il fut approché par un certain Rothberg, agent des Rothschild à Ottawa, qui lui donna de l'argent et facilita son installation aux États-Unis. Booth était un personnage instable et déséquilibré, un acteur de second plan criblé de dettes. Soudain, on le voit vivre dans l'opulence, assassiner le président, se rendre à la cachette où on lui a assuré l'impunité et le retour au Canada, et là, il est exécuté et ses lèvres sont scellées à jamais. Rothberg, le cerveau du plan, retourne à Ottawa : mission accomplie. Qui était Booth ? On sait que sa famille était méthodiste, bien que les baptistes l'aient enterré dans un cimetière réservé aux francs-maçons. Mais « parmi ses ancêtres, il y avait des Juifs. Les rabbins de Washington étaient convaincus qu'il était juif, précisant qu'il se joignait souvent à eux lors des offices religieux à la synagogue, parlant couramment l'hébreu »[148].

[148] Lloyd Lewis : « *Myths ofter Lincoln* », p. 62.

LA « RÉSERVE FÉDÉRALE »

Le 22 novembre 1910, un groupe de financiers se réunissait sur l'île de Jakyl, dans l'État du New Jersey. Parmi eux se trouvaient le sénateur Nelson Aldrich, du trust du caoutchouc et du tabac ; Abraham Piatt Andrew, économiste et assistant du secrétaire au Trésor des États-Unis ; Frank Vanderlip, président de la National City Bank de New York ; Henry P. Davison, cadre éminent de la banque « John Pierpont Morgan » ; Charles D. Norton, président de la « First National City Bank », du trust Morgan ; Benjamin Strong, bras droit de Morgan ; Paul Moritz Warburg, associé de la banque new-yorkaise « Kuhn, Loeb and Co. », en pleine expansion. Ces puissants messieurs rédigèrent le projet d'une « Banque de la Réserve fédérale », dont l'enveloppe officielle dissimulerait, aux yeux du public, sa réalité privée[149].

Le 21 décembre 1913, alors que la plupart des membres du Congrès passaient les vacances de Noël chez eux, la loi dite « Federal Reserve Act » fut votée, de manière pour le moins subreptice, et n'était autre que le projet rédigé par les neuf personnalités susmentionnées. En gros, cette loi autorisait la création d'une Corporation de la Réserve fédérale, une entité privée, dotée de fonds initiaux privés et dirigée par un conseil d'administration, appelé « Federal Reserve Board » (Conseil de la Réserve fédérale). Cette loi retirait au Congrès le droit de créer et de contrôler la monnaie, et le conférait à la « Federal Reserve Corporation ». Le prétexte invoqué pour l'adoption de cette loi insolite était de « séparer la politique de la monnaie », mais la réalité était que, dans une grande « démocratie » souvent présentée comme le prototype idéal de cette forme de gouvernement, le pouvoir de créer et de contrôler la monnaie a été retiré aux « représentants » du peuple pour être confié à une entreprise privée. Et nous ne pensons pas commettre un péché de jugement téméraire en estimant qu'une entreprise privée aura, par définition, tendance à rechercher son propre profit, que celui-ci coïncide ou non avec l'intérêt général de la nation[150]. D'un point de

---

[149] Eustace Mullins : « *A Study of the Federal Reserve* », Omnia Veritas Ltd, www.omnia-veritas.com

[150] J. Bochaca : « *La Finanza y el Poder* », Omnia Veritas Ltd.

vue juridique, par ailleurs, l'accord conclu était illégal, dans la mesure où, lors du vote au Congrès, le « quorum » nécessaire n'était pas atteint, et la majorité des députés présents avaient été soudoyés[151].

Mais comment fonctionne le « Federal Reserve Board » ? Quel est son « modus operandi » ? Le gouvernement fédéral, ayant dépensé plus d'argent qu'il n'en perçoit auprès de ses concitoyens par le biais des impôts, a besoin, supposons, d'un milliard de dollars. Le gouvernement s'adresse à la « Federal Reserve » et lui demande ce milliard. La « Réserve fédérale » accepte d'accorder le prêt avec intérêts. Le Congrès autorise alors le département du Trésor à imprimer un milliard de dollars en bons du Trésor américain, qui sont ensuite remis aux banquiers de la Réserve fédérale. La Réserve fédérale paie ensuite les frais d'émission du milliard, peut-être quelque 500 dollars en encre et en papier, et procède à l'échange. Et le gouvernement utilise ce milliard pour faire face à ses obligations. Quelles sont les conséquences de cette transaction fantastique ? Tout simplement que le gouvernement des États-Unis a endetté le peuple auprès du Conseil de la Réserve fédérale, pour un milliard de dollars, plus les intérêts courus, jusqu'à ce que la dette soit remboursée. Comme des transactions de ce type, ou similaires, se sont multipliées de 1913 à nos jours, nous constatons qu'aujourd'hui, après 63 ans, le peuple « souverain » des États-Unis est endetté auprès de « sa » Réserve fédérale à hauteur de plus de 400 000 milliards de dollars, qui génèrent des intérêts avoisinant les 2 000 milliards de dollars par mois[152]. Comme nous le disons ailleurs[153] cent quatre-vingt-quinze millions d'Américains sont endettés, irrémédiablement, auprès d'environ huit mille autres Américains. Et nous disons « irrémédiablement » car il n'est pas possible de payer ne serait-ce que les intérêts de la dette, dont le montant total est même supérieur à la valeur réelle de toutes les richesses du pays.

Nous avons dit que les bénéficiaires de la Réserve fédérale sont environ huit mille personnes. Évidemment, nous incluons dans ce chiffre les hauts responsables bancaires à travers tous les États-Unis. En fin de compte, cependant, les véritables « dieux » de la finance américaine, qui travaille de concert avec la finance internationale,

---

[151] Sheldon Emry : « *Billions for the Bankers: Debts for the People* ».

[152] Sheldon Emry : Op. Cit. et James C. Oliver : « *A Treatise on Money* ».

[153] J. Bochaca : Op. cit., p. 17.

l'« Establishment », comme on l'appelle en Amérique, ou le Système, nom qu'on lui donne en Europe, sont, tout au plus, une vingtaine de personnes, que nous nommerons plus loin.

Il ressort de ce qui précède que le pouvoir, non pas financier, mais politique, de ces hommes, est immense. Comme l'argent, c'est le pouvoir, et plus encore à une époque aussi matérialiste que la nôtre, le Conseil de la Réserve fédérale peut décider de la politique à suivre, sans que les tournois publicitaires, appelés élections, n'aient la moindre importance. Les deux candidats à la présidence ont dû faire appel aux seigneurs de l'argent pour se présenter devant « le peuple ». Et personne ne donne rien en échange de rien, encore moins un financier. Qui, de surcroît, exige des garanties. Mais, en tout état de cause, et de plus en plus, les décisions, en Amérique, modèle de démocratie, sont prises, en dernière instance, par des hommes qui n'ont jamais été élus par le peuple. Qui, par exemple, a élu Kissinger ? Qui a élu Rockefeller ? Qui a élu Bernard Mannes Baruch, surnommé le « proconsul de Judée en Amérique » et mentor de Wilson, Hoover, Roosevelt, Truman et Eisenhower ?[154].

---

[154] Nous en avons un exemple très récent avec ce qu'on a surnommé le « Watergate ». Sous prétexte que le président Nixon avait menti en affirmant qu'il ignorait que ses acolytes espionnaient les électeurs du Parti démocrate, une campagne de dénigrement retentissante a été lancée, qui a abouti à la démission forcée du président. Les instigateurs de cette campagne étaient deux journalistes : l'un, juif, Bernstein ; l'autre, anglo-saxon, Woodward, bien qu'employé par le « *New York* Times » pro-sioniste, dirigé par un Juif russe, Sulzberger, qui se fait appeler Harrison. Quelles ont été les véritables raisons de l'exécution politique de Nixon ? Le fait de ne pas avoir soutenu Israël comme on l'attendait lors de la dernière guerre avec l'Égypte ? Car s'il a dû démissionner pour avoir été « pris » en flagrant délit de mensonges, tous ses prédécesseurs, surtout Roosevelt, auraient dû être fusillés, et au lieu de cela, ils ont été élus et réélus. Mais le « miracle », c'est que dans toute cette affaire, le seul à en être sorti « propre » est Kissinger. Kissinger ! L'homme qui sait tout, ne savait rien du Watergate. Ô, manes de l'idiotie démocratique !

UN SIÈCLE DE HAUTE POLITIQUE FINANCIÈRE

De 1917 à nos jours, au cours des cinquante dernières années, l'intervention du Système dans la politique internationale a été si flagrante qu'il a fallu un véritable miracle d'hypnose collective à l'échelle mondiale pour parvenir à la dissimuler aux yeux de ce qu'on appelle l'opinion publique. Même Gustave Le Bon, qui ne se faisait pas précisément trop d'illusions sur le bon sens de l'homme dissous dans la Masse, n'aurait pu croire ce que nous voyons aujourd'hui : il est clair que Le Bon ne pouvait pas non plus imaginer la croissance gigantesque des « mass media » (journalisme, radio, cinéma, télévision) et leur utilisation rationnelle à des fins politiques. Car le fait est que la soi-disant opinion publique ignore tout du rôle prépondérant – voire déterminant – joué par le Système au cours de ces cinquante dernières années.

Si, d'une part, le contrôle de la finance sur l'économie s'est accru jusqu'à la prostituer complètement, son influence sur la haute politique s'est également renforcée, jusqu'à aboutir à un véritable esclavage dans le cas des États-Unis d'Amérique, pays soumis à la domination la plus abjecte par les membres du Système. Deux guerres mondiales absurdes, dans la provocation et l'issue desquelles le Système a joué un rôle prépondérant, ont fait des États-Unis le pays le plus puissant de la planète. Mais leur puissance n'est utilisée que contre les intérêts de l'Europe et au profit du capitalisme d'État, ou de l'esclavage, appelé communisme, implanté en Russie par le Système lui-même.

Ce n'est pas ici le lieu de s'étendre sur les motivations, les causes réelles et cachées et l'issue de la Première Guerre mondiale. Il suffit, pour lever le voile sur cette horrible tragédie, de reproduire les paroles prononcées par Alfred Moritz – qui changera par la suite son nom pour Mond lorsqu'il s'installera en Angleterre, et recevra le titre de Lord Melchett – devant le Congrès sioniste, réuni à New York, le 14 juin 1928 :

> « Si je vous avais dit en 1913 que l'archiduc autrichien serait assassiné et que, parallèlement à tout ce qui découlerait de ce crime,

surgiraient l'opportunité, la possibilité et l'occasion de créer un foyer national pour nous en Palestine... vous m'auriez pris pour un rêveur oisif. Mais... vous est-il venu à l'esprit de penser à quel point il est extraordinaire que de toute cette confusion et de tout ce sang soit née notre chance ? Croyez-vous vraiment que tout ce qui nous a ramenés en Israël n'est qu'un hasard ?.. »[155].

Le fait que l'auteur matériel du crime, un nihiliste nommé Gavrilo Princip, ainsi que quatre des six complices impliqués dans l'assassinat, fussent des coreligionnaires du noble Lord, président du mastodonte « Imperial Chemical Industries », est révélateur, bien que cela ne constitue pas une preuve décisive. Ce qui est décisif, c'est que le résultat de cette stupide hécatombe qu'a été la Première Guerre mondiale a été la reconnaissance légale d'un « foyer national juif » en Palestine, et l'instauration du capitalisme d'État, ou communisme, en Russie.

On a beaucoup écrit sur la participation du grand capital juif international à la préparation, à la réalisation et à la consolidation de la révolution soviétique en Russie. Il n'appartient pas à l'objet de cette étude de répéter ici les témoignages à l'appui de cette thèse. Dans un autre ouvrage[156], nous citons trente-cinq de ces témoignages, dont quinze sont juifs, et les vingt autres proviennent d'entités et de personnalités que même l'imagination la plus fiévreuse n'oserait qualifier d'anticapitalistes ou d'antisémites, selon lesquels la Révolution « russe » fut en réalité l'œuvre du Système. Nous ne mentionnerons ici, « pour mémoire », qu'un rapport des services secrets américains, transmis par l'état-major de l'armée française[157], dans lequel, outre le fait qu'il est mentionné que parmi les trente-quatre personnalités principales du premier Soviet instauré en URSS, trente et une étaient juives, sont cités les noms des banquiers qui ont financé la Révolution dans la future URSS : Jacob Schiff, Max Breitung, Felix Warburg, Otto H. Kahn, Mortimer Schiff, Jerome H. Hanauer et les maisons bancaires Kuhn, Loeb and Co., du Federal Reserve Board, le

---

155 Nesta H. Webster : « *Secret Societies and Subversive Movements* ». Cité par J. Bochaca dans « *La Historia de los Venc*idos », Omnia Veritas Ltd.

156 J. Bochaca : « *La Historia de los Vencidos* », chap. II. Omnia Veritas Ltd.

157 Ce document est archivé sous la référence 7-618-6 np 912. S.R. II. Transmis par l'état-major de l'armée. Deuxième Bureau. Il se trouve également à la Bibliothèque du Congrès des États-Unis, et a été reproduit par le « *Times* » de Londres (9-2-1918) et celui de New York (1-5-1922 et 31-12-1923).

Syndicat rhénan-westphalien des banques, Lazard Frères, Gunzbourg, Speyer et Nya Banken, correspondant des Rothschild en Europe du Nord. Toutes ces sociétés bancaires sont des « sociétés juives » et sont mentionnées comme telles dans ce document officiel.

* * *

La Première Guerre mondiale fut suivie de quelques années de reconstruction fébrile, avec son corollaire inévitable dans le système capitaliste : l'inflation du crédit, qui, à son tour, entraînerait une déflation monétaire. Tout cela a abouti à la crise « économique » de 1929, qui a débuté lors du « Vendredi noir » à la Bourse de New York et qui s'est prolongée, au minimum, pendant cinq ans, dans le monde entier.

En Allemagne, après l'abdication forcée du Kaiser, régnait la soi-disant République de Weimar. Impossible d'imaginer un régime plus aseptiquement démocratique que celui-là ; impossible qu'il existe à nouveau – à l'exception de l'Amérique démocratique actuelle – un régime plus abjectement soumis aux directives du Système : prédominance absolue de la haute finance ; inflation galopante ; chômage des ouvriers atteignant le chiffre record de six millions de travailleurs privés d'emploi ; prolifération des partis ; dégénérescence artistique et sociale ; communauté juive représentant moins de 0,9% de la population, mais contrôlant la banque, les postes clés du gouvernement et de l'administration et accaparant à elle seule plus d'un tiers du revenu national. Dans ces circonstances, le jeune Parti national-socialiste des travailleurs allemands, dirigé par Adolf Hitler, se présenta aux élections avec un programme bien défini : liquidation des séquelles du tristement célèbre Diktat de Versailles ; suppression des partis marxistes ; lutte contre la dégénérescence sous toutes ses formes ; exaltation de la race ; affirmation du principe des nationalités et formation consécutive de la Grande Allemagne, et élimination du chômage ouvrier, pour quoi il considérait comme indispensable l'abandon du système capitaliste et de son étalon, l'or, en le remplaçant par l'étalon-travail. Les théories économiques d'Hitler représentaient le retour à l'ordre naturel de l'économie et, en même temps, l'écrasement du système en Allemagne. Le Führer présentait, dans son programme, les théories de l'économiste Gottfried Feder, dont les ouvrages majeurs « Kampf gegen die Hochfinanz » et « Der Deutsche Staat auf nationaler und socialer Grundlage » ont été pratiquement bannis des bibliothèques publiques en cette époque de liberté démocratique.

Après sa victoire électorale très démocratique, Hitler appliqua toutefois ses principes économiques avec beaucoup de circonspection. Son instinct d' e politique lui indiquait qu'une application radicale des principes de Feder provoquerait une réaction brutale du Système et des gouvernements des pays qui lui étaient assujettis. En conséquence, il écarta Feder des postes de direction et fit appel à Schacht, image parfaite du capitaliste « soigné », monocle compris, et décida de procéder par étapes.

Pour commencer, on limita le pouvoir des banques d'accorder ou de restreindre les crédits à leur guise, et on fixa des plafonds, très bas, aux taux d'intérêt. L'émission de monnaie par la Reichsbank se fit sur la base de la production, et non des réserves d'or, qui n'existaient pas. L'économie classique, dans de telles circonstances, aurait exigé un emprunt d'or auprès d'une banque ou d'un gouvernement étranger ; Hitler n'en fit rien, ce qui suscita la curiosité amusée des « économistes » d'Allemagne et d'ailleurs. « L'or de l'Allemagne, c'est la capacité de travail de son peuple », telle était une phrase hitlérienne, qualifiée de démagogique par les économistes, bien qu'elle ait suscité une appréhension naturelle dans les cercles du Système, qui prospèrent grâce à une telle croyance.

La constitution en corporation de l'agriculture allemande fut déclarée mesure urgente, car on considérait que la reconstruction nationale avait pour condition indispensable l'existence d'une forte classe de paysans[158]. En quelques mois, la masse des six millions de chômeurs fut absorbée, et il fallut même importer de la main-d'œuvre des démocraties que sont la France et la Belgique. En six ans de national-socialisme, l'Allemagne est passée de la queue au peloton de tête des pays industrialisés du monde… tout cela sans or, sans colonies… et sans la main-d'œuvre bon marché fournie par ces dernières.

Pendant ce temps, en Italie, le régime fasciste de Benito Mussolini, bien qu'il eût pris le pouvoir dix ans plus tôt, en 1923, ne parvenait pas à des succès aussi stupéfiants sur le plan économique, même s'il en obtenait également dans des proportions notables. Le fascisme mit davantage l'accent que le national-socialisme sur les doctrines corporatistes – tout comme le fit également le docteur Salazar au

---

[158] Vicente Gay : « *La Révolution nationale-socialiste* », p. 269.

Portugal – mais il ne s'attaqua pas au système de l'étalon-or. Les dirigeants fascistes reconnaissaient que ce système était irrationnel et dépassé et souhaitaient le remplacer par le système de l'étalon-argent, en s'appuyant sur la plus grande abondance de ce métal et sur le fait qu'il était, par conséquent, plus difficile à accaparer par une poignée de personnes. Il suffit toutefois que le fascisme exerce un contrôle rigide sur la politique de crédit des banques, nationalise la Banque d' 'Italie, interdise les partis marxistes, dissolve les sociétés secrètes, en exilant aux îles Lipari le Grand Maître de la franc-maçonnerie italienne, et sanctionne sévèrement toutes sortes de délits, y compris ceux de nature économique, afin que l'Italie connaisse une période de prospérité sans précédent jusqu'alors... et depuis lors.

Mais le danger ne venait pas de l'Italie, mais de l'Allemagne ; et ce, non seulement en raison de l'importance et du poids spécifique supérieurs de cette dernière à tous égards, mais aussi à cause de ses doctrines économiques et financières qui, si elles s'avéraient dangereuses, laissaient présager un danger mortel… dès lors qu'elles pourraient être mises en œuvre avec la rigueur souhaitée. C'est pourquoi, dès l'arrivée au pouvoir d'Hitler, le Système a déclenché une véritable guerre économique et diplomatique contre l'Allemagne. On ne pouvait tolérer que son exemple fasse des émules parmi ses voisins. En Belgique, en Norvège, en Hongrie, en Roumanie, en Yougoslavie et en Bulgarie, des mouvements se manifestaient, se déclarant anticapitalistes, anticommunistes et antisémites, et proclamant leur volonté de libérer leurs patries de l'influence néfaste du Système. Telle fut la cause, la seule cause de la Seconde Guerre mondiale. Il fallait abattre l'Allemagne de toute urgence car l'enracinement du régime hitlérien représentait la destruction, pour toujours, de l'étalon-or, le grand outil de domination du Système[159].

On peut établir un curieux parallèle entre Napoléon et Hitler. Tous deux se sont heurtés au Système, même si le Grand Corse a eu la chance que, à son époque, celui-ci n'avait pas encore atteint la puissance redoutable qu'il a acquise au cours de notre siècle. Tous deux,

---

159 Certains pourraient considérer cette affirmation comme peu mûre, trop en contradiction avec ce qu'on nous a dit être les causes de la Seconde Guerre mondiale ; cependant, ne pouvant m'attarder ici sur cet aspect, je renvoie le lecteur à mon livre « *L'Histoire des vaincus* » où il trouvera la documentation nécessaire pour se forger sa propre opinion à ce sujet.

également, ont cherché par-dessus tout, et malgré tout, l'alliance avec l'Angleterre, mais ils ont été vaincus diplomatiquement par le Système, qui a réussi à mettre la puissante Albion à son service. Si Napoléon a proposé à l'Angleterre, lors de la paix d'Amiens, de limiter sa puissance navale à un tiers de celle de la Grande-Bretagne, Hitler, dans le traité naval anglo-allemand, a fait exactement la même chose. Hitler, comme Napoléon, fit ce geste sans aucune contrepartie anglaise, en gage de bonne volonté et de ses intentions pacifiques. Et si Napoléon a pu obtenir la paix tant attendue avec l'Angleterre, simplement en acceptant le retour à l'étalon-or et le libre fonctionnement de la Banque de France en tant qu'entité privée, on a proposé à Hitler, en pleine guerre, la cessation des hostilités sur la base d'une paix-, avec deux seules conditions. Quelles étaient ces conditions ? Le gouvernement anglais exigeait que le Reich renonce à son autarcie économique et adopte l'étalon-or, en revenant au système du libre-échange. De plus, l'Allemagne devait autoriser la réouverture des loges maçonniques, fermées par Hitler. En contrepartie, les Alliés reconnaissaient la réannexion de Dantzig au Reich. Le refus hitlérien d'accepter ces conditions a fait échouer la paix[160].

Nous ne voulons pas nous étendre sur les acquis, les réalisations fantastiques du national-socialisme. D'autres l'ont déjà fait dans de nombreux ouvrages ; l'auteur lui-même, dans le livre cité « L'Histoire des vaincus ». Il suffit de dire ici que le national-socialisme d'Hitler fut, jusqu'à présent, la dernière tentative de libérer un pays des chaînes de l'Or. Et que la guerre lui fut déclarée parce qu'il s'opposait idéologiquement et concrètement au Système, et parce qu'il prétendait s'étendre territorialement aux dépens de l'esclavage communiste, ou capitalisme d'État, créature de celui-ci.

Après la « victoire » des démocraties – en réalité, victoire du Système et défaite générale –, les mécanismes destinés à la création d'un super-gouvernement mondial, l'Organisation des Nations Unies et

---

[160] Le colonel J. Creagh-Scott, du Service de renseignement, qui a personnellement pris part aux négociations de paix avec les plénipotentiaires allemands, a mentionné ces faits dans le bulletin très réputé de la « National Industrial Development Association of Eire », puis lors d'une conférence prononcée à la mairie de Chelsea. La revue française « *Défense de* l'Occident », de mai 1953, p. 31, rappelle ces faits et affirme que c'est sous la pression expresse du banquier juif Sir Montagu Norman, ancien gouverneur de la Banque d'Angleterre, que Churchill proposa à Roosevelt de rendre obligatoire l'étalon-or, en l'insérant dans la Charte de l'Atlantique.

ses multiples instances, seraient mis en marche. Comme nous l'avons mentionné dans la rubrique « Le terreau », le mondialisme est l'une des composantes du système, dont la finalité ultime n'est ni l'industrie, ni le commerce, ni la finance, ni le profit... ni le capitalisme, ni le communisme, ni le sionisme, mais simplement le gouvernement du monde sur un troupeau humain abruti, massifié, démocratisé...

QUI SONT-ILS... ?

> *« Et le Seigneur dit : Je ferai en sorte que les Gentils se soumettent à Mon Peuple, et ils porteront leurs fils dans leurs bras et leurs filles sur leurs épaules. Les rois, ô Israël ! seront tes nourrices et les reines seront les mères qui t'allaiteront : tous se prosterneront devant toi, le visage contre terre, et lécheront la poussière de tes pieds... »*
>
> *«... et la nation et le royaume qui ne se soumettront pas à toi périront ; en vérité, ces nations seront complètement détruites... et toi, Israël, tu suceras le lait des nations et les seins des rois... »*
>
> (Isaïe, XLIX, 22, 23 - LX, 10, 12, 16)

Jusqu'à présent, nous avons parlé du Système, ou de l'« Establishment », de certaines de ses méthodes de fonctionnement et de ses finalités. Nous allons maintenant dresser une liste des personnes, physiques et morales, qui le composent.

Au-dessus des hommes détenant le véritable pouvoir, qui manipulent les présidents et leur survivent politiquement, comme le secrétaire d'État américain Kissinger, et le président de la Banque d'État de l'Union soviétique, Viktor Aschberg, ainsi que d'autres personnages de moindre importance, fonctionne une sorte de super-gouvernement mondial, parallèle au gouvernement mondial officiel, la néfaste Organisation des Nations Unies, et qui, en raison du lieu de sa constitution, Bilderberg, aux Pays-Bas, porte le nom de « Groupe Bilderberg ».

Cette association d'hommes extrêmement puissants influence, de manière à peine voilée, les gouvernements du monde entier. Son objectif : soutenir l'ONU dans la réalisation d'un super-État mondial. Ce super-État sera en outre super-capitaliste, c'est-à-dire communiste, car il n'y a pas une seule initiative des « Bilderbergers » qui ne vise, directement ou indirectement, à bénéficier au soi-disant bloc communiste.

Voici les noms des membres les plus éminents de ce très puissant groupe Bilderberg :

- Le prince Bernhard des Pays-Bas.

-Eugene Black, président de la Banque internationale d'[161].

- Robert McNamara, actuel président de la Banque internationale et ancien employé du clan Rockefeller.

-Paul G. Hoffman, ambassadeur des États-Unis à l'ONU. Haut responsable de la banque Goldman, Sachs and Co. ; ancien administrateur du Plan Marshall et président de « Studebacker ».

-Per Jacobson, président du Fonds monétaire international[162].

-Henry Kissinger, secrétaire d'État des États-Unis. Ancien employé, depuis l'âge de 23 ans, de la famille Rockefeller.

-Imbriani Longo, directeur de la Banque d'Italie.

-Gabriel Hauge, « conseiller » économique des présidents Eisenhower, Kennedy, Nixon et Ford.

-Michael Heilperin, « conseiller » économique et financier du président Johnson. Haut responsable de la banque Dillon and Co., appartenant aux financiers Dillon (Lapowski).

-Walter J. Levy. De la « Standard Oil of New Jersey », de Rockefeller.

-Sydney Weinberg. Banquier. Membre du « cercle restreint » au sommet du pouvoir du Système.

-Lewis L. Strauss, président de la Commission de l'énergie

[161] La Banque internationale est une sorte de Banque centrale des banques centrales, à l'échelle mondiale

[162] Le Fonds monétaire international finance les pays nouvellement décolonisés et les pays communistes.

atomique des États-Unis. Membre de l'organisme « Conseil des relations étrangères », de la famille Rockefeller.

-Chas. E. Salzman, directeur de la banque « Kuhn, Loeb and Co. ».

-Eric M. Warburg. Banquier.

-Alexander Sachs. Banquier.

-Gerard Swope. Banquier.

-Isadore Lupin, économiste, membre du Conseil privé de Nixon.

-Herbert Bayard Swope, banquier.

-David Rockefeller, banquier.

-Nelson Aldrich Rockefeller, banquier.

-Dean Rusk, ancien secrétaire d'État des États-Unis.

-Paul Van Zeeland, ancien Premier ministre de Belgique. Ancien employé de la « Banque Lambert », fiduciaire des Rothschild à Bruxelles.

-Thomas S. Lamont, banquier.

-William S. Paley (Palinski) et

-David Sarnoff, les deux principaux dirigeants de la télévision américaine.

-Arthur Harrison Hays (Sulzberger), directeur du quotidien « New York Times »

- Le général Lyman L. Lemnitzer, de l'état-major des États-Unis.

-Harry Guggenheim, banquier.

-Harold K. Ginsberg, employé du « C.F.R. » de la famille

Rockefeller.

-Hermann Baruch, frère de l'ancien « mentor des présidents », Bernard Mannes Baruch. Banquier.

-Henry Morgenthay, Jr., de la « Modern Industrial Bank ».

Évidemment, cette liste est incomplète. Mais les principaux en font partie. Nous avons évoqué, plus haut, un cercle restreint au sein du Système. En effet, la finance fonctionne à la manière maçonnique. On procède par degrés. En dernier ressort, il existe sans doute un « cercle ultime » dont personne ne sait peut-être rien, ou peut-être que si, car la perfection du « modus operandi » du Système a rendu le secret pratiquement inutile. Quoi qu'il en soit, voici, ci-dessous, les membres du – à notre connaissance – cercle ultime.

- Le Federal Reserve Board, composé des cinq banques d'émission de monnaie des États-Unis. Ce groupe est contrôlé par les familles Warburg, Kuhn, Loeb et Kahn.

-La banque Lehman Bros. Le plus grand établissement bancaire du monde, derrière Kuhn, Loeb and Co. de la Réserve fédérale.

- L'empire Rockefeller, qui comprend le trust pétrolier « Standard Oil of New Jersey », la « Chase National Bank » et les mines de cuivre chiliennes « Anaconda Copper Co. ». Il est un acteur prépondérant au sein de la National City Bank et est lié, grâce à une sage politique d'alliances matrimoniales, aux Dodge (automobiles), aux Stillman (acier), aux Aldrich (haute finance), etc.[163]

- L'empire Rothschild, de Londres, Paris, Vienne et Francfort. Maîtres des Rockefeller dans leur politique d'alliances matrimoniales. La Nya Banken, de Stockholm, est considérée comme son agent en Europe du Nord. Les Aschberg, agents des Rothschild, sont présidents, de père en fils, de la Banque d'État soviétique depuis sa fondation, en 1917. La famille contrôle la production de nickel en Nouvelle-

163 La maison Rockefeller, fortement imprégnée de judaïsme, qui compte 50 000 agences bancaires à travers le monde, descendantes, directement ou indirectement, de la « Chase National Bank », gagnerait, dit-on, deux millions de dollars par minute. (D'après le Dr Oren Fenton Potito dans « *National Christian* News », n° 7, 1975.

Calédonie. Elle possède également les mines de mercure d'Almadén (Espagne).

- La banque Lazard, dont l'importance est aujourd'hui comparable à celle des Rothschild. Très influente au sein de la Communauté économique européenne et de l'ancien Empire britannique.

- L'empire « United Fruit » de Samuel Zemurray, tout-puissant en Amérique centrale et dans les Caraïbes.

- La famille Melchett, qui contrôle le trust chimique britannique I.C.I., ainsi que la production de nickel au Canada.

- La banque Goldman, Sachs and Co. La plus puissante des banques américaines, après « Kuhn, Loeb » et « Lehman ».

- Le trust Oppenheimer, financier sud-africain. Il possède des mines d'or et contrôle la production sud-africaine de diamants. Il est propriétaire des mines « hispaniques » de Rio Tinto.

- Le trust Guggenheim, banquiers, qui contrôle, avec les Speyer, le zinc de Bolivie, et, avec les Morgan, le cuivre et le nitrate de potassium du Chili.

- Les Speyer, banquiers. Ils contrôlent, avec les Rockefeller, le pétrole du Mexique.

- La famille Seligman qui, avec les Goldschmidt, exploite les mines de cuivre du Pérou.

- Le consortium « Ford Motor Company », leader de l'industrie automobile mondiale. Les héritiers, fils et petits-fils du fondateur de cet empire industriel, se sont associés, par des liens familiaux et d'intérêts, à d'autres « clans » du Système. (Si le vieux « antisémite » Henry Ford pouvait voir cela !)

- La banque « Dillon-Read », dont le président est Douglas Dillon (Samuel Lapowski).

- Stanley H. Ruttenberg, le « bouddha » syndicaliste de l'A.F.L.-C.I.O., les syndicats américains les plus puissants.

-Charles B. Shuman, président de l'American Farm Bureau Federation, véritable dictateur de l'agriculture américaine.

-Donald K. David, président du « Comité pour le développement économique », fondation omnipotente, exonérée d'impôts, parrainée par la « Ford Motor Company ».

- La banque Hambros, de Londres, la plus grande banque « anglaise » après N.M. Rothschild et Lazard Bros. Associée sur notre continent au groupe bancaire Schneider, « français », qui contrôle à son tour le trust Le Creusot, spécialisé dans l'armement et l'acier.

-La banque S. Japhet and Co., créée en Allemagne en 1880 et transférée à Londres en 1896, qui détient d'énormes intérêts dans le monde arabe. Grâce au mariage d'une fille de Samuel Japhet avec Lord Mountbatten of Burma, cette famille est apparentée à la famille royale britannique.

-Israel Moses Sieff, du « Political and Economical Planning », pépinière de socialistes, et des gigantesques grands magasins « Marks and Spencer ».

-Sydney Bernstein, dirigeant de la télévision britannique (I.T.A.).

- Salomon Zuckerman, multimillionnaire « sud-africain », conseiller privé des Premiers ministres Wilson et Callaghan.

- Le clan Vanderbilt-Whitney, de banquiers américains, prédominants dans les secteurs mondiaux du cuivre et de l'acier.

- La banque Gunzbourg, premier établissement bancaire du Japon.

- La famille Dreyfus, « française ». On les appelle « les rois du blé ».

- Paul Getty, la première fortune d'Angleterre.

-Le trust « Vickers and Maxim », création d'un aventurier d'Odessa, Sir Basil Zaharoff, le plus grand trust d'armement au monde.

- La banque Morgan, qui occupe la cinquième place parmi les banques américaines et la neuvième au niveau mondial.

- Le trust anglo-néerlandais « Unilever », création des frères Lever et de Simon Van den Bergh, qui occupe la première place sur le marché mondial de la margarine, de l'huile et du savon.

- Le trust néerlandais Philips, leader de l'électronique européenne, entièrement lié à la Rotterdamsche Bank et au trust « Unilever », ainsi qu'au trust pétrolier « Royal Dutch », création d'Henry Detterding et d' e à la « Hell Petroleum » de Marcus Samuel.

-La famille Lambert, de banquiers juifs belges, étroitement liée aux Rothschild.

À l'exception des Morgan, des Rockefeller et des Ford, les autres superpuissances citées sont exclusivement juives. Quant aux Rockefeller, ils sont partiellement juifs depuis l'alliance, matrimoniale et financière, du père de l'actuel Nelson Rockefeller avec une fille des banquiers israélites Aldrich.

La liste précédente de ce que l'on pourrait appeler le Super-Gouvernement mondial devrait probablement être complétée par les noms de Sidney Weinberg, Eugene Blanck, financiers déjà cités, et les dirigeants inconnus de l'« Anti-Defamation League » (Ligue anti-diffamation), sorte de franc-maçonnerie juive dotée d'un immense pouvoir occulte.

Ces dynasties de l'argent, comme nous l'avons déjà dit, sont en outre liées entre elles par des liens familiaux ou d'intérêts, et souvent les deux à la fois. En résumé, elles représentent environ trois cents personnes, au maximum, qui choisissent, par cooptation, leurs successeurs parmi leur entourage.

Ce sont les « dieux » du système. Leur existence a déjà été révélée par Rathenau, lui-même membre du système, dans sa célèbre phrase : « Trois cents hommes, qui se connaissent entre eux, gouvernent les destinées du continent européen et choisissent leurs successeurs parmi ceux qui les entourent. » (Wiener Freie Presse, 24 décembre 1912). Le fait que, dans une proportion écrasante, les membres de cette sorte de gouvernement mondial appartiennent à un groupe ethnique déterminé n'implique pas, naturellement, une accusation aveugle contre tous les membres de ce groupe. Mais il ne fait pas non plus le moindre doute que si beaucoup, voire la majorité d'entre eux, connaissent les activités de cette minorité de « dieux » et de leurs acolytes du Système et ne les dénoncent pas, ou ne s'y opposent pas, ils en deviennent complices.

Quel est le but, le but ultime, de ces Dieux du Système ? L'Histoire et les événements quotidiens nous le confirment. L'implantation du communisme à l'échelle mondiale. Ils ont aidé, à leurs débuts, Marx, Engels, Boerne, Lafargue et les autres apôtres communistes de premier plan. Ils ont financé la Révolution soviétique en Russie. Ils ont soutenu les mouvements communistes dans les autres pays, et continuent de les soutenir. Ils ont rendu possible la bolchevisation de la Chine, en forçant l'Amérique à retirer son aide à Tchang Kaï-chek, tandis que Mao Tsé-toung la recevait à pleines mains de la Russie[164]. Ils financent, chaque fois que cela s'avère nécessaire, les États communistes lorsque le système marxiste, contre nature, se trouve au bord de la faillite économique. La Yougoslavie « trotskiste » ne survit que grâce aux subventions américaines. LA RUSSIE NE MEURT PAS DE FAIM GRÂCE À L'AIDE AMÉRICAINE. Le prix du blé et d'autres céréales américaines a grimpé en flèche au milieu de l'année 1973, car le gouvernement Nixon a permis aux spéculateurs en céréales de les vendre, à un prix très bas et à crédit, à l'Union soviétique et à la Chine rouge. Le gouvernement américain a payé la différence entre les prix politiques et les prix réels. En d'autres termes, c'est le contribuable américain, déjà mis à rude épreuve, qui a payé pour que ses ennemis potentiels ne meurent pas de faim. Cette transaction invraisemblable a été « arrangée » par Kissinger à l'occasion de ses voyages à Pékin et à Moscou[165]. C'est également Kissinger qui a rendu possible la vente – pratiquement un cadeau financier des contribuables par l'intermédiaire de l'administration américaine – d'engrais à l'URSS[166].

L'aide du Système à l'URSS commence, comme nous l'avons vu, avec l'instauration de l'État soviétique en Russie, et se poursuit avec le pacte Rockefeller-Staline, qui permet aux communistes d'exploiter

---

[164] L'organisation « Amerasia », de Rockefeller, a fait faire un virage à 180 degrés à l'administration américaine avec ses faux rapports sur la situation en Chine. Owen Lattimore, accusé plus tard d'activités communistes, et le général Marshall, l'un des organisateurs du fiasco de Pearl Harbor, ont été les principaux responsables (visibles) de la livraison de la Chine au communisme.

[165] Le juif Michel Fribourg, surnommé « l'Empereur des céréales » et l'homme le plus riche d'Amérique, fut le seul « Américain » à tirer profit de cette incroyable « affaire ».

[166] Dans cette « affaire » également, c'est un Juif qui s'est avéré être le grand bénéficiaire, Armand Hammer (selon « *The Thunderbolt* », août 1973).

leurs richesses pétrolières et même de les commercialiser dans le monde libre. Un autre financier, Averell Harriman, qui acquit une grande influence politique auprès de Roosevelt, développa le réseau ferroviaire en Russie. Le financier « allemand » Rathenau a conclu avec Staline un accord prévoyant l'aide technique du Reich à l'URSS, sans aucune contrepartie, pour la mise en place de l'industrie chimique soviétique.

En somme, le Système a toujours soutenu le communisme. Si le rideau de fer était une réalité dans les deux sens et que le bloc communiste se retrouvait isolé, il ne tiendrait même pas deux ans. Seuls le soutien et les crédits provenant de l'Occident le maintiennent debout. Le capitalisme est un système criminel, mais en permettant – avec des entraves de plus en plus grandes à l'existence d'une entreprise libre et productive, il reste à mi-chemin de ses desseins, qui ne sont autres que l'asservissement de l'humanité par l'arme la plus terrible : l'argent. C'est pourquoi le communisme est fatalement nécessaire, comme l'affirmait, avec une logique redoutable et irréfutable, au sein même du Système, Karl Marx, qui n'avait rien de « prolétarien ».

Le Système, dont la mission transcende le Capitalisme, cherche à unifier le Monde par la mongolisation des peuples, des races et des nations[167]. C'est pourquoi ses artisans sont « antiracistes », mais uniquement lorsqu'il s'agit de la Race Blanche, porteuse de la Civilisation et de la Culture. Ils prônent le métissage entre Blancs et Noirs, par exemple, mais dans l'État artificiel d'Israël, ils ont mis en place des lois raciales, en leur faveur, bien plus drastiques que les « Rassenschutz Gessetz » hitlériennes. Car tel est le but ultime… Telle est la solution à l'énigme du capitalisme, en pactant toujours avec ses prétendus adversaires… En fin de compte, selon l'interprétation des prophéties bibliques, il n'y a rien d'autre que le Peuple Élu, régnant sur

---

[167] Rien que dans la Nouvelle Afrique tribale, avec ses sorciers portant le titre de présidents de la République, on compte aujourd'hui 350 grandes multinationales américaines et environ 200 européennes. Il semble étrange que le Grand Capital veuille investir dans des « pays » africains risibles. Pourtant, il le fait. Pourquoi ? Parce qu'il ne peut pas perdre. Il existe, à New York, l'OPIC (Overseas Private Investment Corporation), qui assure les investissements capitalistes contre l'expropriation par les sorciers susmentionnés. Cette organisation est, à son tour, garantie par le gouvernement des États-Unis, à l'initiative de Kissinger. Ainsi, le peuple américain garantit les multinationales contre l'expropriation par les chefs de tribu et finance, en même temps, le développement économique de ces tribus grâce à la technologie occidentale (*« South African* Observer », août 1976).

un troupeau humain, métissé et mongoloïde, tondu et bêlant à l'unisson.

LA SOLUTION

Après avoir exposé, dans l'ensemble des rubriques regroupées sous le titre « La misère dans l'abondance », les raisons qui éclairent le paradoxe apparent de la situation économique actuelle de l'Occident, avec ses stocks débordants qui ne peuvent être consommés faute d'argent, puis avoir exposé, aussi succinctement que possible, l'action et l'identité des acteurs de ce drame, nous allons maintenant proposer la solution. Autrement dit, après avoir répondu aux questions « Que se passe-t-il ? », « Pourquoi cela se passe-t-il ? », « Qui le fait ? » et « Pourquoi le fait-il ? », nous estimons qu'il est désormais de notre devoir d'apporter la solution au problème posé par ce cauchemar mondial. Pas une solution. LA SOLUTION.

Il est probable – nous sommes sur le point de l'affirmer – que la plus grande difficulté pour comprendre l'Économie réside dans sa simplicité écrasante. À une époque absurde comme la nôtre, cycle terminal du passage de la Culture à la Civilisation, époque de transmutation de toutes les valeurs, où les mots perdent peu à peu leur sens ancien, l'Économie ne pouvait échapper à la règle générale de l'Organisme auquel elle appartient[168]. L'Occident, affligé d'un terrible parasitisme culturel[169], souffre, dans son cerveau, de la maladie du libéralisme, d'où rayonnent tous les autres maux dont souffrent les autres organes : la démocratie, dans le système nerveux ; l'athéisme, plus ou moins déguisé, dans le système cardiovasculaire ; et le capitalisme, dans le système digestif. Si le cerveau, les nerfs et le cœur – bien que gravement affectés – résistent encore, l'estomac, la partie la plus faible et celle qui reçoit – par intérêt de l'ennemi et parce que celui-ci pressent que c'est le type d'attaque qui correspond le mieux à son idiosyncrasie – les

---

[168] Un exemple révélateur de l'investissement économique actuel réside dans le fait que personne ne semble s'être étonné des récents programmes économiques des gouvernements de deux vieux pays européens, l'Angleterre et l'Espagne. D'un côté, ils affirment qu'il faut lutter contre le chômage et, de l'autre, qu'il faut épargner, et pour que les gens épargnent, ils augmentent les impôts. Mais lutter contre le chômage signifie augmenter la production. Il faut donc augmenter la production et diminuer la consommation. Les auteurs de ce programme n'ont été internés dans aucun asile psychiatrique.

[169] Francis Parker Yockey : « Imperium », Omnia Veritas Ltd.

assauts les plus vicieux du Grand Parasite, est sur le point d'entrer en état de collapsus. Un effondrement qui provoquerait la mort de l'Organisme.

Nous détestons l'optimisme lâche au moins autant que l' u pessimisme irresponsable, mais nous ne pouvons nous soustraire à l'impératif moral catégorique de notre Réalisme qui nous fait proclamer sans ambages que, si les mesures de LA SOLUTION ne sont pas adoptées rapidement, voire dès maintenant, l'Occident ira à vau-l'eau avant d'avoir accompli sa destinée historique, rejoignant dans le panthéon de l'Histoire les Grandes Cultures qui l'ont précédé, une fois leurs cycles vitaux achevés.

La Solution, en réalité, découle de manière irréfutable de tout ce qui a été exposé jusqu'à présent, c'est-à-dire que si les maux de l'économie occidentale proviennent :

a) du contrôle privé de la monnaie
b) du pouvoir d'émettre de la monnaie par des entités privées.
c) du fait qu'il repose sur une marchandise dont la valeur intrinsèque est pratiquement nulle, comme l'or, et
d) de la croyance superstitieuse selon laquelle la machine doit fournir du travail à l'homme

la solution consistera en l'application simultanée des principes contraires aux maux énoncés, à savoir :

a) le contrôle public (étatique) de la monnaie.
b) l'émission étatique de la monnaie.
c) l'ancrage de la monnaie dans l'étalon-travail, que l'on peut également appeler étalon-richesse.
d) L'acceptation du principe selon lequel la machine doit décharger l'homme de son travail, en l'accomplissant de la manière la meilleure, la plus rapide et la moins coûteuse possible.

* * *

Nous estimons utile de renvoyer le lecteur à la rubrique « Champ d'application », au début du présent ouvrage, et de lui rappeler que nous faisons référence à l'Occident et, plus concrètement, du moins pour l'instant, à l'Europe, son cœur. Nous comprenons que, politiquement, pour l'instant, nous ne pouvons nous référer qu'à l'Europe « résiduelle », à l'Ouest du Rideau de fer, avec ses 320 millions d'habitants, héritiers d'une culture millénaire et porteurs de la civilisation aux quatre coins de la planète ; une Europe partiellement « e » dont le premier objectif politique devra nécessairement être l'adoption de toutes les mesures tendant à la récupération de la douzaine de pays de l'Est de notre continent, avec leurs 150 millions de sujets dépendants du capitalisme d'État soviétique, implanté en Russie grâce à l'aide apportée par le capitalisme privé établi en Occident. En d'autres termes, la Solution ne pourra être mise en œuvre que par un État européen s'appuyant sur les structures du Marché commun actuel – qui, malgré tous ses formidables défauts, a au moins le mérite d'exister –, élargissant progressivement son champ d'action, en actualisant jusqu'à leurs dernières conséquences les principes politiques positifs du Traité de Rome[170], jusqu'à faire de ce rêve une réalité, rêve d'hommes si lointains et si disparates, dans l'espace et dans le temps, si différents les uns des autres et d'une valeur et d'une classification si diverses, tels que Charlemagne, les Hohenstaufen du Saint-Empire romain germanique, Charles d'Espagne et d'Allemagne, Louis XIV, Napoléon, Hitler et Adenauer : la Nation-Europe.

On pourra objecter, de la part des éternels myopes, qu'il s'agit là d'une utopie (et tout est, en vérité, une utopie jusqu'à ce qu'on la mette en pratique), que la Nation-Europe ne se profile pas à l'horizon politique, et que les mesures – tant politiques, au niveau global, qu'économiques au niveau du système digestif d'une communauté – qui nous intéressent aujourd'hui doivent se référer aux anciennes mini-nations encore existantes, encore végétatives, en Europe occidentale, vestiges d'anciennes unions dynastiques ou d'« accidents diplomatiques », et en l'existence active desquelles aiment à croire les nostalgiques de l'hyper-nationalisme de nos grands-pères. À ces fervents adeptes du national-atomisme, nous devrons, simplement et rapidement, rappeler deux choses, à savoir :

a) que la condition sine qua non de l'existence d'une nation est la souveraineté, c'est-à-dire l'indépendance ; et que celle-ci n'est pas, politiquement parlant, la simple émanation d'un acte de volonté, mais

---

[170]... Et en oubliant, bien sûr, les aspects négatifs, tels que l'exigence ridicule selon laquelle la Communauté doit pratiquer le système de la démocratie inorganique avec le suffrage universel et la pluralité des « partis ».

qu'elle est la conséquence de la volonté collective protégée par la Force. Il ne suffit pas de vouloir être indépendant ; il faut pouvoir l'être. Et aujourd'hui, que cela plaise ou non aux esprits du XIXe siècle, seule une communauté politique comptant au moins deux cents millions d'habitants, dotée d'une technologie de pointe, qu'elle soit propre ou importée, peut être indépendante, et donc seule une telle communauté peut être une nation libre. D' n effet, aujourd'hui, dans le monde, il n'y a que trois véritables nations : l'URSS, les États-Unis et la Chine[171]. Et l'Europe peut l'être, doit l'être. Les autres, ce qu'on appelle le Tiers-Monde, ou encore les « pays sous-développés » (quand on veut être aimable), les « sous-capables » (quand on ne veut pas l'être), ou les « mendiants maîtres chanteurs » (quand on veut dire la pure vérité), ne sont que de simples figurants, dotés d'un pouvoir exclusivement centripète, qu'ils exercent sur leurs sujets, mais sans pouvoir centrifuge, puisqu'ils dépendent, officiellement ou non, de l'une des trois nations mentionnées. Ainsi, toute vieille « nation » européenne qui aurait des velléités d'indépendance économique serait automatiquement écrasée[172] par la puissance dans la zone d'influence de laquelle elle se trouverait.

b) que l'alternative à la création de la Nation-Europe est la disparition, à très court terme, de notre continent résiduel en tant qu'entité politique. Et pas seulement en tant qu'entité politique, mais même en tant qu'entité raciale. L'Europe est menacée de disparition ; les Européens sont en danger de disparition physique. Si la Nation-Europe ne voit pas le jour, l'Europe disparaîtra, économiquement, politiquement et physiquement. C'est inévitable. La question n'est pas de savoir si cela arrivera, mais quand. Et tout porte à croire que ce sera bientôt, à moins de changements politiques imprévisibles hors d'Europe, ou d'un réveil brutal du peuple américain contre le parasite

---

[171] Le capitalisme, outil du sionisme, n'est pas, malgré toute sa puissance omnipotente, une nation. Il aspire au pouvoir mondial, dressant les peuples les uns contre les autres, mais il lui manque, pour être une véritable nation, que son âme (la finance) soit complétée par un corps (un territoire et une population numériquement importante). Israël n'est pas une nation, mais une base sioniste au carrefour de trois continents, près du canal de Suez et des oléoducs.

[172] Sous n'importe quel prétexte « démocratique », en favorisant une révolte interne, comme l'ont fait les États-Unis il y a deux ans en Grèce, ou en provoquant, par ses pressions propagandistes et financières, une défaite électorale, comme cela est arrivé à De Gaulle en 1968. Ou sans prétexte, brutalement, comme la Russie l'a fait avec la Hongrie en 1956, ou avec la Tchécoslovaquie en 1970.

qui mine son existence. Ou bien les libéraux-démocrates naïfs croient-ils que les Européens vont arrêter les deux cents millions de Russes en mettant en rang un milliard de personnes de couleur sous-alimentées qui se trouvent à nos portes, avec une barrière d'appareils électroménagers et de voitures de tourisme ? Croient-ils vraiment que l'ONU les arrêtera ? Mais l'ONU, ce sont eux !... Le parapluie américain ? Je vous en prie ! Il a suffi que l'administration Kennedy désapprouve certains aspects du Marché commun et que l'« entourage » de Nixon désapprouve certaines mesures économiques de Pompidou et la fantastique puissance économique de l'Allemagne fédérale pour que, outre de terribles mesures de rétorsion économique, telles qu' t le « Kennedy round » et la dévaluation du dollar, on menace, avec un cynisme sans pareil, de retirer les troupes yankees qui protègent l'Europe dans le cadre de l'OTAN. Curieuse protection que celle-là ! Aux esprits naïfs qui s'imaginent que les États-Unis sont un Père Noël attentionné et bon enfant, toujours prêt à organiser des croisades pour défendre la démocratie et le droit, il suffira de leur recommander la lecture, non pas d'un manuel d'histoire, mais des journaux de notre époque. La Turquie, alliée des États-Unis et membre de l'OTAN, a été privée du soutien militaire américain sur lequel elle comptait en 1962, en échange du retrait des « missiles » soviétiques de la Cuba castriste ; immédiatement, la Turquie, désarmée face au colosse voisin, a dû faire d'énormes concessions politiques à l'URSS. Pour regagner les faveurs des Turcs, les États-Unis ont dû trahir misérablement leur « allié » grec, en prenant le parti de la minorité turque (eux !, si démocratiques !) dans le cas de Chypre. Ce qu'est l'alliance américaine, on le sait très bien au Sud-Vietnam, abandonné au communisme en échange d'un relâchement de la pression soviétique au Moyen-Orient ; on le sait aussi au Liban, abandonné à la Syrie à condition que celle-ci élimine les Palestiniens, gênants pour Israël, le seul allié inconditionnel que le sionisme autorise – mieux encore, impose – aux hôtes de la Maison Blanche. Le parapluie américain ! Soyons sérieux !... Le Système qui gouverne, par l'intermédiaire de hommes de paille imposés, à Washington, ne s'intéresse à l'Europe que comme une carte à jouer dans la partie qu'il mène avec les seigneurs du Kremlin, visant à l'instauration d'un Super-État mondial, c'est-à-dire à la concrétisation de ses idéaux négatifs. Le jour où cela conviendra à Washington ; lorsque cela conviendra au Système – qui, outre ses intérêts politico-économiques, hait viscéralement l'Europe – ou qu'il se verra contraint de payer un certain prix en échange, par exemple, de la neutralisation des agitateurs communistes en Amérique centrale et en Amérique du Sud, Castro compris, le prix en question sera probablement l'Europe.

Le « parapluie » sera retiré – Oh oui ! Bien sûr ! Avec une centaine de documents signés « garantissant » notre liberté… Bien sûr ! – et les « boys » du Pentagone rentreront chez eux, répondant à la demande de n'importe quel imbécile socialiste européen, de n'importe quel Brandt, Callaghan ou Mitterrand, dont la tête sera la première à rouler lorsque leurs amis soviétiques arriveront, comme un épilogue grotesque à un drame historique sans précédent.

Nous nous excusons pour cette longue digression, que nous jugeons indispensable, car nous constatons la myopie qui règne face à ce problème de la Nation-Europe. De nos jours, il n'existe plus de pays économiquement autarciques sur notre continent. Seule l' e Allemagne d'Hitler a pu l'être, il y a quarante ans, mais les conditions n'étaient pas les mêmes qu'aujourd'hui et, en tout état de cause – comme nous l'avons vu dans l'ensemble des rubriques intitulées LE SYSTÈME –, une campagne internationale d'une violence inouïe s'est déchaînée contre le Reich, avec des mesures économiques, psychologiques et politiques qui ont abouti à la dernière Guerre mondiale, véritable suicide de l'Europe et de l'Occident[173]. Ne soyons pas pessimistes et

---

173 « Les grands banquiers ont été alarmés par les succès de la politique financière de l'Allemagne hitlérienne, tout comme, plusieurs générations auparavant, leurs familles avaient été effrayées par les succès de l'économie naturelle de Lincoln et de Napoléon. Ce qui aurait pu être un progrès louable pour l'Allemagne et d'autres pays s'inspirant de son exemple a été, en réalité, la cause principale de la Seconde Guerre mondiale. La lutte entre des politiques monétaires rivales était inévitable » (Carnelius Carl Veith, « *Citadel of Chaos* », p. 286). « Marriner Eccles, du Federal Reserve Board, et Montague Norman, gouverneur de la Banque d'Angleterre, sont parvenus à un accord, en 1935, sur la politique à mener pour écraser, par tous les moyens, y compris la guerre si nécessaire, les expériences financières d'Hitler » (« *The* Word » de Glasgow, 3 août 1949. Cité par Thomas Porter : « *The Green Magicians* ». « Les deux principales causes de la Seconde Guerre mondiale furent : Premièrement. Le succès du système allemand de troc. Deuxièmement. La détermination hitlérienne à ne pas accepter de prêts étrangers. Sa déclaration selon laquelle les affaires de l'Allemagne seraient menées de la même manière que celles d'un honnête commerçant provoqua une véritable panique dans les milieux financiers » (Francis Neilson : « *The Churchill Legend* », p. 296). Enfin, lors d'un entretien avec Roosevelt, onze jours après le déclenchement des hostilités en Pologne, Bernard Baruch, surnommé le « proconsul de Judée » en Amérique, déclara à Roosevelt : « Nous devons maintenir nos prix bas, même en perdant de l'argent, car c'est ainsi que nous attirerons les clients des nations non belligérantes. Ce sera le seul moyen de détruire le système allemand de troc » (*New York Times*, 14 septembre 1939). Mais un an déjà avant le début de la guerre, ce même Baruch avait déclaré publiquement, lors d'un hommage rendu à George C. Marshall, que « nous n'allons pas laisser ce type, Hitler, s'en tirer à bon compte. Sa politique monétaire est un danger pour tous ». (Francis Neilson : « *The Tragedy of Europe* », p.

pensons que, si l'Allemagne, pratiquement seule, a failli l'emporter, aujourd'hui, flanquée de tous les peuples européens et en prenant bien soin de ne pas répéter les erreurs du passé – et en particulier les hypernationalismes allemand, anglais, français et autres –, la victoire devrait être au rendez-vous. De plus, face à une Europe unie, les velléités belliqueuses des puissances extra-européennes s'atténueraient sans aucun doute. Le Grand Parasite, privé de son arme de prédilection – la seule qu'il puisse utiliser –, c'est-à-dire le capitalisme, serait comme un scorpion sans venin. L'Europe, la Nation-Europe, est possible. Elle doit l'être, car elle est nécessaire. Ceux qui le nient n'ont qu'à cesser de lire, et je regrette, pour eux, qu'ils soient arrivés jusqu'ici. Sans la Nation-Europe, sans une Europe politiquement unie, il n'y a pas de solution économique valable. Seulement la ruine collective. Et là encore, il convient de répéter que le problème ne réside pas dans le fait de savoir si cette ruine se produira, mais quand. Et cela non seulement parce que les contradictions capitalistes et celles de leur faux contraire, l'hyper- u bureaucratisme marxiste, rendent cette ruine fatalement inévitable, mais aussi parce que, même si ce n'était pas le cas, même si nos pauvres réactionnaires-conservateurs – de droite ou de gauche – parvenaient à trouver un semblant de solution à leurs problèmes économiques, une telle solution devrait, obligatoirement, avoir l'aval, l'autorisation, du Système. Et il ne lui en coûte pas grand-chose de ramener les Européens récalcitrants dans le droit chemin, lorsque l'un d'entre eux se décide à agir. Mais ils ne pourraient pas venir à bout d'une Europe unie, dirigée par une élite d'authentique hommes d'État. La principale force de l'Ennemi réside dans notre faiblesse, issue du libéralisme, schizophrénie du cerveau d'une culture. Tant que régneront le mini-nationalisme du Grand-Père et le libéralisme du « fou du village », la tâche de l'Ennemi sera très facile.

* * *

Revenons donc au sujet de cette étude, nous analyserons les mesures préconisées pour la mise en place d'une économie nationale-européenne, ou, si l'on préfère, nationale-socialiste ou nationale-révolutionnaire ; les noms nous importent très peu.

Nous commencerons par l'intervention de l'État en matière de contrôle et d'émission de la monnaie. En parlant de contrôle étatique,

---

302).

nous tenons à préciser que nous ne faisons pas référence à la nationalisation de la banque, mais simplement, nous le répétons, à son contrôle. Ou, plus concrètement, au contrôle de la monnaie. Nous pensons qu'il est désormais suffisamment clair que si la monnaie est un instrument de mesure et d'échange des richesses produites par une communauté, elle doit être émise au fur et à mesure que ces richesses sont mises sur le marché. Comme nous l'avons déjà indiqué ailleurs, les progrès de l'informatique permettent de calculer avec une précision absolue l'émission de monnaie, c'est-à-dire son montant. Il est élémentaire que plus la richesse créée par une communauté est grande, plus la quantité d'argent nécessaire à la distribution de cette richesse sera importante. Mais pour connaître la quantité exacte d'argent nécessaire à l'exercice de sa fonction distributive, il faut connaître exactement le montant de la richesse nationale, c'est-à-dire ce qui constitue, en réalité, le revenu national.

La première chose à faire est donc d'établir le bilan national. En d'autres termes, de dresser l'inventaire du crédit réel de la Nation-Europe. Cela peut sembler, à première vue, irréalisable en raison de son ampleur même. Mais il n'en est rien. À une époque comme la nôtre, où les mini-États européens exercent un contrôle absurde et excessif sur tout ce qui est subalterne au niveau de l', et peuvent connaître à tout moment le nombre d'analphabètes, de sourds-muets, d'albinos, d'ambidextres, d'homosexuels, de piétons, de presbytes ou de Témoins de Jéhovah qui cohabitent à l'intérieur de leurs mini-frontières, réaliser un inventaire national ne saurait constituer une tâche titanesque, en utilisant les compilations effectuées par des organismes déjà existants tels que le cadastre, le registre foncier, le Trésor public, les chambres de commerce, les organismes d'évaluation locaux et municipaux et aussi, bien sûr, par les comptables de toutes les entreprises du pays. En un mot : rassemblons, en utilisant les institutions existantes – il ne s'agit pas de créer davantage de bureaucratie, mais de la supprimer autant que possible – la valeur de l'actif de ce que l'on pourrait appeler « Europe, société en commandite », avec ses terres cultivables, ses forêts, ses usines, ses ateliers, ses bâtiments, son bétail, ses mines, ses navires, ses matières premières ; ses services publics, tels que ses aqueducs et ses oléoducs ; ses ponts et ses routes ; ses chemins de fer, ses marais, ses ports et ses fortifications ; ses matières premières, ses produits manufacturés. Ajoutons à cela le capital humain dont nous disposons. En effet, la population d'un pays a elle aussi une valeur monétaire, car il est d'une évidence écrasante qu'une usine, aussi parfaite soit-elle, n'a aucune valeur s'il n'y a pas d'hommes pour la faire fonctionner, et d'autres hommes pour consommer ses produits. Un homme – en laissant naturellement de côté ses autres dimensions humaines – est un élément de richesse réelle pour le pays, à la fois en tant que consommateur et en tant que producteur. Autrefois, on pouvait dire qu'un homme valait, en termes purement mécaniques, un dixième d'un cheval-vapeur. Mais aujourd'hui, grâce aux compagnies d'assurance, nous sommes parvenus à un chiffre qui reflète la valeur en capital d'une population donnée. Ainsi, on peut dire que, selon les études et les moyennes établies par les plus grandes compagnies d'assurance, la valeur marchande d'un citoyen européen d'environ 25 ou 30 ans, en bonne santé, d'un niveau d'instruction moyen et doté d'un bon sens normal, peut être estimée à environ cinq millions de pesetas. Le montant de ce chiffre, pris en compte pour l'ensemble de la population de la Nation-Europe, ne doit pas nous alarmer. Nous n'avons ni besoin, ni obligation de convertir ce chiffre en argent, si nous ne le souhaitons pas. Il s'agit simplement d'une question de comptabilité, mais de véritable comptabilité, car une comptabilité doit refléter des faits et des réalités. En additionnant ces deux chiffres, celui de la valeur humaine et celui de la valeur matérielle, nous obtiendrons un montant qui mesurera, dans n'importe quelle unité monétaire, celle de notre choix – l'eurofranc ou l'euromark, par exemple –, l'actif du crédit réel, du Capital, de la richesse réelle ou de l'Actif – quel que soit le nom qu'on lui donne – de la société Europe, Société en commandite.

Mais l'Actif n'est qu'un symbole ; un chiffre, certes impressionnant, mais un chiffre, en fin de compte. La manière dont ce chiffre, qui représente le Capital d'une société, l'Europe S. en C., doit être dépensé ou utilisé est une question qui ne relève pas des organes dirigeants de l'Économie européenne. Celle-ci se limite à mettre à la disposition de l'Organisme Total dont elle fait partie les ressources économiques, garantissant ainsi le bon fonctionnement du Système Digestif. Et rien de plus. Mais rien de moins non plus.

Naturellement, deux options s'offrent à nous. « Monétiser » – c'est-à-dire émettre la monnaie correspondante – l'ensemble des actifs de notre patrie européenne, ou « monétiser » simplement une partie de ceux-ci. Quelle que soit la voie choisie, et cela dépendra davantage de raisons politiques qu'économiques, une chose est évidente par définition : la Nation ne vivra pas « au-dessus de ses moyens », comme aiment à le répéter, tels des perroquets et avec une stupidité sans pareille, les économistes de notre époque malheureuse. Autrement dit, tant qu'on ne monétisera pas et ne distribuera pas, voire tant qu'on ne dépensera pas une richesse supérieure à celle représentée par le chiffre total reflété par l'actif du bilan national, la Nation ne vivra pas au-dessus de ses moyens ; elle ne vivra pas au-dessus de ses moyens. Il serait impossible que cela se produise, car la simple et honnête arithmétique l'empêcherait. Et lorsque, grâce à l'aide inestimable de l'informatique, il deviendrait évident que les « réserves » ou l'actif de la nation commenceraient à diminuer, ce serait le moment de prendre des mesures pour rétablir l'équilibre, car la richesse que l'Europe peut produire sans le carcan de la finance est si immense qu'elle en est incroyable. Gardons bien à l'esprit que, malgré les deux dernières guerres fratricides inter-européennes stupides ; malgré la perte des immenses empires coloniaux ; malgré l'hémorragie humaine et économique que cela a représentée ; de la dépendance politico-économique au joug du Système et du sabotage permanent de notre technologie, perpétré par la « mafia » syndicale de toutes tendances, le progrès économique en Europe a réussi à atteindre des sommets remarquables. Si nous disposons d'une puissance industrielle – qui peut également s'appliquer à l'agriculture – près de cinquante fois supérieure à celle du début du siècle (comme l'exprime le nombre de chevaux-vapeur que la machine rend aujourd'hui à l'homme européen), il est irréfutable que nous devrions vivre cinquante fois mieux. Je ne sais pas si beaucoup se rendent pleinement compte de ce que représentent « cinquante fois mieux » ou « cinquante fois plus ». Je crains que les hyperboles de l' u du langage populaire aient fait perdre à la plupart la notion des chiffres. Mais ces chiffres, froids et laconiques, nous démontrent que l'Européen, l'Occidental, dès qu'il se sera libéré du joug du capitalisme[174], atteindra immédiatement un niveau de prospérité économique que les myopes au service du Système ne peuvent même pas concevoir. Rappelons-nous une fois de plus ce qu'a accompli l'Allemagne entre 1933 et 1939, en mettant en œuvre, pour des raisons politiques, seulement un quart (voire moins) des mesures économiques que ses dirigeants avaient en tête ; gardons à l'esprit que ce formidable bond en avant s'est produit malgré l'hostilité quasi générale et le boycott du Système avec ses ressources colossales, et pensons qu'au cours des trente-sept années écoulées depuis 1939 jusqu'à aujourd'hui, la science et la technique ont progressé de manière décisive. Que ne pourrait-on pas accomplir aujourd'hui, non pas une Allemagne seule, mais une Europe unie ?

174 Et, naturellement, de son faux contraire, le marxisme, ou capitalisme d'État.

Nous ne voulons pas quitter ce sujet du contrôle et de l'émission étatique de la monnaie sans préciser au préalable que, comme il est logique, il faut se passer de la « fausse monnaie » ou de la monnaie-crédit inventée par le système bancaire. En d'autres termes, au moment d'établir le bilan national, il faudra tenir compte de la monnaie-crédit existante, dont le montant total devra être déduit de la monnaie à émettre par l'État, afin de l'éliminer progressivement, au fur et à mesure que les « prêts » bancaires seront remboursés. On obtiendra ainsi, à court terme – dont la durée ne relève plus de l'Organe économique, mais de l'Organe total, ou politique –, une monnaie saine, c'est-à-dire STABLE. N'ayant pas à absorber le fardeau avec lequel il a été créé, son handicap de naissance, la dette, cause principale[175] de la hausse des prix et, par conséquent, de l'érosion de la valeur de toutes les monnaies, l'argent deviendra véritablement l'instrument de mesure et, à partir de là, le moyen d'échange d'une valeur inchangée. Tout au plus, la seule possibilité que l'argent change de valeur et de se déprécier réside – mis à part, bien sûr, une débâcle nationale inconcevable, un tremblement de terre apocalyptique, une grande sécheresse, etc. – dans un déclin progressif de la capacité productive d'un peuple, et dans ce cas, il n'appartient plus à l'Organe économique d'adopter les mesures pertinentes, mais à l'Organe total, ou politique. Dans le système national-révolutionnaire de la future Europe, la modification, à court, moyen et même long terme, de la valeur de notre monnaie sera, par pure logique arithmétique, aussi impossible que le changement de la valeur du mètre – qui vaudra toujours cent centimètres – ou du kilo – qui vaudra toujours mille grammes. Si jamais sa valeur venait à varier, ce serait par rapport aux puissances extra-européennes ou extra-occidentales qui, si elles progressent, comme on peut le supposer, à un rythme inférieur au nôtre, verront leurs monnaies respectives se déprécier par rapport à la nôtre[176]. Mais, en tout état de cause, ce sera leur problème, pas le nôtre.

Un effet immédiat de la suppression de cette aberration de l'économie capitaliste qu'est la monnaie-dette sera une diminution

---

[175] Le prix d'un article peut éventuellement augmenter, tout comme il peut baisser, en raison de variations des goûts ou de l'apparition de nouveaux produits de substitution, mais les fluctuations – qui peuvent même être salutaires en tant que génératrices de concurrence loyale – seront minimes.

[176] Quoi qu'il en soit, l'honnête système du troc (échange) assainira le marché d'exportation.

radicale des impôts. N'oublions pas que, dans notre système actuel démentiel, l'État, agissant comme un particulier, doit s'adresser – tout comme n'importe quel particulier – au système bancaire pour qu'il lui prête de l'argent ou lui accorde des crédits. Pour rembourser ces crédits, plus leurs intérêts, il n'a d'autre issue que de se tourner invariablement vers ses sujets. De plus, avec l'invasion progressive de l'État dans les sphères privées, ses demandes de crédits deviennent de plus en plus pressantes. Le marxisme – sympathiquement surnommé « socialisme » par les laquais du système – s'occupe de ses sujets de plus en plus abrutis, du ventre maternel jusqu'au cercueil, atteignant ainsi un double objectif : d'une part, il étouffe l'initiative privée, fait disparaître toute motivation et, en définitive, freine le progrès, et d'autre part, il rend ses sujets dépendants, en tout et pour tout, de l'État omnipotent. Eh bien : celui qui donne tout peut tout reprendre. Ce marxisme s'implante peu à peu dans l'Europe résiduelle ; franchement, lorsque les socialistes accèdent au pouvoir par les urnes ; subrepticement, lorsque des gouvernements dits « conservateurs » doivent tenir, depuis le pouvoir, leurs promesses électorales démagogiques. Marx prônait l'augmentation progressive des impôts, tant sur les bénéfices que sur les héritages, comme moyen d'instaurer la dictature du prolétariat. Que le programme de Marx soit mis en œuvre par tous les gouvernements d'Europe occidentale est si évident qu'il ne vaut pas la peine d'en discuter.

Gottfried Feder disait que « l'objectif ultime de notre État est l'établissement d'une société sans impôts »[177], citant comme exemple l'État régional de Bavière – qui n'était certainement pas l'un des plus riches d'Allemagne –, dont le budget public était constitué sans un seul pfenning d'impôt[178]. En d'autres termes, ce que la Bavière tirait de l'exploitation des forêts et des jardins publics, des chemins de fer, des services de la Poste, de la radio, du téléphone et du télégraphe, compensait ses dépenses culturelles et éducatives, ses services publics et son administration de la justice. Si, il y a quarante ans, une région parmi les moins favorisées, comme la Bavière, couvrait ses dépenses et disposait même d'un excédent pour contribuer au remboursement de la dette nationale, et ce en n'appliquant qu'à peine un quart de son programme idéologique, nécessairement subordonné aux besoins

---

[177] Cité par Juan Beneyto dans « *Nacional Socialismo* ». Éd. Labor.

[178] Voir « *La Finanza y el Poder* », de J. Bochaca.

politiques du moment, il est saisissant de penser à ce que pourraient accomplir, dans l'Europe future, une Lombardie, une Alsace, une Rhénanie, un Kent, une Écosse, une Normandie, une Prusse, une Hollande…

L'économie nationale-européenne repose uniquement sur des réalités. Elle reconnaît que l'État – quelle que soit sa couleur politique – est un mauvais négociateur. D'où l'échec, répété et retentissant, de tous les soi-disant « socialismes ». Si l'État se consacre à ses fonctions, qui ne sont ni de négocier, ni de commercer, ni « d'ouvrir des marchés », mais de maintenir l'ordre public, de faire régner la justice, de favoriser le développement de la richesse, de préserver l'environnement écologique et d'empêcher les abus de toute nature, l'État lui-même et toute la Nation pourront consacrer toute leur énergie à leurs fonctions propres, qui ne sont autres que l'actualisation et la réalisation de l'Idée nationale[179] dans le cadre de sa politique étrangère, et le rayonnement de la culture et de l'art dans celui de sa politique intérieure.

Nous pressentons déjà que cette perspective d'une diminution progressive des impôts jusqu'à leur suppression idéale fera sourire, avec scepticisme, la plupart des gens. Nous nous limiterons à rappeler le cas de l'Allemagne qui, répétons-le, en appliquant une partie minime de son programme, entre 1933 et 1939, fut le seul pays, dans toute l'histoire du monde, à réduire substantiellement ses impôts, tout en améliorant ses services publics et en augmentant vertigineusement le revenu national. La raison principale de l'existence des impôts réside dans l'endettement de l'État auprès du système bancaire, national ou international. D'autre part, il est évident que les États démocratiques modernes, dépensiers, engagent des dépenses excessives dans leurs programmes « sociaux » coûteux et inefficaces, et que ceux-ci seraient mieux pris en charge par des entités privées – agréées, bien sûr, par l'État – ayant des finalités peut-être moins « sociales », mais dotées de l'efficacité et du rendement inhérents à l'initiative individuelle des peuples de notre Europe.

L'État n'a pas besoin d'emprunter de l'argent à qui que ce soit. S'il doit renouveler l'armement de ses armées, il lui suffit de passer les commandes correspondantes auprès de ses usines de matériel de guerre

[179] Francis Parker Yockey : « Imperium », Omnia Veritas Ltd.

et de payer avec des billets émis par la Monnaie. À ceux qui s'indignent en proclamant que cela est de l'inflation, nous nous limiterons à répondre que c'est davantage de l'inflation que de suivre le système actuel, consistant à payer cette dette en recourant à un emprunt bancaire, qui devra être remboursé avec de juteux intérêts ajoutés. D'autre part, qualifier de « dépense inflationniste » – ou, ce qui revient au même, « improductive » – le renouvellement de l'armement de l'armée ou la création d'un musée est aussi absurde que de prétendre qu'un individu gaspille son argent lorsqu'il s'achète des haltères pour faire de la gymnastique ou acquiert quelques livres.

* * *

Nous avons dit – et nous pensons l'avoir démontré – que l'émission étatique et le contrôle public (c'est-à-dire, également, étatique) de la monnaie sont indispensables à la gestion d'une économie saine ; l'économie de la future Europe. Le troisième point consiste à fonder la monnaie sur l'étalon-travail, que nous pouvons également appeler étalon-richesse, en remplacement du système actuel de l'étalon-or. Au cours de la présente étude, nous avons déjà suffisamment abordé ce point pour juger inutile d'insister sur la démonstration du fait que la monnaie, instrument de mesure et d'échange, doit se fonder sur le sujet sur lequel elle agit, c'est-à-dire le travail et la richesse qu'il génère, et non sur une marchandise sans aucune valeur objective, telle que l'or.

Seule une époque comme la nôtre, où règne la subversion de toutes les valeurs, morales et matérielles incluses, peut accepter sans grande discussion le principe de l'étalon-or. Quand on constate que Picasso jouit d'une renommée mondiale et qu'Anglada Camarassa est un illustre inconnu ; que tout le monde parle de Marx et de Freud tout en ignorant même l'existence de Feder et Rosenberg ; quand on appelle un voleur « kleptomane », un sodomite « membre du gay power » et un communiste « socialiste », il n'est pas trop étonnant que l'on considère que la richesse d'une nation dépend, non pas de son travail, de ses ressources et de la richesse produite par ses habitants, mais des réserves d'or conservées dans le coffre-fort de sa Banque centrale. Le grand succès des botafumeiros du Système a consisté à faire croire aux gens d' u aux simples, et même à ceux qui sont censés faire partie des élites, que l'économie est une science abstruse, accessible uniquement aux cerveaux privilégiés de ses exégètes, brevetés et homologués par le Système lui-même. L'économie peut certes présenter des aspects difficilement compréhensibles pour le soi-disant « homme de la rue », mais ce qui devrait lui être compréhensible, s'il parvenait à échapper au lavage de cerveau collectif imposé à l'échelle mondiale par le Système, c'est qu'il est impossible que la richesse dépende de l'or. que la misère soit une conséquence de l'abondance et que, « par conséquent », les hommes doivent se serrer la ceinture pour avoir trop travaillé et trop produit.

Et le quatrième et dernier point concerne l'acceptation, sans aucune réserve mentale, du principe selon lequel la machine est une bénédiction pour l'homme, et non une malédiction. Et que son objectif consiste, non pas à donner du travail à l'homme, mais à le lui ôter, et à le faire mieux, plus rapidement et à moindre coût.

Pour que la Machine remplisse correctement sa fonction d'assistante de l'Homme, il faut parfaitement saisir la fonction naturelle de l'Argent, car si la Machine augmente la production et le rendement mais que, dans le même temps, les gens ne disposent pas de l'argent nécessaire pour consommer ce qui est produit, alors, au lieu de résoudre un problème, on en a créé un autre, aux proportions gigantesques. Si l'argent sert à échanger les biens et services produits et que ceux-ci ont augmenté en volume, la quantité d'argent en circulation doit augmenter proportionnellement. Beaucoup pensent – parce que les théories nébuleuses de nos ineffables économistes les y ont induits – que lorsqu'il y a beaucoup d'argent en circulation, la valeur de l'argent diminue et une inflation incontrôlée se produit. Mais n'oublions pas que l'argent est un instrument d'échange. Un billet d'un dollar, d'une peseta ou d'un mark est un gage d'une valeur définie. Il représente une quantité de richesse produite, ou de richesse potentielle existante (dans le cas de l'évaluation de la richesse humaine dans la comptabilité nationale). Tant qu'il représente une quantité définie de richesse ou de travail accompli, sa valeur, évidemment, ne pourra jamais changer, et tant l'inflation que la déflation seront impossibles.

Il faut sensibiliser tous les secteurs de la société au fait que l'économie, en définitive, se compose de producteurs et de consommateurs et que si ceux-ci ne disposent pas d'un pouvoir d'achat proportionnel à la production, l'économie ne fonctionnera jamais correctement. Nous devons accepter le fait que notre économie, ou mieux encore, nos conceptions économiques, appartiennent à l'âge de pierre. En effet : les conditions précaires dans lesquelles le monde évoluait jusqu'à l'invention de Watt ont contraint les hommes à proclamer certaines lois sociales destinées à assurer la survie des peuples ; et, parmi ces lois, la plus connue est celle qui interdit l'oisiveté. Tout le monde doit travailler. Personne n'est toléré s'il obtient quelque chose sans rien faire. Celui qui le fait est puni, en étant traité de voleur. En réalité, la société antique ne pouvait agir autrement, puisqu'elle y était contrainte par la pénurie de l'époque antérieure à l'apparition de la machine. Cette loi fondamentale devait être auréolée d'autorité divine. Dans l'Ancien Testament, on enseignait aux Juifs que Dieu avait dit à Adam : « Tu gagneras ton pain à la sueur de ton front ». La version chrétienne de cette loi fut donnée par saint Paul, lorsqu'il affirma : « Que celui qui ne travaille pas ne mange pas ». Saint Paul, dans son Épître, avait raison ; Jéhovah, en réprimandant Adam à propos de la pomme, avait également raison. Tous les penseurs éclairés, défenseurs de la loi fondamentale du travail forcé humain, avaient raison, jusqu'en 1765. Date à laquelle la Machine est apparue, et ils ont cessé d'avoir raison. Ou, du moins, ils ont cessé de l'avoir de manière absolue. Sinon, voyons ce qui se passe autour de nous.

Que se passe-t-il ? Eh bien, cette loi est enfreinte des millions de fois chaque jour. Elle est enfreinte lorsque l'État verse des allocations aux chômeurs ; elle est enfreinte lorsqu'il verse des allocations aux mutilés de guerre et à leurs veuves et orphelins ; elle est enfreinte lorsque les actionnaires perçoivent leurs dividendes ; elle est enfreinte lorsque les membres des coopératives récupèrent une partie de l'argent qu'ils ont dépensé dans l'un des magasins de leur société ; elle est enfreinte chaque fois qu'une personne hérite d'argent. On enfreint ce principe lorsque les retraités perçoivent leurs pensions. Dans aucun des cas cités, l'argent n'a été gagné par le travail de l'homme. Tout au plus, le travail nécessaire à la production des marchandises qui a été la cause du chômage des ouvriers, ainsi que celui qui a rendu possibles les dividendes des actionnaires, a été accompli, sans aucun doute, mais il a été accompli par la machine. S'il n'avait pas été accompli, nous aurions le droit de dénoncer les bénéficiaires de revenus non gagnés et de les punir en les traitant de fainéants, en les privant de nourriture, comme le préconisait saint Paul. Mais le fait est que le travail a été accompli ; et de surcroît, d'une manière plus rapide, plus efficace, plus rationnelle et plus facile qu'auparavant. De plus : nous voyons que le nombre de chômeurs augmente avec les progrès de la Machine. La loi du travail forcé humain a été réduite en miettes !... Si, au moins, saint Paul avait eu la précaution de dire : « Si l'homme ne travaille pas, ou si la machine ne travaille pas pour lui, l'homme ne mangera pas... »

Car, en fin de compte, qu'appelons-nous « travail » ? La tâche aliénante de millions de prolétaires et de fonctionnaires qui sont, en chair et en os, dans des ateliers et des bureaux, pendant huit heures ou plus, puis en emploient deux ou trois autres pour rentrer chez eux en banlieue, dans un oubli total – forcé – de l'épanouissement de leur propre personnalité ? Appelons-nous travail quelque chose qui doit être fait en fonction d'une punition imposée par Jéhovah au premier homme ? Et pourtant, ne pourrions-nous pas, mieux encore, appeler travail le talent créateur de l'homme, agissant sur la Nature par le biais de la Machine ? Ne pensons-nous pas que l'heure est venue de remplacer le vieil adage biblique « Travaille pour vivre » par celui, infiniment plus digne et en accord avec notre époque, de « Travaille et vis » ?

Nous ne prônons pas l'inactivité de l'homme, favorisée par la Machine. L'homme continuera à travailler, d'abord parce qu'il est une créature dynamique – du moins l'homo europeus – et non statique ; et ensuite parce qu'il y a une infinité de choses à faire, tant sur notre territoire que dans d'autres contrées où notre ingéniosité créatrice ou l'instinct impérial de l'Idée peuvent nous mener. En définitive, l'organisation du « temps libre », gagné par la Machine pour l'Homme, n'incombe plus au Système Digestif de l'Organisme – l'Économie – mais au Cerveau de l'État. Mais ce qu'il faut pleinement saisir, c'est qu'il existe d'autres types de travail que ceux imposés par la peur de périr de faim. Cela signifie que le travail humain ne serait plus indispensable pour se nourrir ni le seul moyen honorable d'acquérir des marchandises et de jouir de services.

Le spectacle de l'Homme se rachetant, par son travail – que l'invention de la Machine a représenté un travail spirituel, mental et physique considérable –, de la punition qui lui a été infligée pour son péché, s'adonnant à la jouissance d'une vie sûre et utilisant le temps qu'il a gagné sur le dieu Cronos pour réaliser sa propre personnalité (pour ceux qui en ont une) ou pour contribuer, selon leurs moyens, au bien-être commun, est quelque chose que certains hommes, qui se vantent souvent d'être progressistes, refusent d'approuver. Pour eux, le bonheur est presque immoral. Néanmoins, ces idolâtres du Passé, dont l'horloge s'est arrêtée en 1765, assistent impuissants au triomphe de la Machine, nouvelle liberté de l'Homme – malgré le mauvais usage qu'il a pu en faire, parfois –, éloignant à jamais le spectre de la Pauvreté.

* * *

Nous avons dit que la Loi du Travail Forcé Humain, proclamée par Jéhovah et détaillée par Saint Paul, est enfreinte quotidiennement. Et il est naturel qu'elle le soit car, comme le disait Voltaire : « Si l'on rejette le naturel, il reviendra au galop ». Tant les dividendes des riches (valeurs, titres, etc.) que les « dividendes » des pauvres (allocations chômage ; sécurité sociale ; primes à la natalité ; prestations familiales, etc.) constituent des transgressions flagrantes de cette « Loi » archaïque. L'idée que l'homme puisse recevoir de l'argent pour un travail qu'il n'a pas effectué personnellement peut être aussi vilipendée qu'on le souhaite, mais elle se répand chaque jour davantage, partout, dans sa dimension pratique. Dans certains pays (Belgique, Pays-Bas, Canada), les ouvriers que la machine – et d'autres circonstances telles que la « crise » actuelle – a privés de travail, perçoivent quatre-vingts pour cent de leur salaire réel.

Les faits sont têtus, disait Pascal. C'est un fait que la « loi » est bafouée, précisément parce qu'elle ne sert plus à rien. Le moment est venu d'admettre franchement que, de la même manière qu'une collectivité humaine doit parfois payer pour les erreurs de ses dirigeants, il est logique, naturel et juste qu'elle bénéficie des réalisations de ces derniers ou des membres de son élite. Si l'Europe a payé – et continue de payer – pour les agissements des petits hommes qui dirigeaient les démocraties occidentales en 1939, pourquoi ne profiterait-elle pas pleinement des inventions de Watt et de ses successeurs ?

Nous ne prétendons pas que l'Économie de l'Europe future soit une pseudo-science larmoyante, sentimentale et philanthropique, qui se limiterait à penser à quel point ce serait beau si tout le monde était millionnaire. Rien de tout cela. Notre Économie est, à la fois, une philosophie et une science exacte. Nous sommes d'accord avec Spengler lorsqu'il affirmait que « tout mélange de concepts abstraits tels que le social, avec des réalités concrètes telles que le prix, le coût et la marchandise se traduit par une détérioration des conditions de vie des classes économiquement les plus faibles »[180]. Nous ne pensons pas qu'il faille faire de cadeau à qui que ce soit. On ne répétera jamais assez que la Machine n'est pas une manne qu'un Jéhovah paternaliste a fait tomber du ciel. La Machine est à nous ; c'est un héritage plus que légitime. Ce n'est pas un cadeau ; c'est le résultat de l'effort, du travail,

[180] Oswald Spengler : « *Années décisives* ».

de la recherche, de l'obstination désintéressée de l'Homme européen. Et tant que nous serons des hommes et non des membres anonymes de la Grande Colonie marxiste-capitaliste des termites ; tant que nous serons de la même lignée que Thalès de Milet et Euclide ; Watt et Copernic ; Edison et Ford, nous serons les co-bénéficiaires du bien-être collectif que peut procurer la Machine ; la Machine qui est nôtre, à tous. Les défenseurs de la « loi du travail forcé » ne disent-ils pas que nous ne devons rien obtenir pour rien ? Ou, en d'autres termes, qu'il faut suivre leur loi dépassée ? Très bien. Suivons leur raisonnement et disons-leur que l'homme ne jouirait pas des bienfaits de sa Machine, en échange de rien, pour la simple et bonne raison que pendant des siècles, il l'a inventée, perfectionnée, en a amélioré le rendement, puis a consommé les produits qu'elle produisait. Que prétendent donc les orthodoxes ? Que l'homme n'hérite que de la « malédiction » de Jéhovah, mais pas de ses propres inventions ?

Or, si l'Homme doit tirer profit de sa Machine, il doit non seulement la libérer de la triste prostitution que lui impose la Finance, mais aussi de celle que lui impose la « loi du travail forcé ». Pour cette raison, il est évident en soi, c'est un axiome, que si la Machine libère l'Homme d'une grande partie de sa charge de travail et augmente en même temps la Production dans des proportions fantastiques, deux mesures complémentaires doivent être adoptées :

1.- Réduction du temps de travail.

2.- Distribution d'un dividende national. Examinons-les.

La réduction du temps de travail découle clairement, d'un point de vue arithmétique, du progrès constant de la Machine, qui dépasse de plusieurs fois la croissance démographique et qui, sans le frein combiné que constituent actuellement la loi sur le travail forcé et les cycles financiers du Système, la dépasserait encore de manière incalculable. De plus, étant donné que notre économie – l'économie de la future Europe – est naturellement subordonnée à l'organisme politique supérieur dont elle fait partie, il est probable que l'État juge nécessaire de mettre en place une série de travaux d'intérêt public, sans rentabilité immédiate, ce qui ralentirait la réduction du temps de travail et éliminerait ainsi le traumatisme social qu'une réduction trop brutale ne manquerait pas de provoquer. Enfin, nous devons également tenir compte du fait qu'en nous fondant exclusivement sur des faits et des réalités et non sur des chimères « sociales », comme la législation du travail espagnole en vigueur qui interdit sans distinction le licenciement libre, on parviendrait à mettre fin une fois pour toutes à la condition de travail dégradante actuelle, en particulier dans les grandes villes, où tant de prolétaires de l'atelier et du bureau tuent le temps misérablement, dans l'attente mystique de l'heure de sortie[181], simplement parce que la stupidité dense des technocrates de notre économie actuelle a imposé le dogme de la journée de huit heures. Alors qu'en réalité, il suffirait que quatre ou cinq personnes travaillent, pour de vrai. On a déjà oublié qu'au début du siècle, la journée de travail durait dix, voire douze heures, et que si nous avons réduit la durée du travail de trente-trois pour cent, notre puissance technologique a augmenté de cinq mille pour cent. Nous ne voulons pas pour autant suggérer qu'il ne faudrait travailler que quelques minutes, car le progrès technique et économique a aussi ses exigences, mais nous pensons qu'il n'est pas nécessaire d'être très versé en mathématiques, et qu'il suffit de la simple arithmétique pour comprendre que la réduction de la journée de travail découle largement, de manière irréfutable, du progrès technique.

Naturellement, cela soulève le problème des loisirs. Une parenthèse. Il faut parfois se méfier de la sémantique. Le mot « ocio » a, en espagnol, des connotations très péjoratives. Le mot français « loisirs », en tant qu'expression de « temps libre », est beaucoup plus évocateur et approprié. En espagnol, nous n'avons rien de mieux que « ocio », expression que nous utilisons dans son acception purement technique, pour désigner le temps libre que la machine procure à l'homme.

Il est clair que l'organisation des loisirs incombe tant à l'économie qu'aux autres organes de l'État. Les prophètes du pessimisme à outrance objectent souvent que les loisirs engendrent l'oisiveté, le vice et la délinquance. Et pourtant, Henry Ford a observé qu'en réduisant la journée de travail de ses ouvriers de dix heures à seulement huit, la plupart d'entre eux se consacraient à leurs « passe-temps » domestiques, au sport, au jardinage ou à la randonnée[182]. En 1923, un organisme de la Société des Nations a publié une étude selon laquelle l'abus d'alcool avait diminué dans les centres industriels où la journée

---

[181] Selon Maurice Mareuse dans « *Le Contrôle de gestion dans les* entreprises », le temps de travail réel, en France, en 1938, était, dans une usine ordinaire, de quatre heures. Les quatre heures restantes étaient perdues en temps morts. Mareuse considérait comme un rendement optimal un travail réel de six heures et demie.

[182] Henry Ford : « *Ma vie et mon œuvre* ».

de travail avait été réduite. La Société des Nations, dont l'impartialité ne fait aucun doute, concluait que l'abus d'alcool et, parallèlement, la délinquance, étaient souvent la conséquence d'un travail excessif, car l'ouvrier, fatigué par l'effort continu exigé par de longues heures de travail – ou, ne serait-ce que par la simple présence sur le lieu de travail –, se voit contraint de chercher un soulagement à cette tension en fréquentant le bistrot. L'ouvrier se réjouit d'avoir l'occasion d'améliorer son logement, de faire de l'exercice en plein air et d'être avec sa famille. Lorsque les timorés affirment qu'il ne faut pas laisser autant de temps libre aux ouvriers sous prétexte qu'ils ne savent pas en faire usage, on pourrait leur répondre que, pour la même raison, il faudrait interdire aux gens de pratiquer la natation ou l'athlétisme, afin d'empêcher qu'ils ne se noient ou ne se fracturent la clavicule.

Nous l'avons dit et nous le répétons : l'organisation des loisirs relève non seulement de l'économie, mais aussi des autres organes de l'État. L'économie doit se limiter à remplir sa fonction d'organe digestif de la culture. Le reste ne la concerne pas. Toutefois, en tant que partie intégrante de l'organisme culturel auquel elle appartient, l'économie s'intéresse à l'organisation des loisirs, ou au temps libre que nous laisse – et nous laissera de plus en plus – la machine. Il y a beaucoup, énormément à faire : il faut embellir les usines et les ateliers. Nous avons vu en Allemagne, en Autriche, en Suède et dans le nord de la France des établissements industriels qui, s'ils n'étaient certes pas des monuments architecturaux, étaient au moins attrayants, propres et entourés de beaux jardins. Il faut nettoyer la campagne, éliminant ainsi l'une des principales causes des feux de forêt. Il faut promouvoir le sport amateur. À un niveau plus élevé, il faut encourager l'Art, sous ses diverses formes. Il y a une infinité de choses à faire, au point que le sens péjoratif généralement associé au mot « loisirs » peut désormais être écarté. Nous avons déjà dit que l'« Homo Europeus » est un être dynamique, et non statique. Il a une conception faustienne de la vie, et la libération du travail forcé, remplacé par un travail utile et formateur, donnera des ailes à son imagination et à son élan créateur. Nous l'avons dit et nous le répétons : l'ancienne formule « Travailler pour vivre » peut – et doit – être remplacée aujourd'hui par celle de « Travailler et vivre ».

La libération matérielle de l'Homme par la Machine rend nécessaire, comme nous l'avons déjà dit, outre la réduction du temps de travail, la distribution d'un Dividende National. Nous sommes tous actionnaires de la puissante entreprise – dans son volet économique – Europe S. en

C. En tant qu'actionnaires, il est logique que nous ayons le droit de percevoir un dividende, de la même manière que lorsque les choses vont mal, nous devons tous contribuer, bon gré mal gré, à l'« augmentation de capital », c'est-à-dire à soutenir nos mini-États actuels, aussi pointilleux qu'incapables, en payant des impôts exténuants, y compris l'« impôt du sang » qu' t souvent prélevé sans qu'aucun Parlement ne l'ait « voté ».

Le Dividende national se justifie en outre comme une alternative nécessaire au système actuel injuste de la sécurité sociale, et surtout à l'allocation chômage. Cette allocation chômage – chômage provoqué en partie par le perfectionnement constant de la Machine – est, fondamentalement, injuste. Tout d'abord, il n'existe pas en raison de notre système économique actuel absurde, mais malgré lui, et pour éviter qu'il ne s'effondre. Mais, quoi qu'il en soit, il est coupable d'une double injustice : la première, provenir de la poche de ceux qui travaillent ; la seconde, ne pas pouvoir éviter à celui qui perçoit cette allocation l'humiliation de savoir d'où elle provient. Il y a, en outre, un inconvénient supplémentaire : elle ne peut empêcher la création de parasites qui n'ont pas été chassés de leur emploi par la Machine, mais par leur propre paresse. Ainsi, la situation actuelle offre, en réalité, trois solutions : la première consiste à continuer d'accabler d'impôts ceux qui travaillent pour pouvoir payer ceux qui ne travaillent pas ; en privilégiant la paresse au détriment du travail ou de la « malchance » due au progrès d'une certaine machine. La deuxième consiste à considérer comme des indésirables, comme des malfaiteurs publics, tous les savants, inventeurs, techniciens, ingénieurs, scientifiques ; les Watt, Newcomen, Papin, Lavoisier, Edison, Faraday, Otto Hahn, qui ont commis le crime d'alléger, par leurs réalisations prodigieuses, le travail de leurs contemporains. Et la troisième et dernière consiste à reconnaître, franchement, que ceux que la Machine laisse sans travail ont le droit de recevoir de l'argent pour subvenir à leurs besoins, et, de plus, de le recevoir d'une manière qui ne soit pour eux ni source d'embarras ni d'humiliation. Comme il est évident que ni la première ni la deuxième alternative n'apportent une solution satisfaisante et digne, nous devons accepter la troisième. Cette troisième solution a l'avantage de s'appliquer à tous les habitants du pays, qu'ils travaillent ou non. Elle tient compte de ce qui, pour nous, est un axiome : que la vieille notion selon laquelle le travail est la seule chose qui donne droit à l'argent doit être complétée par l'idée que la vie est, en soi, génératrice d'un droit primordial à l'argent.

Nous ne devons jamais oublier qu'en économie, le producteur est tout aussi important que le consommateur, sans compter que, au sein de la population active, nous sommes tous à la fois producteurs et consommateurs. Si l'on tenait, comme il est élémentairement impératif et nécessaire, une comptabilité nationale d' [183], on connaîtrait avec exactitude le bilan annuel. Et une fois déduites les sommes destinées, pour le budget de l'exercice suivant, à des investissements dans des travaux publics à rentabilité à long terme, l'armement, l'instruction publique, etc. on connaîtrait le bénéfice à répartir entre les actionnaires de la société Europa S. en C. Naturellement, rien ne nous oblige à répartir la totalité du bénéfice entre les actionnaires. Ce qui serait économiquement juste et suffisant serait de distribuer un minimum vital à tous les habitants. Les études du commandant Douglas[184], limitées à l'Écosse, ont démontré qu'il suffirait de distribuer 2 ou 3% des bénéfices nationaux pour garantir un minimum vital qu'il qualifie de « décent ». Et ce qui est qualifié ainsi en Écosse serait considéré, dans des régions moins favorisées d'Europe, comme la Sicile, l'Irlande, la Castille ou la Carélie, comme « assez bon », au minimum.

Est-ce possible ? Mathématiquement, c'est non seulement possible, mais certain. Pourquoi ? Parce que si, comme aux États-Unis, la dette publique est bien supérieure à la valeur totale du pays, et que la fausse monnaie, c'est-à-dire la monnaie de crédit, dépasse de dix-huit fois la monnaie légale, et qu'ils parviennent à verser de faux salaires – des allocations chômage – à leur population inactive, qui s'élève à 9%, nous constatons que ces 9% ne représentent qu'un onzième. Ainsi, tant que 1/11 sera supérieur à 1/18, cela sera possible. N'oublions pas que les allocations aux chômeurs sont versées en argent authentique, c'est-à-dire en monnaie ayant cours légal. Autrement dit, 1/18e de la monnaie existante suffit largement à payer un onzième des producteurs en chômage forcé. Il est vrai que ces producteurs au chômage ne représentent pas 11% de la population totale du pays, mais il n'en reste pas moins qu'il doit nécessairement rester beaucoup de papier-monnaie

---

183 Cette comptabilité nationale européenne devrait naturellement refléter les comptabilités régionales. Il faut savoir ce qu'a fait chaque associé, car même si nous appartenons tous à la même entreprise et devons coopérer et nous entraider, il n'est ni juste ni souhaitable que certains doivent, pratiquement, porter continuellement les autres à dos. La répartition du dividende national devrait refléter, au moins en partie, l'effort et la contribution de chaque région.

184 Ch. Douglas : « *Social Credit* ».

pour faire face aux dépenses quotidiennes de tous les citoyens à travers le pays. En d'autres termes, en remplaçant la fausse monnaie actuelle par de la monnaie authentique et légale, nous aurions une masse fiduciaire dix-huit fois plus importante, alors qu'une fraction d'un dix-huitième de cette masse – nous le répétons, une partie de ce dix-huitième – suffit déjà à payer le faux salaire de onze pour cent d'une population en chômage forcé... Et ce qui est possible aux États-Unis l'est tout autant en Europe, et notamment en Espagne, où la prolifération des banques a fini par créer une superstructure de crédits sans équivalent dans les autres pays frères[185].

Nous avons dit qu'à notre époque, la Vie elle-même confère déjà un droit à l'argent, complémentaire au Travail en tant que seul droit à l'obtention de l'argent, selon l'ancien concept, valable jusqu'à l'invention de Watt. Toute personne, dès sa naissance, devra recevoir, en tant qu'actionnaire d'Europa S. en C., la part qui lui revient du Dividende National. Nous considérons qu'il est absurde et injuste que la Société ne s'occupe que des malades, des handicapés, des personnes âgées et des chômeurs. Les personnes en bonne santé, normales, qui n'ont pas encore atteint l'âge canonique et qui travaillent ne méritent-elles pas que l'on s'occupe d'elles ? Disons qu'elles le méritent au moins autant que les autres. C'est pourquoi nous plaidons pour la disparition de toute cette panoplie d'assurances et de pensions sociales, afin de la remplacer par le Dividende National, en tant que minimum vital, égal pour tous. Le simple fait de mettre en place le Dividende national démontrerait concrètement que l'Europe S. à C. est solvable, tandis que le montant du dividende indiquerait le degré de prospérité de la Nation-Europe. De plus, le Dividende national permettrait à l'État de ne pas léser ceux qu'il devrait récompenser, ni de récompenser ceux qu'il devrait sanctionner. En mettant de l'ordre dans sa comptabilité nationale, il parviendrait à mettre de l'ordre dans son économie.

Naturellement, une certaine dose de prudence et de bon sens serait nécessaire, surtout lors des premiers exercices, de sorte que les premiers dividendes à distribuer soient faibles, aussi faibles que possible, ne

[185] En toute honnêteté, il faut reconnaître que les noms de famille juifs ne sont pas nombreux dans la haute banque espagnole, même s'ils figurent également aux postes d'honneur. Mais il faut tenir compte du fait que la finance est internationale par définition et que le poids spécifique de la banque espagnole dans le contexte mondial est disproportionnellement faible.

couvrant que le minimum vital[186].

Nous sommes conscients que pour les éternels pessimistes, la simple idée d'un Dividende National – même sans en préciser la portée ou le montant – les amène irrésistiblement à penser que dans le pays où une telle idée serait acceptée, le travail cesserait ipso facto et que tout le monde s'allongerait dans un hamac. À cela, nous pouvons répondre ce qui suit :

Premièrement. – Même si cela se produisait, et que l'État le tolérait, cela ne durerait que très peu de temps, car le Dividende National diminuerait ou cesserait complètement dès que le résultat du prochain Bilan National s'avérerait négatif, c'est-à-dire déficitaire. Et en l'absence de bénéfices, il n'y aurait pas de dividendes.

Deuxièmement. – La nature même de l'être humain contredit les prévisions des éternels timorés. L'auteur de ces lignes se souvient qu'il y a huit ans, il percevait en France, où il résidait alors, 350 francs par mois au titre des allocations familiales, pour ses trois enfants et son épouse vivant sous le même toit. Avec un tel montant, à l'époque, on pouvait vivre en France ; sans luxe, bien sûr, mais cela suffisait pour assurer le minimum vital[187]. Pourtant, je n'ai jamais eu le sentiment d'être un fainéant, ni un profiteur, parce que je percevais cette allocation mensuelle, et je travaillais mes huit heures, voire plus, exactement comme si je ne la percevais pas, et ce bien que je sache que cette allocation couvrait, de justesse, mes besoins, et que je sois conscient que ces difficultés se transformeraient en détresse si je cessais de travailler et que je me tournais vers l'assurance chômage. Quand je n'ai rien de particulier à faire – ce qui n'est pas courant –, je m'efforce de me trouver une occupation, car l'activité est inhérente à l'espèce humaine, et en particulier à l'Européen. En d'autres termes, sans être un sujet particulièrement passionné par l'argent, loin s'en faut, j'étais, il y a huit ans, aussi désireux de gagner 5000 francs par mois que si je n'avais jamais vu ces 350 francs, et je continue d'être tout aussi

[186] Évidemment, l'évaluation de ce minimum vital serait une question politique, à déterminer par l'État, après consultation des organismes compétents, tels que les instituts de statistique, etc.

[187] Ces prestations familiales étaient, déjà à l'époque, bien supérieures à ce chiffre, sans compter les nombreux services fournis par l'État, tels que l'enseignement gratuit, les réductions sur les prix des transports publics, etc.

désireux de les gagner en Espagne, où je ne reçois plus, en Espagne, ces 350 francs ni aucune somme qui s'en rapproche, en pesetas. Mais j'apprécierais alors, et j'apprécierais aujourd'hui cette pension, car le fait de savoir que je suis à l'abri du risque de souffrir de la faim, mes proches et moi-même, m'évite une multitude de soucis et me permet de mieux travailler. Tout au plus, la seule chose qui puisse déranger, ou m'humilier, dans le système actuel de pensions sociales, c'est de savoir que ma pension doit sortir des poches de tous les contribuables, y compris moi-même.

En bref, l'homme à qui il importe aussi peu de gagner 350 que 5000, quel que soit l'« idéaliste »[188] qu'on veuille lui attribuer, n'existe pas. Il n'est pas de ce monde, et ce livre n'a pas été écrit pour lui. C'est peut-être un Martien, ou mieux, un lunatique, mais nous doutons qu'il soit un Terrien et nous nions catégoriquement qu'il soit un Européen. Mais c'est aussi que nous pensons qu'il s'agit là d'aborder la question en observant la perspective humaine depuis la fenêtre du sous-sol, au ras du sol, car c'est ne pas vouloir prendre en compte quelque chose de très subtil, mais de très réel : l'élan créateur de l'Homme européen. Les prophètes du hamac, avec leur pessimisme et leurs dioptries à la clé, oublient que l'Homme – qui a, certes, un Corps – a aussi une Âme, une impulsion créatrice agonisante d'aller « au-delà », ce souffle divin que certains appellent inspiration, d'autres soif de progrès, et que tous possèdent inconsciemment, avec ou sans nom. Il y a tant à faire dans le monde, tant à faire en Europe, que nous pouvons écarter le danger du hamac, du moins pour le millénaire à venir. Nous avons de véritables hontes nationales, comme l'Estrémadure avec sa sécheresse et son retard, en Espagne ; la Corrèze, avec son abandon et son isolement, au centre de la France ; les steppes de nos Monegros ; la pauvreté de la Calabre, dans le sud de l'Italie ; l'abandon séculaire de l'Irlande… Nous avons des projets aussi anciens qu'urgents, comme le tunnel sous la Manche, qui, en reliant l'Angleterre au continent, contribuera sans aucun doute, et une fois pour toutes, à une entente et à une compréhension entre les uns et les autres qui n'auraient jamais dû être rompues ; comme le canal Rhin-Danube-Rhône ; comme l'ouverture urgente de nouveaux passages pyrénéens entre la France et l'Espagne ; comme la protection écologique de notre patrie européenne… Grâce au

---

[188] Il est évident que Mussolini, avec sa corpulence, était infiniment plus idéaliste que le chétif Staline. L'idéalisme n'a rien à voir avec l'austérité des ethnies chétives ; une évidence qu'il faut sans cesse rappeler à certains imbéciles.

versement du Dividende national, ce travail serait réalisé, non pas aussi bien qu'aujourd'hui, mais bien mieux, pour la simple raison qu'un travail bien fait entraînerait logiquement un dividende plus élevé, et que chacun serait ainsi personnellement intéressé par les résultats. Cela contribuera en outre à enterrer une fois pour toutes la vieille et stupide hostilité entre la Machine et le Travail, car le montant du Dividende national dépendant de l'augmentation de la richesse réelle, cela mettrait fin pour toujours à la méfiance que le Travail éprouve envers toute machine qui permet d'économiser de la main-d'œuvre. Une efficacité supérieure au travail produirait de meilleurs résultats, et ceux-ci généreraient un dividende plus important à répartir entre tous.

* * *

En résumé, la solution à la « crise » actuelle, envisagée dans une perspective européenne, se résume aux quatre points analysés ci-dessus, à savoir :

a) Remplacer le contrôle privé de la monnaie par un contrôle national.
b) Faire en sorte que l'État soit le seul émetteur de monnaie, en fondant cette émission sur le volume de biens et de services produits par la communauté, et que cette même communauté doit consommer.
c) Remplacer l'étalon-or par l'étalon-travail, ou, plus exactement, par l'étalon-richesse.
d) Considérer que le travail donne droit à percevoir de l'argent, pour bien vivre, mais qu'il n'est pas le seul générateur du droit à l'argent, car la vie confère également un droit essentiel à l'argent, et c'est pour cette raison que le dividende national doit être instauré.

C'est là l'essentiel. Le reste n'est qu'une question circonstancielle, de pur détail. Nous avons déjà esquissé quelques modalités pratiques d'application rationnelle à chacun des points cités. Nous avons dit que le remplacement de l'actuel Argent-Crédit par l'Argent-Réel, sans le défaut congénital de la Dette, devrait se faire progressivement. Que l'émission de la nouvelle monnaie saine se ferait en s'appuyant à la fois sur l'informatique et sur les données du bilan national. Que le détrônement de l'or pourrait se faire, presque, du jour au lendemain, sans nuire qu'aux spéculateurs internationaux. Et que le montant du dividende national devrait garantir un minimum vital à déterminer par l'État. Il ne nous reste plus qu'à ajouter que l'émission de monnaie saine, réalisée, bien sûr, par la Monnaie, résoudrait le problème de sa mise en circulation de trois manières possibles.

a) Par le biais des travaux publics et d'autres dépenses de l'État, telles que les commandes d'armement, la protection de la nature, les dépenses d'instruction publique, etc.

b) Par l'octroi de crédits sans intérêt aux entreprises qui justifieraient suffisamment de leur nécessité.

c) Par l'instauration du Dividende national. Naturellement, l'économie de la Nouvelle Europe devrait balayer tous les archaïsmes de l'économie capitaliste actuelle et de son faux contraire, le marxisme, ou capitalisme d'État. Les syndicats, quelle que soit leur couleur, doivent passer au Panthéon de l'oubli, car ils sont anachroniques, inefficaces et injustes[189]. Au fond, tous se fondent sur la lutte des classes, concevable, sinon excusable, à l'époque des débuts de la machine, dans l'Angleterre de Dickens et dans les exagérations tendancieuses de l'arrière-arrière-grand-père Marx, bon vivant qui n'a jamais travaillé de sa vie, raté et rancunier, nourrissant des haines messianiques contre une société qu'il ne pouvait comprendre. Tant de livres ont déjà été écrits pour réfuter les erreurs de Marx que nous ne pensons pas qu'il vaille la peine de s'étendre davantage sur ce point. Critiquer, de nos jours, les théories abstruses et alambiquées de Marx est même contre-productif, car cela revient à leur accorder une importance qu'elles n'ont pas et n'ont jamais eue. Le marxisme a été discrédité par les faits et par l'Histoire. Il a été discrédité par la vie, et s'il se maintient – grâce à mille rafistolages antimarxistes qui lui permettent de survivre – en URSS, c'est grâce à l'exploitation coloniale de ses malheureux satellites d'Europe de l'Est et à l'aide que les États-Unis, l'ONU et d'autres institutions du soi-disant Monde libre lui apportent quotidiennement. Sans cela, il serait déjà entré, il y a de nombreuses années, dans un effondrement fatal.

Avec les syndicats doivent disparaître – cela dit, progressivement – les institutions caritatives qui ont été inventées pour pallier l'échec du capitalisme, telles que la Sécurité sociale, l'assurance chômage, les allocations familiales, etc. Tout cela doit être entièrement remplacé par le Dividende national. Et si l'État estime que des exceptions de temps ou de lieu s'imposent, il doit naturellement les appliquer, bien qu'à titre

[189] « Le syndicalisme, de tout temps et en toutes époques, a fini par être un laquais du Grand Capital, non industriel, et un exploiteur, tant de l'employeur que de l'ouvrier », Oswald Spengler : « *Le Déclin de l'Occident* ».

exceptionnel et en précisant clairement qu'il s'agit d'une exception transitoire, motivée par telle ou telle raison. Il ne s'agit évidemment pas d'interdire la charité, vertu évangélique qui mérite tout notre respect ; une charité qui existera toujours et se justifiera toujours parce que les hommes sont imparfaits et inégaux. Mais ce qu'il ne faut pas faire, c'est l'institutionnaliser. La charité forcée ressemble trop au bolchevisme. Son exercice, en tout état de cause, n'est pas la mission de l'État, mais celle de l'Église. Il convient ici de rappeler les paroles du Christ : « Rendez à Dieu ce qui est à Dieu, et à César ce qui est à César. » Avec son obsession de se mêler de tout et de tout contrôler, l'État démocratique moderne en est venu à se prendre pour Dieu le Père. Lui ! Lui qui est si agnostique !

* * *

Et voilà, cher lecteur qui m'as fait l'honneur de me suivre jusqu'au bout. Je sais bien que ce qui précède aurait pu être présenté de manière plus hermétique, ésotérique et compliquée. Si je l'ai exposé de façon simple et directe, c'est par respect pour toi et pour moi-même, car s'il est une chose dont souffrent les écrits sur l'économie, c'est bien d'une logomanie excessive, dont le but est peut-être de dissimuler leur vacuité. Je ne t'ai pas présenté une vision facultative de l'avenir économique de l'Europe ; toi et moi avons parcouru ensemble le chemin du bon sens qui – comme le courage des recrues dans l'armée – est supposé chez tout le monde. Je ne t'ai pas proposé une option selon l'approche classique de l'école libérale : ceci est mieux et cela est pire, avec tout le respect dû à ceux qui ne partagent pas cet avis. Je t'ai dit, je t'ai démontré et j'espère t'avoir convaincu que le système du travail doit remplacer celui de l'or, que l'État doit être le seul émetteur de monnaie et qu'il faut remplacer, en économie, la fausse charité par la justice. Et il n'y a pas d'autre choix. Soit une économie nationale-européenne, soit l'effondrement de l'Europe, à très court terme. Naturellement, l'économie du bon sens ne pourra être mise en place que par un régime politique déterminé. La solution est avant tout politique. Mais cela, comme dirait Kipling, est une autre histoire.

BIBLIOGRAPHIE

-Mario Alberti. *Le corps et l'âme de la monnaie.*

-Jacques Bordiot. *Une main cachée dirige...*

-Hector Brailsford. *Finance.*

-Stuart Chase. *Les hommes et les machines.*

-Gilbert K. Chesterton. *Petite histoire de l'Angleterre.*

-Maurice Colbourne. *Nationalisme économique.*

-Maurice Colbourne. *La nouvelle économie.*

-Cesare Corti. La Maison Rothschild.

-Henry Coston. *Les financiers qui mènent le monde.*

-Henry Coston. *La Haute Banque et les Trusts.*

-Gertrude M. Coogan. *Les créateurs de monnaie.*

-A. Dauphin-Meunier. *La Banque à travers les âges.*

-A. Dauphin-Meunier. *Histoire de la Banque.*

-Alexander Del Mar. *La science de l'argent.*

-Raymond D'Ivernois. *Les effets du blocus continental.*

-Charles Douglas. *Le contrôle et la distribution de la production.*

-Charles Douglas. *Le crédit social.*

-Édouard Drumont. *La France juive.*

-Sheldon Emry. *Des milliards pour les banquiers. Des dettes pour le peuple.*

-Gottfried Feder. *La lutte contre la haute finance.*

-Gottfried Feder. *L'État allemand sur une base nationale et sociale.*

-A. N. Field. *La vérité sur la crise.*

-Henry Ford. *Le Juif international.*

-Henry Ford. *Ma vie et mon œuvre.*

-Anatole France. *Le Lys rouge.*

-Felix J. Frazer. *L'ABC de l'argent.*

-Hector Leslie Gannt. *Le système Gannt.*

-Pierre Gaxotte. *La Révolution française.*

-Vicente Gay. *La Révolution nationale-socialiste.*

-Hermann Hoffmann. *Le prince Bismarck.*

-C. K. Howe. *Qui dirige l'Amérique ?*

-Arthur Kitson. *Une norme frauduleuse.*

-Las Cases. *Mémorial de Sainte-Hélène.*

-G. H. Lebesque. *Le Crédit Social et le Catholicisme.*

-Arnold S. Leese. *La folie des Gentils.*

-Lloyd Lewis. *Les mythes après Lincoln.*

-Charles A. Lindbergh, Sr. *La banque, la monnaie et le trust monétaire.*

-Ferdinand Lundberg. *Les soixante familles d'Amérique.*

-Louis Madelin. *Les Révolutionnaires.*

-R. Mc Nair Wilson. *Promesse de paiement.*

-R. Mc Nair Wilson. *Dieu et les orfèvres.*

-R. Mc Nair Wilson. *La conspiration des banquiers.*

-Jules Michelet, *Histoire de France.*

-Eugène de Mirecourt. *Rothschild.*

-Richard R. Morrisson. *Le paradoxe du capitalisme.*

-Eustace Mullins. *Une étude de la Réserve fédérale.*

-James C. Oliver. *Traité sur l'argent.*

-Thomas Porter. *Les magiciens verts.*

-Angelo S. Rappoport. *Les pionniers de la révolution russe.*

-R. E. Search. *Lincoln, le martyr de la monnaie.*

-G. Bernard Shaw. *Le Chariot aux pommes.*

-Frederick Soddy. *Citadelle du chaos.*

-Wycliffe B. Vennard. *Conquête ou consentement… ?*

-Vincent C. Vickers. *Tribulations économiques.*

-Nesta H. Webster. *Sociétés secrètes et mouvements subversifs.*

-Francis Parker Yockey. *Imperium.*

-J. Bochaca. *La finance et le pouvoir.*

-J. Bochaca. *L'histoire des vaincus.*

-Juan Beneyto. *National-socialisme.*

-Cornelius Carl Veith. *Citadelle du chaos.*

-Maurice Mareuse. *Le contrôle de gestion dans les entreprises.*

-Oswald Spengler. *Les années décisives.*

-Oswald Spengler. *Le déclin de l'Occident.*

-et Encyclopédie Britannica, Bulletins de la CEDADE, etc.

Autres ouvrages publiés par Omnia Veritas

OMNIA VERITAS
Omnia Veritas Ltd présente :
LA CONTROVERSE DE SION
de
Douglas Reed
Les racines multiséculaires et l'agenda caché du sionisme révélés.
L'ouvrage-clef non-censuré
enfin disponible en français !

OMNIA VERITAS
OMNIA VERITAS LTD PRÉSENTE :
Les Conquérants du MONDE
LES VRAIS CRIMINELS DE GUERRE
Depuis plus d'un siècle, sous divers prétextes, la lutte pour le pouvoir sur les nations fait rage...
La structure de la société moderne, avec sa surpopulation, a développé comme conséquence l'idolâtrie du pouvoir

OMNIA VERITAS
OMNIA VERITAS LTD PRÉSENTE :
MAURICE BARDÈCHE
QU'EST-CE QUE LE FASCISME ?
Nuremberg
SPARTE ET LES SUDISTES
Penser l'histoire récente et future...

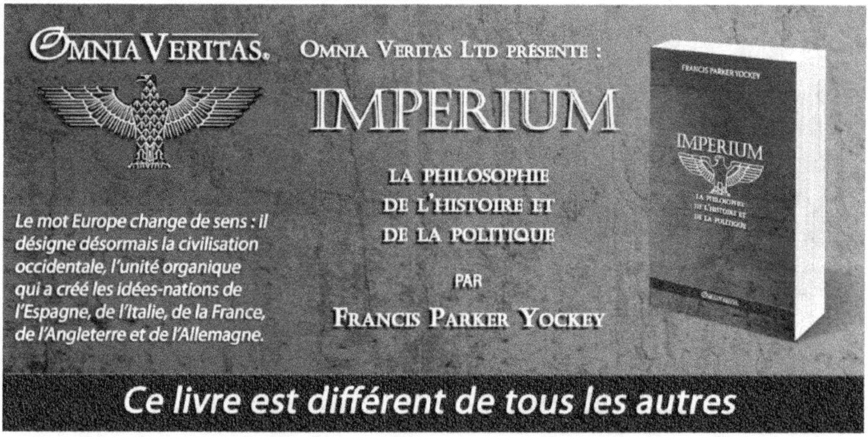
OMNIA VERITAS
OMNIA VERITAS LTD PRÉSENTE :
IMPERIUM
LA PHILOSOPHIE
DE L'HISTOIRE ET
DE LA POLITIQUE
PAR
FRANCIS PARKER YOCKEY
Le mot Europe change de sens : il désigne désormais la civilisation occidentale, l'unité organique qui a créé les idées-nations de l'Espagne, de l'Italie, de la France, de l'Angleterre et de l'Allemagne.
IMPERIUM
Ce livre est différent de tous les autres

OMNIA VERITAS
Omnia Veritas Ltd présente :
EUSTACE MULLINS
L'ORDRE MONDIAL
NOS DIRIGEANTS SECRETS
Une étude sur l'hégémonie du parasitisme
LE PROGRAMME DE L'ORDRE MONDIAL : DIVISER POUR MIEUX RÉGNER

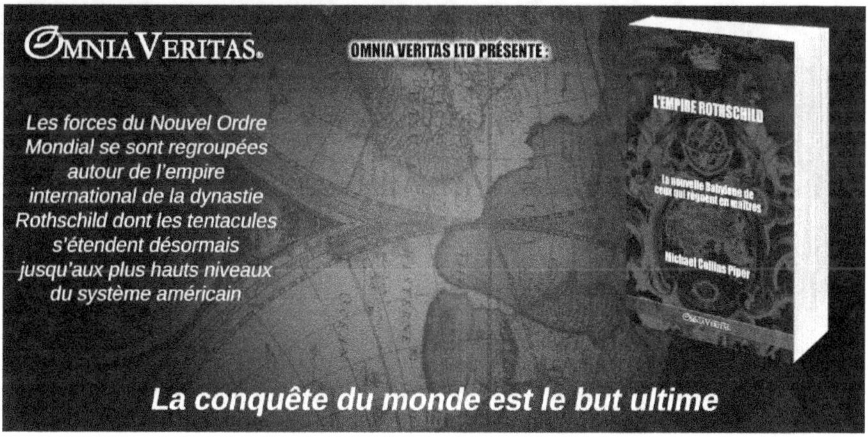
OMNIA VERITAS
OMNIA VERITAS LTD PRÉSENTE :
Les forces du Nouvel Ordre Mondial se sont regroupées autour de l'empire international de la dynastie Rothschild dont les tentacules s'étendent désormais jusqu'aux plus hauts niveaux du système américain
L'EMPIRE ROTHSCHILD
La nouvelle Babylone de ceux qui règnent en maîtres
Michael Collins Piper
La conquête du monde est le but ultime

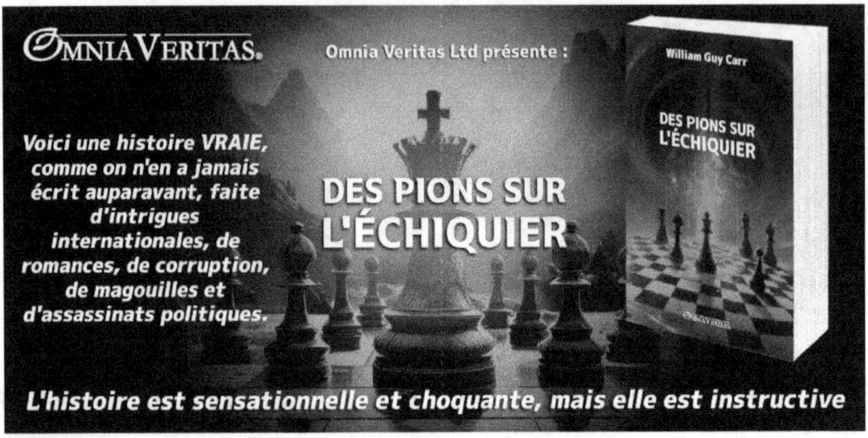
OMNIA VERITAS®
Omnia Veritas Ltd présente :
Voici une histoire VRAIE, comme on n'en a jamais écrit auparavant, faite d'intrigues internationales, de romances, de corruption, de magouilles et d'assassinats politiques.
DES PIONS SUR L'ÉCHIQUIER
William Guy Carr
DES PIONS SUR L'ÉCHIQUIER
L'histoire est sensationnelle et choquante, mais elle est instructive

OMNIA VERITAS®
LES PORTEURS DE LUMIÈRE DES TÉNÈBRES
Ce livre tente de montrer, à l'aide de preuves documentaires, que les conditions actuelles du monde sont sous l'influence de sociétés mystiques et secrètes à travers lesquelles le Centre Invisible cherche à diriger et à dominer les nations et le monde.
LES PORTEURS DE LUMIÈRE DES TÉNÈBRES

www.ingramcontent.com/pod-product-compliance
Lightning Source LLC
LaVergne TN
LVHW010922061026
849535LV00007B/2182
* 9 7 8 1 8 0 5 4 0 4 4 2 2 *